SILJA MAHLOW

SPIRITUAL LEADERSHIP

Wie du in deinem Leben
die Führung übernimmst und
deinen Weg gehst

Effektives
Coaching mit
Silja von
glücksplanet

nymphenburger

Inhalt

4 Vorwort

TEIL 1

7 FINDEN UND VERSTEHEN

9 Finde deinen eigenen Weg
9 Im Kontrast liegt deine Sehnsucht
14 Trau dich zu träumen
18 Alles ist endlich
20 Dharma und Karma – Deine Mission ist Teil deiner Heilung
24 Platz lassen für Überraschungen
25 Bau dein Puzzle zusammen

31 Mach dich bereit für Wunder
31 Du hast die Wahl: Vertrauen oder Angst
34 Wie wir loslassen
41 Vertrauen ist eine Absicht

49 Mindset – Die Welt im Licht sehen
49 Woran du merkst, dass dein Mindset nicht funktioniert
52 Warum unser Kopf sein eigenes Ding macht
56 Wann du dich befreien solltest
60 Ganz du selbst sein
64 Der Unterschied zwischen wahrem Selbst und Ego

67 Motivation und Manifestieren
67 Alles, was du über Motivation wissen musst
74 Die Kunst, zu manifestieren
81 Mission, Ziele und Erfolg

TEIL 2

85 **ZEIT FÜR VERÄNDERUNG**

87 **In höchster Frequenz leben**

87 Lerne, deine Energie zu pflegen

98 Energien loslassen lernen

105 Der schnellste Weg, deine Energie zu zerstören

109 **Die beste Architektur für deine Tage**

109 Deine Zeit ist wertvoll

112 Tage wie Kunstwerke

117 Richtig priorisieren lernen

119 Den Überblick behalten

123 Lass Pareto deinen Helden werden

129 **Kommunikation aus der inneren Mitte**

129 Kommunikation braucht Achtsamkeit

131 Sprechen, um verstanden zu werden

134 Zuhören lernen

139 Gut fragen

TEIL 3

143 **DIE SANFTE REVOLUTION**

145 **Wie du die Welt verändern kannst**

145 Das Beste ist in allen

149 Umzingelt von Idioten

158 Überzeugen ist eine Kunst

169 Die Revolution anzetteln

175 **Spiritual Being – Leadership des Herzens**

175 Die eigentliche Aufgabe

179 Danke

180 Quellenangaben

Vorwort

Wenn unser Leben nicht mehr zu uns passt, spüren wir das. Es wird unkomfortabler, eine innere Spannung entsteht. Gefühle von Enge, von Unklarheit, ja sogar von Gefangensein tauchen auf. Es ist, als würden wir aus unserer Haut herauswachsen wollen, in eine größere, hellere, klarere Version von uns selbst hinein. Ich bin mir sicher, dass du solche Phasen aus deinem Leben kennst. Vielleicht spürst du sie jetzt gerade? Wir alle haben diese Momente des Unwohlseins erlebt, bevor wir gewachsen sind. Sie kündigen die Veränderung an. Den nächsten Schritt.

Der Drang nach Veränderung wird irgendwann so präsent, dass wir nicht mehr weitermachen können wie vorher. Wir beginnen, unser Leben stärker in die eigenen Hände zu nehmen. Initiieren die ersten Schritte. Wir wollen, dass die Spannung in uns weicht. Wir wollen ankommen – selbst wenn wir noch nicht wissen, was das heißen mag. Sobald wir losgehen, kommen Ängste auf, Sorgen, Zweifel, Unruhe. Dennoch gibt es keine Rückkehr, wir können nur weitergehen und lernen, es uns leichter zu machen.

Egal wo du stehst und was dich ruft. Dieses Buch ist eine Anleitung, mit Leichtigkeit zu wachsen. Es ist eine Einladung, in deine Kraft zu kommen, deinen Raum einzunehmen, ganz du selbst zu sein. Erfolg, Freude, Fülle und Schönheit in dein Leben einzuladen.

Wir gehen in klaren Schritten vor. Du wirst deine Mission erkennen und lernen, deiner Angst und Unsicherheit zu widerstehen. Du wirst Vertrauen üben, dein Mindset überprüfen und den Glauben an zu wenig Zeit aufgeben. Du wirst lernen zu priorisieren, zu kommunizieren und andere mit deiner Strahlkraft zu überzeugen. Du wirst lernen, genug Mut zu finden, um dich den nächsten Schritt zu trauen. Lass dieses Buch dir Schwung geben, das Leben deiner Träume aufzubauen, weiterzubauen, zu vervollständigen. Egal ob du von einem ganz anderen Leben träumst oder nur Details verändern willst, ob du am Anfang von etwas stehst oder schon mittendrin. Der Weg ist der gleiche, er sieht nur von außen anders aus.

Dieses Buch enthält eine sehr persönliche Mischung aus meiner eigenen spirituellen Praxis und Inhalten meiner Leadership- und Kommunikationstrainings. Es beinhaltet eine einzigartige Alchemie aus spiritueller Ausrichtung, Persönlichkeitsentwicklung und klassischen Managementtechniken. Während du in meinem ersten Buch „Willkommen auf dem Glücksplaneten“ (1) jede Menge Inhalte und Techniken für ein glückliches Leben voll Leichtigkeit findest, ist dieses Buch eine Anleitung zu wachsen. Es ist die Aufforderung, deine Grenzen zu sprengen und endlich das Leben zu gestalten, von dem du träumst. Manche Inhalte überschneiden sich ein wenig, vieles ist neu. Freu dich, eine neue Seite deiner Spiritualität zu entdecken und zu vertiefen. Nutze dafür die Begriffe, die dich glücklich machen. Ich nutze das wahre Selbst oder auch Seele, Herz oder den inneren Glücksplaneten und Universum, Gott, Licht oder Quelle für das Größere, mit dem wir verbunden sind. Setz einfach ein, womit du dich wohlfühlst.

Die Übungen in diesem Buch sind sorgfältig ausgewählt und von mir in langjähriger Praxis erprobt. Dennoch solltest du auf deinen eigenen Körper hören und seine Signale ernst nehmen. Dieses Buch ersetzt keine psychologische Psychotherapie und keinen Arztbesuch. Hole dir professionelle Hilfe, sollten dich ernsthafte psychische Probleme plagen. Übernimm die Verantwortung für dich und geh behutsam mit dir um.

Der Name Spiritual Leadership bedeutet nichts anderes, als dass du lernen wirst, dich aus dem Herzen heraus auszurichten. Es ist Zeit, die Führung in deinem Leben zu übernehmen, ans Lenkrad zu treten. Lass zu, dass dein Glaube und dein Vertrauen wachsen und so dein Handeln an Kraft und Ausstrahlung gewinnt. Moderne Spiritualität bedeutet, mehr Licht, mehr Sinn, mehr Liebe in alle Bereiche unseres Miteinanders einzuladen. Lass uns ohne Kompromisse aus der Liebe heraus unser Business und unsere Art zu leben angehen. Diese Welt braucht Leuchttürme, die ihr Licht in die Welt strahlen. Du bist einer davon. Jetzt schon, da bin ich sicher. Du wirst heller und heller werden. Mach dich bereit.

Je mehr du dich einlassen kannst, umso besser. Gib möglicherweise ungewohnten Gedanken einen Moment Zeit. Nimm nur mit, was sich für dich gut anfühlt. Achte auf deine Gefühle beim Lesen, darauf, wie dein Körper reagiert. Nimm das als Kompass. Du willst deiner inneren Weite folgen. Für deinen Alltag habe ich die Spiritual-Leadership-Regeln für dich aufgeschrieben. Du findest sie vorne im Buch noch einmal als Liste für den Tagesgebrauch. Geh dieses Buch chronologisch durch und nimm dir Zeit für die einzelnen Schritte und Übungen. Du kannst die Übungen auch mehrfach machen. Manche von ihnen gehören zu meinen täglichen Routinen. Da dieses Buch dich animieren soll, deinen Weg wie einen Garten zu betrachten, statt kurzfristige Erfolge zu jagen, findest du am Anfang der Kapitel eine kleine Gartenmetapher. Zudem findest du Tipps für die Arbeit mit pflanzlichen Essenzen. Jede Pflanze trägt eine eigene Energie, und es tut gut, diese für den eigenen Weg, quasi wie Rückenwind, zu nutzen. Ich arbeite hierfür mit ätherischen Ölen, der reinen Essenz einer Pflanze. Die Tipps dazu sind dem Buch Essential Emotions (35) entnommen. Achte auf deinen Körper, wenn du sie benutzt.

Übernimm Verantwortung für dich selbst, wenn du mit diesem Buch arbeitest. Mach es zu deiner eigenen Reise. Ich freue mich, dich ein Stück begleiten zu dürfen. Danke für dein Vertrauen.

Beginn zu ernten, statt zu jagen.

Vertrau auf dein Licht.

Von Herzen

Silja

TEIL 1

FINDEN UND VERSTEHEN

Selbst in dunkelster Nacht
strahlt der hellste Stern
wie ein Leuchtturm am Himmel,
bereit, uns den Weg zu weisen.

Wir lernen hinzuschauen,
uns nicht ablenken zu lassen.
Unsere Aufgabe ist es,
mutig zu bleiben,
dem Stern zu vertrauen.
Unseren Weg in seinem Licht zu finden.

Genau dieses innere Ausrichten
führt uns zu uns selbst.
Fort von all dem, was wir nie waren.
Lässt uns gleichzeitig stärker und weicher werden,
klarer und sanfter.
Wir kommen nach Hause,
ins Gleichgewicht,
und mehr und mehr
strahlt etwas aus uns
hinaus in die Welt.

Finde deinen eigenen Weg

In einem Garten wird vor der Ernte der Boden betrachtet, die Konsistenz angeschaut. Er wird aufgelockert, und dann wird sorgsam gesät, was geerntet werden will. Für deine persönliche Standortbestimmung kannst du die Pflanzen bzw. ätherischen Öle: Zitrone (Klarheit & Fokus), Koriander (Integrität), Römische Kamille (spiritueller Lebenssinn), Sibirische Fichte (Transformation, die weise Perspektive) nutzen.

IM KONTRAST LIEGT DEINE SEHNSUCHT

Um den eigenen Weg zu finden, widmen wir uns deinem Standort und deiner Sehnsucht. Wir beginnen genau da, wo du stehst. Nimm dir einen Moment, um einen Blick auf deinen Garten zu werfen, die Erde zu betrachten und über die Saat nachzudenken.

Wissen, wo du losgehst

Egal wo wir stehen im Leben, der Kontrast zwischen unseren Sehnsüchten und unserer Wirklichkeit ist ein Motor für unsere Entwicklung. Genau wie dieses Universum sind wir dazu geschaffen, uns auszudehnen und zu wachsen. Das, was wir brauchen, ist ein Kompass, der uns zeigt, was wirklich wichtig und richtig für uns ist. Denn wir haben die Wahl: Es gibt einen Weg, der unserem Innersten entspricht und der uns wachsen und heilen lässt, und es gibt einen Weg, der der Norm entspricht. Der vermeintlich einfachere Weg der Norm sorgt meist irgendwann für innere Anspannung. Unsere Aufgabe ist zu erkennen, wo diese innere Spannung entstanden ist, wo die Disharmonie in uns ihren Ursprung hat. Wissenschaftler und Autor Bruce Lipton schrieb in einem seiner Instagramposts (2): „Most illness is just stress from not living in harmony" – frei übersetzt: „meisten Krankheiten sind nur Stress, ausgelöst durch fehlende Harmonie im Leben." Innere Harmonie zu finden ist das Ziel. Für die meisten von uns dauert das jedoch eine ganze Zeit. Unser Umfeld, die Regeln unserer Kindheit, unsere Vorbilder und die Gesellschaft scheinen uns einen Weg vorzugeben, und so gehen die meisten von uns los, ohne nach innen zu hören. Wir beginnen etwas, bauen uns ein Leben auf und suchen unser Glück – bis irgendwann die innere Spannung größer wird. Meist zeigt sie sich in einem unklaren Gefühl von Frustration, Traurigkeit, Ohnmacht. Wenn wir nicht aufpassen, versuchen wir das zu ignorieren und geben uns währenddessen unterschwellig die Schuld für unsere Gefühle. Häufig versuchen wir uns dann unbewusst durch übermäßiges Essen, Alkohol, Medienkonsum oder nicht enden wollenden To-do-Listen zu betäuben. In dieser Phase unserer Entwicklung sind wir angespannt und gehen verkrampft durch unser Leben. Wir fühlen uns gestresst und unglücklich. Gleichzeitig fühlen wir, dass wir den Kontakt zu unserem Herzen verlieren. Wir sehen das auch in der Welt um uns. Unsere Hoffnung ist, dass es von dort aus besser wird. Doch das wird es nicht. In uns muss sich etwas verändern. Irgendwann wird die Spannung so unbequem, dass wir handeln müssen. Wichtig ist es zu verstehen: All das ist normal. Die meisten von uns finden ihren Weg durch Versuch und Irrtum. Durch das Gehen vieler kleiner Schritte legen wir immer neue Wegabschnitte frei und finden mehr und mehr heraus, womit es uns gut geht. Phasen der Orientierungslosig-

ÜBUNG 1: STANDORTBESTIMMUNG

Starte mit einem klaren Blick auf dein eigenes Leben und deine momentane Situation. Bewerte dazu spontan auf einer Skala von 0 (= miserabel) bis 10 (= wunderbar fantastisch), die einzelnen Bereiche deines Lebens.

Mein Leben allgemein:

0 1 2 3 4 5 6 7 8 9 10

Meine Gesundheit/mein Körper/mein Wohlgefühl:

0 1 2 3 4 5 6 7 8 9 10

Mein Wohlstand/meine finanzielle Situation/wie ich wohne/was ich besitze:

0 1 2 3 4 5 6 7 8 9 10

Meine Freunde/mein Bekanntenkreis:

0 1 2 3 4 5 6 7 8 9 10

Meine Familie:

0 1 2 3 4 5 6 7 8 9 10

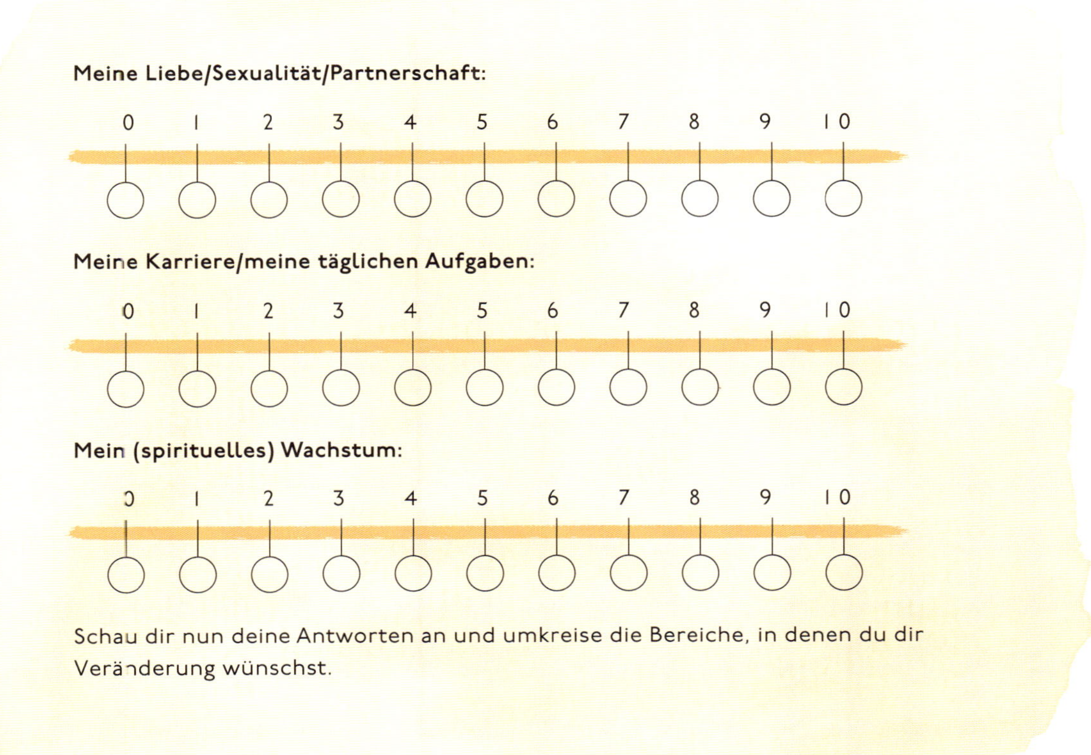

keit, des Frusts oder der Stagnation sind normal. Sie sind ein Zeichen, dass ein Teil von uns wachsen will. Sie sind die Vorboten der kommenden Veränderungen.

Warum der eigene Weg manchmal schwer zu finden ist

Wenn mich Menschen fragen, woher ich wusste, was ich machen will, muss ich lachen. Denn ich wusste erst sehr spät, wofür mein Herz wirklich schlägt. In der Schule habe ich lange Zeit die Mitschüler und Mitschülerinnen bewundert, die genau wussten, was sie einmal werden wollen. Manche von ihnen hatten ein einzigartiges, wundervolles Talent. Sie waren begnadete Musiker oder konnten hervorragend zeichnen oder hatten Talente in Mathematik. Ich hingegen hatte das Gefühl, alles ein wenig zu können, jedoch nichts richtig. Ich fand mich mäßig, und mäßig schien nicht für meine Träume zu reichen. Meine Zweifel waren so groß, dass ich noch nicht einmal die Bewerbung für das Journalismusstudium meiner Träume losschickte. Ich blieb, wie man so schön sagt, „auf dem Boden“. Heute weiß ich, alle Schritte auf meinem Weg waren wichtig. Ich musste erst den Kontrast zwischen meiner Sehnsucht und der Realität fühlen. Erst Jahre später konnte ich mir meine Träume eingestehen und genug Mut für die ersten Schritte aufbringen.

ÜBUNG 2: VOM KONTRAST ZUM WUNSCH

Die folgende Übung bringt dich näher zu dem, was du wirklich willst. Hierfür nutzt du den Kontrast in deinem Leben. Schau bewusst auf all das, was du gerade nicht magst. Nur für diese Übung darfst du richtig jammern und meckern. Los geht's:

Schritt eins: Bitte schreibe in die linke Spalte all das, was dir nicht gefällt, was du nicht magst, was sich für dich nicht richtig anfühlt. Du brauchst nicht zwischen Umständen (wie Großraumbüro, Fahrtzeiten, Einrichtung etc.) oder Menschen oder Tätigkeiten zu unterscheiden. Du darfst auch Dinge aufschreiben, die dich an dir selbst nerven. Schreib alles auf, was dir Frust verschafft und was du aus deinem Leben verbannen würdest, wenn du nur könntest.

Sobald du dies erledigt hast, formuliere aus jedem dieser Punkte einen Wunsch. Aus „Ich mag keine Großraumbüros" wird dann vielleicht so etwas wie „Ich wünsche mir genug Platz und Ruhe".

„Weg von"	**„Hin zu"**
___	___
___	___
___	___

Nun atme durch und betrachte dein Ergebnis. Welche Antworten auf der rechten Seite lassen dein Herz ein wenig höherschlagen? Wohin zieht es dich besonders? Markiere die Antworten in der rechten Spalte, die dir besonders wichtig erscheinen, mit einem bunten Stift.

Sobald wir die Disharmonien in unserem Leben benennen, wächst der Veränderungsdruck. Vielleicht kannst du es fühlen? Dabei sind wir schon mitten in der Veränderung. Alles, was wir bewusst wahrnehmen, verändert sich automatisch. Es kann gar nicht anders, denn schon allein das Bewusstsein über die innere Disharmonie hat uns bereits verändert. Wir sind ständig in Bewegung, nie die Gleichen, alles fließt. Unser Weg entfaltet sich mit uns. Bei mir war das so: Irgendwann, mit Anfang 30, habe ich doch noch den Mut gefunden, das zu studieren, was mich

ÜBUNG 3: SEHNSUCHT IST EIN GUTER MOTOR

Atme tief und leg dir eine Hand auf dein Herz, schließ kurz die Augen. Verbinde dich mit deinem Herzen, indem du dich auf deinen Atem konzentrierst und deinen Verstand und all die Gedanken in deinem Kopf einen Moment zur Ruhe kommen lässt.

- Welche Gefühle würde ich gerne häufiger fühlen?

____

- Welche Sorgen bestimmen meine Gedanken am häufigsten?

____

- Was scheint in meinem Leben zu fehlen?

____

- Wie gehe ich damit um?

____

- Welche Sehnsucht ist die größte in meinem Herzen?

____

- Bei einer guten Fee wären dies meine drei Wünsche:

____

Atme durch und spüre, welche Gefühle hochkommen, wenn du dich traust, die Kontraste in deinem Leben bewusst zu betrachten. Notiere das Gefühl, was vorherrscht, hier:

____

Dann nimm dir einen bunten Stift und streiche die Aspekte an, die besonders wichtig oder dringend sind. Es ist gut zu wissen, wo der Schuh am meisten drückt.

wirklich interessiert hat. Die Liebe zum Schreiben fand wenig später Ausdruck in meinem Blog. Jahre später, nach Wachstum und Kontrasten, folgte das erste Buch. Schritt für Schritt kommt alles, was zu uns gehört, und wir wachsen weiter und weiter.

Bis heute gibt es Dinge, die ich nicht in Erwägung ziehe, obwohl ich insgeheim von ihnen träume. Ich traue mich einfach (noch) nicht. Dann wächst wieder innere Spannung in mir, die mich letztlich dazu bringt, mich wieder ein Stück mehr zu befreien. Dann erst kann ich den nächsten Schritt gehen.

Spiritual-Leadership-Regel Nr. 1:
Alles fließt, entfaltet sich, entwickelt sich. Disharmonien sind normal und begleiten deine Veränderungsprozesse.

Lass uns nun von dem Kontrast hin zum Ziel schauen. Unabhängig davon, wie stark du die Notwendigkeit nach Kurskorrektur fühlst, nimm dir einen Moment, deinen Sehnsüchten Raum zu geben.

Unsere Sehnsüchte zeigen uns, welches Leben wir uns aus tiefstem Herzen wünschen, und sie zeigen ebenso deutlich, wo etwas noch nicht passt und was fehlt.

TRAU DICH ZU TRÄUMEN

Lass uns nach vorn schauen. Stell dir vor, du siehst deinen Garten, jedoch ist es noch früh im Jahr. Stell dir nun den Sommer vor. Lass zu, dass das Bild deiner besten Zukunft entsteht, so bunt wie möglich. Tagträumen ist ein wunderbares Mittel, um den eigenen Weg klarer zu sehen. Du musst wissen: Jeder positive, selbstgewählte Gedanke ist ein kleines Empowerment. Er bringt gute Energie und verhindert gleichzeitig sabotierende Gedanken. Beschäftigen wir unser Gehirn nicht bewusst, beschäftigt es sich selbst, indem es Probleme kreiert. Bewusstes Tagträumen jedoch sorgt sofort für gute Gefühle. Was daran liegt, dass unser Gehirn nicht unterscheidet, ob wir uns etwas vorstellen oder es erleben. Für mehr Hoffnung, Zuversicht und Schwung auf unserem Weg sind alle Arten von positiven Tagträumen wertvoll. Konzentriere dich ab jetzt auf innere Bilder und Fantasien, die dir das Leben zeigen, das du leben willst. So entsteht nicht nur gute Laune, gleichzeitig hilft dir Tagträumen dabei, immer klarere, detailliertere Vorstellungen deiner Zukunft zu entwickeln. Dieser Prozess füttert dein Unterbewusstes und wird dir helfen, mehr und mehr in die richtige Richtung zu gehen.

Alles ist immer schon da

Bei manchen Tätigkeiten und Themen durchströmt uns eine natürliche Freude. Wir fühlen eine innere Weite, und für einen Moment verschwindet die kritische Stimme in unserem Kopf und wir tauchen ab in das Thema unserer Wahl. Eigentlich ist es so simpel: Der Weg unseres Herzens zeigt sich durch Freude. Wir müssen also nur lernen, der Freude zu folgen. Sie ist unser Wegweiser. Sie zeigt uns, was zu uns passt, und mit ihr finden wir unsere Talente und unsere Lebensfreude. Wobei es für viele von uns nicht leicht ist, die eigenen Talente anzuerkennen. Wir wachsen in einem Klima der Berichtigungen und Optimierungen auf. Wir wissen meist eher, was wir nicht können, als was unsere Talente und Gaben sind. Wenn wir dann an Talente denken, haben wir häufig einen überhöhten Anspruch an uns. Das ist so verrückt! Talente entstehen da, wo wir etwas gern und häufig tun. Auf Hirnscans ist das beobachtbar: Jede Wiederholung aktiviert dasselbe Hirnareal. Durch regelmäßige Sti-

ÜBUNG 4: TAGTRÄUMEN ERLAUBT!

Beantworte die folgenden Fragen aus dem Herzen. Das bedeutet: Versuche, deinen Verstand, insbesondere deinen kritischen Geist, deinen Realitätssinn, sogar dein Umfeld nicht an der Antwort zu beteiligen. Atme tief und folge deinen Impulsen. Es ist eine gute Idee, zwischendurch die Augen zu schließen und innere Bilder entstehen zu lassen. Je bunter, desto besser! Deine inneren Bilder sollten sich aufregend, freudig, wie Ausdehnung, ganz hell anfühlen. Notier dir alles, was dir einfällt – insbesondere die Sachen, die dir ein breites Lächeln auf dein Gesicht zaubern und dein Herz hüpfen lassen!

- Wenn ich nicht scheitern könnte, würde ich …

- Wenn Geld keine Rolle spielen würde, würde ich …

- Wenn ich ganz frei wäre, würde ich …

- Wie sieht ein wunderbarer, idealer Tag für mich aus? Dies ist er vom Aufstehen bis zum Zubettgehen:

- Wenn ich das Leben meiner Träume leben könnte, sähe das so aus:

- Am meisten träume ich von …

- Ich wünschte, ich könnte öfter …

Auf der nächsten Seite geht es weiter ⟶

- Wenn alles perfekt für mich läuft, sieht mein Leben in drei Jahren so aus:

___

- Und in zehn Jahren so:

___

Nun halte einen Moment inne. Fühl in dich hinein: Wie geht es dir, wenn du dir erlaubst zu träumen? Nimm nun einen farbigen Stift und male die Worte und Satzstücke bunt an, die dein Herz zum Schwingen bringen, die dir auf einer tiefen Ebene wirklich wichtig erscheinen.

mulation entstehen so mehr und mehr Vernetzungen. Unser Gehirn ist in einem permanenten Umbauzustand, und wenn wir uns erlauben, Dinge zu tun, die uns Freude bereiten, entwickeln wir Fähigkeiten. So werden wir Experten für das, was wir lieben und was uns fasziniert. Wir sehen unsere Fähigkeiten meist nicht als echtes Talent, sondern sagen etwas wie: „Das liegt mir einfach." Dabei ist es wichtig, unsere Gaben zu erkennen. Unsere Talente und Fähigkeiten ergeben ein einzigartiges unverwechselbares Paket. Sie sind ein Geschenk, das ausgepackt und genutzt werden will.

> ***Spiritual-Leadership-Regel Nr. 2:***
> *Folge der Freude. Freude ist die Sprache deines Herzens.*

Solltest du nicht so genau wissen, was du kannst und worin du wunderbar und großartig bist, dann wird es Zeit zu üben. Diese Art Selbstbewusstsein ist wichtig, damit du ins Tun kommst und dein Leben aktiv gestalten kannst. „Selbstwirksamkeit" ist der Fachbegriff für das Bewusstsein, dass wir Herausforderungen gewachsen sind. Studien belegen, dass Selbstwirksamkeit ein entscheidender Faktor für Motivation und Erfolg ist. Daher: Beginn ab heute jeden Abend Dinge aufzuschreiben, die du gut gemacht hast. Das bedeutet nicht, dass dich jemand anders dafür gelobt haben muss oder dass du besser gewesen sein musst als andere. Du allein bist der Maßstab! Nur du weißt, ob dein Heute ein kleiner Schritt in die richtige Richtung war. Also schreib das auf, was dir in den Sinn kommt – jeden Abend, für mindestens drei Monate, drei konkrete Beispiele. Diese Übung hilft dabei, dir über deine Talente klar zu werden. Sie funktioniert nach dem gleichen Prinzip wie das Tagträumen: Mit ihr richtest du deinen Blick bewusst auf die guten Dinge. Das wiederum macht dich widerstandsfähiger gegenüber kritischen Stimmen und wird nach und nach dein Selbstbewusstsein und damit deine Selbstwirksamkeit aufblühen lassen.

ÜBUNG 5: TALENTE FINDEN

Die kommenden Fragen führen dich zu deinen Talenten und Vorlieben. Versuche, bei den Antworten so ehrlich wie möglich zu dir zu sein. Wir alle haben eine Idee von der Person im Kopf, die wir gern wären. Doch diese Idealversion brauchen wir heute nicht. Im Gegenteil, sie stört den Prozess. Achte vielmehr darauf, in dich hineinzufühlen, statt aus deinem Kopf heraus zu antworten.

- Das kann ich gut:

___

- Das zu tun macht mir am meisten Spaß:

___

- Wenn ich in einen Buchladen oder ein Zeitungsgeschäft gehe, zieht es mich magisch in diese Ecken:

___

- Wenn ich mein Leben umbauen könnte, wie ich wollte, dann würde ich dafür sorgen, dass … (schreibe hier bewusst alles positiv auf und vermeide es, „nicht mehr“ oder Ähnliches zu verwenden):

___

- Diese Tätigkeiten, Spiele, Orte, Beschäftigungen habe ich als Kind geliebt:

___

- Denke an die letzten zwei bis drei Wochen. Schreib dir auf: Bei diesen alltäglichen Tätigkeiten hatte ich ein Gefühl innerer Freude:

___

- Darauf bin ich stolz in meinem Leben:

___

Wir bestimmen unser Leben.

Talente sind Dinge, die uns leichtfallen. Sich ihnen zuzuwenden, tut gut. Wenn wir akzeptieren, dass jeder von uns einzigartig ist und gerade unsere Besonderheiten uns ausmachen, werden wir freier. Die Lust auf Konformität nimmt ab und wir können beginnen, dem zu folgen, was uns interessiert, begeistert und Spaß macht. Es ist viel leichter, in etwas besser zu werden, was wir gern machen und schon ein wenig können, als in etwas mittelmäßig zu werden, was uns nicht liegt. Die Frage ist also: Willst du reinpassen oder der Freude folgen?

ALLES IST ENDLICH

Manchmal tut es mir gut, mich an die Endlichkeit meines Lebens und damit seines Wertes zu erinnern. Der erste mir in Erinnerung gebliebene Anlass, bei dem ich über meine eigene Endlichkeit nachgedacht habe, war der Tod meiner Oma. Die Mutter meiner Mutter verstarb, als ich 21 Jahre alt war, unerwartet. Sie hatte gerade einen Krankenhausaufenthalt überstanden, war eine fröhliche Frau, die nun ein wenig verletzlicher zu werden schien. Wir telefonierten und ich verschob meinen Besuch. Meine Oma zerstreute mein schlechtes Gewissen mit einem: „Nicht schlimm, Schatz“, und wir verlegten unser Wiedersehen auf den kommenden Tag. Sie verstarb noch in derselben Nacht. Meine Zeit, wurde mir klar, ist wertvoll. Wie ich sie nutze, welche Dinge ich tue oder lasse, all das formt mein Leben.

Was lassen wir zurück und wie nutzen wir unsere Zeit?

Wenn ich an meine Oma denke, dann weiß ich: Sie war immer für mich da, hatte immer Zeit. Wenn sie entschied, dass es etwas zu feiern gab, machte sie einen Gurken-Kartoffelsalat und legte eine ihrer James-Last-Platten auf und trank ein Gläschen selbstgemachten Schnaps. Sie war immer mein Fan, ein Fels in der Brandung. Sie hat viel gelacht, war eine großartige Köchin und liebte es, Krimis zu schauen. All das bleibt von ihr. Diese Idee von Familie und füreinander da

ÜBUNG 6: DAS VERMÄCHTNIS

Dieses Leben ist endlich. Vielleicht magst du zum Start in diese Übung einmal kurz über die Menschen nachdenken, die nicht mehr um dich sind? Drück die eventuell aufwallende Melancholie nicht weg, sondern nutze sie, um alle Ernsthaftigkeit in deine kommenden Antworten zu legen. Stell dir für diese Übung einen Timer und nimm dir für jede der Fragen jeweils nur eine Minute Zeit. Schreibe zügig und so viel dir in den Sinn kommt. Es ist wichtig, dass ein wenig Zeitdruck da ist, damit du nicht zu sehr abwägst und nachdenkst. Du willst den Impulsen in dir nachgeben. Die Prämisse für jede Frage ist: Wenn ich weiß, dass meine Zeit hier begrenzt ist, dann ...

- will ich unbedingt noch erleben ...

____

- will ich gerne noch lernen/üben/besser werden in ...

____

- Ich will erinnert werden für ...

____

- Wenn mein über 90-jähriges Selbst auf diesen Moment zurückschauen und mir etwas raten könnte, dann wäre das ....

____

- Wenn mein 7-jähriges Selbst auf diesen Moment in meinem Leben schauen und mir etwas raten könnte, wäre das ...

____

- So will ich im hohen Alter auf mein Leben zurückschauen:

____

Atme einmal tief durch. Markiere die Antworten, die dich emotional besonders berühren. Diese Übung ist inspiriert von einem Video von Vishen Lakhiani (3).

Die kleinen Dinge liebevoll betrachten lernen ist ein Riesenschritt auf unserem Weg.

sein, die sie mir vorgelebt hat, lebt weiter. Es ist wichtig, auf die Endlichkeit zu schauen. Sie hilft uns, das wirklich Wichtige vom Unwichtigen zu unterscheiden.

Unser Leben ist endlich. Je klarer uns das ist, umso bewusster gehen wir mit den kostbaren Momenten unseres alltäglichen Lebens um. Wir habe weniger Lust, Zeit oder Energie zu verschwenden.

> ***Spiritual-Leadership-Regel Nr. 3:***
> *Dieses Leben ist endlich. Wähle bewusst, wohin du dich ausrichtest, was du kreierst.*

DHARMA UND KARMA – DEINE MISSION IST TEIL DEINER HEILUNG

Alles, was wir tun, hat einen guten Grund. Egal wie klein oder alltäglich unser Handeln scheint, es ist häufig heilsam für uns. Mir sind beispielsweise gemeinsame Mahlzeiten sehr wichtig. Egal ob Frühstück, Mittagessen oder Abendbrot – ich genieße bis heute diese gemeinsame Zeit. Frage ich mich selbst, warum mir das so wichtig ist, kommen mir Worte wie Routine und Halt in den Sinn. Unsere Mahlzeiten geben meinem Tag Struktur und die gemeinsame Zeit schenkt mir ein Gefühl von Geborgenheit.

Wir alle nehmen unsere eigene Medizin

Auf unserem Weg des Erwachsenwerdens haben wir alle kleinere oder größere Verletzungen davongetragen. Es gibt Narben, die von Stürzen erzählen, und plötzlich aufwallende starke Gefühle, die von den Verletzungen des jüngeren Ichs berichten. Neben dem, was unser Umfeld uns in unserer Vergangenheit vorgelebt hat, sind diese Verletzungen ein maßgeblicher Motor für unser heutiges Handeln. Unbewusst versuchen wir durch tägliche Routinen, durch unsere Werte und die Regeln, die wir aufstellen, dafür zu sorgen, dass wir uns sicher und gut fühlen. Das erklärt, warum uns allen unterschiedliche Dinge besonders wichtig sind – es liegt auch an unseren unterschiedlichen Vorgeschichten und Prägungen.

Das gemeinsame Essen, erinnere ich mich, war schon immer ein Anker. Als meine Mutter krank wurde, gaben mir die gemeinsamen Mahlzeiten mit meinem Vater oder meiner Oma Halt. Ich konnte fühlen, dass Menschen für mich da sind und manche Dinge in ihren gewohnten Bahnen bleiben würden. Ich glaube, das hat mir geholfen, nicht unterzugehen. Die Unsicherheit in meinem Leben verschwand zwar nicht, aber es gab einen Gegenpol. Wir alle haben heute noch Angewohnheiten, die früher einmal unsere Medizin waren. Sie zu schätzen, die Werte, die sie vertreten, zu ehren, ist ein wichtiger Teil von uns.

Karma und Konditionierungen

Der spirituelle Lehrer Ram Dass (4) sagt in einem Text, der von East Forrest zu einem Lied vertont wurde (frei übersetzt durch mich): „Unser Geist ist unser Karma. Er verhindert den klaren Blick auf Gott. Unser Geist sorgt für getrübte Wahrnehmungen." Unsere Konditionierungen und Regeln sind gleichzeitig der Ursprung für einen Großteil der Probleme in unserem Leben. Wir sollten aufhören, unserem Geist alles zu glauben – wenn das nur nicht so schwer wäre. Um die 70.000 Gedanken haben wir pro Tag, die meisten wiederholen sich. Sie basieren auf unserer inneren Logik, die größtenteils unbewusst und ohne unser aktives Zutun entstanden ist. Sie formt zudem unseren individuellen Blick auf die Welt: Wir sehen, was wir glauben. Aus unserer Wahrnehmung und ihrer Interpretation durch unsere Logik leiten wir unser Verhalten ab. Unser Verhalten wiederum zieht Konsequenzen in unserem Leben nach sich. Das ist gemeint mit: Unser Geist ist unser Karma. Er ist die Suppe, die wir uns selbst eingebrockt haben. Im Buch „Buddhismus für Dummies" (5) heißt es: „Die Gesetze des Karma können nicht geändert oder umgangen werden. Da Sie die Konsequenzen Ihres Denkens, Redens und Handelns tragen müssen, sollten Sie sich in einer Weise verhalten, die Ihnen Glück statt Unzufriedenheit bringt."

Unsere Geschichte und unsere Mission

Die Wunden unserer Vergangenheit führen zu unbewussten und bewussten Schutzmechanismen und Kompensationsversuchen. Haben wir uns beispielsweise häufig nicht gesehen oder gehört gefühlt, leiten wir unbewusst einen Glaubenssatz wie „Ich bin nicht wichtig" oder „Meine Meinung zählt nicht" ab. Diese Logik formt fortan, was wir wahrnehmen. Wir bemerken eher, wenn uns jemand nicht zuhört, als all die vielen Male, wo wir uns Gehör verschaffen können. Das versuchen wir dann unbewusst zu kompensieren oder zu vermeiden. Entweder werden wir sehr laut, um Aufmerksamkeit zu bekommen, oder wir vermeiden es völlig, um nicht erneut enttäuscht zu werden. Das ist Teil unseres Karmas. Die genauen Prozesse rund um die innere Logik untersuchen wir in Kapitel 3. Hier und heute wollen wir schauen, wie sich aus dem, was wir erlebt und in uns abgespeichert haben, unsere Mission entwickelt.

Der Weg der Befreiung

Irgendwann wächst in uns das Bedürfnis, mehr wir selbst zu sein. Wir wünschen uns, uns frei ausdrücken zu können und mit größerer Leichtigkeit und Freude durchs Leben zu gehen. Kompensation und Vermeidung sind anstrengend. Wenn der Ruf erwacht, den eigenen Weg zu gehen, beginnen wir etwas zu verändern. Vielleicht

Die eigene Geschichte zu verstehen und anzunehmen ist Teil unserer Heilung.

besuchen wir im oben genannten Beispiel ein Seminar für Stimme und Auftritt oder wir gehen in ein Stille-Kloster? Wenn uns etwas wirklich guttut, erwacht ein Hunger nach mehr. Ich habe mir beispielsweise viel zu lange zu viel Stress gemacht und wurde irgendwann von Meditation und Yoga magisch angezogen. Plötzlich schien eine Yogaausbildung logisch, und seit Jahren rolle ich privat jeden Tag die Matte aus. Befreiung zieht uns an. Wir gehen in ihre Richtung, ob wir wollen oder nicht – in unserem Tempo, in kleinen und großen Schritten.

Finde dein Dharma

Um die letzte Prise für deine Mission zu finden, schauen wir uns den im buddhistischen Kontext häufig verwendeten Begriff Dharma an. Auf Sanskrit bedeutet Dharma Wahrheit. Unsere Erleuchtung, der Moment, in dem die Widerstände und das Leid aufgehoben sind und wir glückselig sind, ist gleichzeitig der Weg zur Wahrheit unserer Existenz. Wir alle streben in unserem Leben nach einem tiefen Verstehen unseres Seins. Wir suchen einen Sinn für unser Leben. Ebenso wünschen wir uns, dass Leid und Kampf hinter uns liegen mögen. Die amerikanische Lehrerin Katchie Ananda schreibt in ihrem Buch „The Art of Awakening“ (6), dass Dharma unsere wahre Natur ist, unsere Realität und damit auch unsere Aufgabe. In unserem Leben haben wir nicht sofort Zugang zu unserem wahren Selbst. Durch unser Umfeld, durch Regeln und Konditionierungen lernen wir, den Ansprüchen anderer zu entsprechen. Wir alle wollen „es richtig machen“ – was auch immer das heißen mag. Wir lernen, uns zu verbiegen. Unser Dharma ist unser Weg zurück zu unserer Wahrheit und unserer Aufgabe im Leben. Hier finden wir unsere Erlösung, echte Freude und Sinn. Es ist überall dort, wo wir der Freude folgen. Was uns von Herzen glücklich macht, tut uns gut. Unser Karma, das, was wir an Schutzmechanismen und Verhaltensregeln unbewusst gelernt haben, lernen wir abzulegen, um der Freude folgen zu können. Der Weg unse-

ÜBUNG 7: DEINE MISSION FINDEN

Atme tief durch und entspanne dich ein wenig, bevor du die kommenden Fragen beantwortest. Nimm dir Zeit, um deine innere Wahrheit hören zu können. Achte darauf, nicht aufzuschreiben, wie du gern wärst, sondern wie du bist. Es kommen automatisch Antworten, wenn du dir Zeit nimmst. Lies die jeweilige Frage, schließe dann die Augen und höre nach innen.

- Was brauche ich gerade sehr im Leben?

___

- Was tut mir generell gut?

___

- Was brauchte ich die letzten Jahre, um mich besser zu fühlen?

___

- Was habe ich gelernt, was mir heute sehr hilft?

___

Stell dir nun vor, dass eine große Gruppe Menschen vor dir steht. Sie schauen dich erwartungsvoll an. Sie sind hier, weil du ihnen helfen kannst. Du darfst ihnen eine Sache raten. Du kannst ihnen etwas sagen, was ihnen guttun wird, helfen wird, es einfacher machen wird. Atme durch, sieh die Gruppe vor dir. Formuliere deinen Rat an sie. Finde einen Satz, der für dich der bedeutsamste ist.

Mein Satz ist:

___

Deine Mission ist, diese Botschaft in die Welt zu bringen. Egal ob in deine Familie oder auf große Bühnen. Denk nach: Wenn es deine Aufgabe ist, den Menschen diesen Impuls näherzubringen, wie würdest du das am liebsten machen? Wie machst du es unbewusst schon? Schreibe das Was und das Wie auf, egal wie konkret oder diffus es klingt.

Auf der nächsten Seite geht es weiter →

Meine Mission:

Atme durch. Es ist kraftvoll, wenn wir unsere Mission erkennen. Komm immer wieder zurück zu dieser Übung. Du wirst mehr Facetten entdecken, immer mehr Zusammenhänge finden.

rer eigenen Befreiung hat immer etwas mit unserer Mission zu tun. Was nicht heißt, dass wir alle Coaches oder Yogalehrerinnen werden müssen. Es heißt nur, dass wir überall da, wo wir sind, etwas von unserer eigenen Befreiung und Heilung mitbringen – und genau das macht glücklich.

Spiritual-Leadership-Regel Nr 4:
Deine Heilung ist Teil deiner Mission. Du schenkst der Welt deine Medizin.

Das Spannende ist, dass wir gemeinsam wachsen, und zwar immer dann, wenn wir uns gegenseitig helfen. Wir sind eins und wir haben alle die gleichen Themen. Sie mögen von außen ganz anders aussehen, doch jede und jeder von uns hat etwas zu verdauen und zu verarbeiten. Wenn wir uns auf unseren ureigenen Weg begeben, dann befreien wir uns nach und nach von den Geschichten in unserem Kopf. Es geht gar nicht anders. Wir können unseren Weg nur gehen, wenn wir unseren Kopf umprogrammieren. So werden wir immer echter und authentischer. Wir strahlen unser Licht in die Welt. All das, was unsere Befreiung möglich macht, wollen wir teilen. Wir möchten anderen davon berichten, anderen die Hand reichen. Mein Vater beispielsweise ist mit über 80 Jahren immer noch sehr aktiv im Volleyballsport engagiert. Dieser Mannschaftssport hat ihm selbst in schwierigen Zeiten Kraft gegeben. Er will, dass mehr Menschen davon profitieren. Anderen zu helfen, schenkt uns Sinn. So lernen wir voneinander und wachsen miteinander. Mich berührt das sehr.

Wenn du beginnst, dir selbst zu geben, was du brauchst, heilst du. Der Weg dorthin ist ein Teil deiner Mission. Die Lektionen, die du brauchst, bis das möglich wird, sind einzigartig. Sie prägen deinen Weg und die Botschaften, die du in die Welt trägst. Es kann sein, dass es nie dein Beruf wird, Vollzeit anderen zu helfen. Dennoch wird es in dein Handeln fließen und dich glücklich machen. Deine Mission ist auch das Teilen deiner Medizin.

PLATZ LASSEN FÜR ÜBERRASCHUNGEN

Nun brauchen wir noch eine Zutat: das Unerwartete – zumindest unerwartet, was unsere Pläne angeht. Als ich endlich eine Vision hatte, in welche Richtung ich arbeiten will, war mir nicht klar, wie viele Überraschungen noch kommen würden. Ich kannte meine Vorlieben und wollte etwas Gutes in die Welt bringen, doch manche Themen hatte ich nicht auf dem Schirm. Sie fanden mich, nicht ich sie. Unsere Pläne und Vorstellungen werden vom Leben durchgeschüttelt. Was nicht heißt, dass wir nicht planen sollten. Wir brauchen nur ebenso viel Offenheit für die Überraschungen. Das Leben schickt uns ungeplante Möglichkeiten zu wachsen. Es schickt uns genau die Methoden, Ideen, Chancen, die wir gerade brauchen. Halten wir stur an unserem Plan fest, wird unser Weg nicht leichter, sondern schwieriger. Unser Kopf muss die Option anerkennen, dass es einen besseren Plan als den unseren geben könnte. Einfach, weil unser Plan immer konditioniert ist. Also Augen auf das, was kommt.

Wie es ist, wenn Dinge in dein Leben rauschen

Die zwei großen Themen, die mich in den letzten Jahren gefunden haben, sind Klang, in Form von wunderschönen Kristallklangschalen, und ätherische Öle. Beide Male hat mich die Liebe für das Neue völlig überrumpelt. Ich konnte nicht anders, als mich ganz reinzustürzen. Daran erkennen wir die Kurskorrekturen unseres Herzens, die Geschenke des Lebens: an der Intensität unserer Gefühle. Unser Körper reagiert mit Freude. Es ist, als würde unser Herz diesen Themen entgegenspringen. Gleichzeitig dreht unser Kopf durch, wenn wir auch nur in Erwägung ziehen, unserem Herzen zu folgen. Unser Verstand liebt das Bekannte. Er erfindet sofort lauter Gründe, etwas nicht zu tun. Sein Ziel ist, Veränderung aufzuhalten und so Sicherheit zu garantieren.

Als ich mich in die ätherischen Öle verliebt habe, wollte ich sie schon bald mit anderen teilen. Ich war verblüfft von den massiven Veränderungen in meinem Leben und der Freude, die das neue Thema mir brachte. Die Firma, deren Öle ich liebe, vertreibt diese über ein Direktvertriebssystem, was mir unbekannt war und sich anfangs verwegen anhörte. Meine Familie riet mir ab, mein Verstand ebenso. Gleichzeitig zog mich eine innere Kraft zu den wundervollen Ölen. Es war eine so unruhige Zeit, und jeder, der einmal den Kampf zwischen Kopf und Herz gefühlt hat, weiß, wovon ich rede. Statt eine Pro-und-Kontra-Liste anzufertigen, habe ich gelernt, um Zeichen zu bitten (siehe hierzu mein erstes Buch), und sie kamen zuhauf. Ich konnte nicht anders, als all die Warnungen zu ignorieren und mittenrein zu springen.

Mit dem Klang war es ähnlich. Aus einer inneren Sehnsucht heraus buchte ich ein Klangbad und fühlte mich danach so beschwingt, dass ich unbedingt mehr wollte. Mein Herz hüpfte Richtung Klang. Also recherchierte ich, um diese traumhaften Klangschalen zu erstehen, und erschrak, wie wertvoll sie waren. Auch hier rieten mir mein Kopf und mein Umfeld ab. Ich bat erneut um Zeichen. Diese Zeit des inneren Konflikts ist unangenehm, gleichzeitig leitet sie Befreiung ein. Jedes Mal, wenn wir uns trauen, unserem Herzen zu folgen, trainieren wir unseren Mut- und Vertrauensmuskel. Ich will beides nicht mehr missen, weder Öle noch Klang. Sie haben mir viel Wachstum und Freude beschert. Mein Rat ist: Bleib offen. Hab einen Plan, aber halte nicht zu sehr an ihm fest. Das Universum hat im Zweifel einen noch besseren Plan für dich oder kennt eine Abkürzung, die du nie für möglich gehalten hättest. Folg der Freude, dann weißt du, was zu tun ist.

BAU DEIN PUZZLE ZUSAMMEN

Du hast eine Menge Fragen beantwortet und in dein Herz gehört. Bevor wir weitermachen, wird es Zeit, deine Erkenntnisse auf einem großen Blatt zu sammeln. Hierzu schreib dir die bunt

markierten wichtigsten Punkte heraus. Du kannst dir deine Antworten vorher gern noch einmal durchlesen und weitere Markierungen machen. Achte darauf, dass du nur positive Dinge auf dein Blatt überträgst. Aus Beschreibungen über das, was du nicht mehr willst, formuliere, was du dir wünschst. Sobald du alles übertragen hast, betrachte deine Notizen und schreibe sie wie ein Mindmap auf dein Blatt. Deine Mission kommt in die Mitte, denn sie ist ein zentraler Punkt. Wie und was du genau machen willst, wie sich deine Tage anfühlen sollen und all das, kommt drum herum. Geh intuitiv vor.
Die Idee mit dem Mindmap habe ich aus dem Buch „Finde den Job, der dich glücklich macht" (7). Vor über zehn Jahren habe ich mit diesem Buch das erste Mal nach meinen Talenten und meiner Berufung gesucht. Mit diesem allerersten Mindmap begann mein heutiger Weg. Coachings, weitere Ratgeber, Meditationen und mehr folgten, doch der Samen, den habe ich damals gesetzt. Also genieß dein Bild und lass es ein wenig in dir arbeiten. Du kannst es immer weiter ergänzen und verändern. Es darf leben.
Wenn du für heute fertig bist, dann betrachte dein Bild. Gibt es einen roten Faden? Wenn nicht, sprich mit ein bis zwei vertrauten Menschen über dein Mindmap und stell ihnen die Frage: Seht ihr einen roten Faden? Manchmal sehen wir den Wald vor lauter Bäumen nicht. Du kannst das Mindmap ein wenig zur Seite legen und nur ab und zu draufschauen. Es wird in dir

So sah mein erstes Mindmap aus. 13 Jahre ist das her – und das Ergebnis berührt mich noch heute.

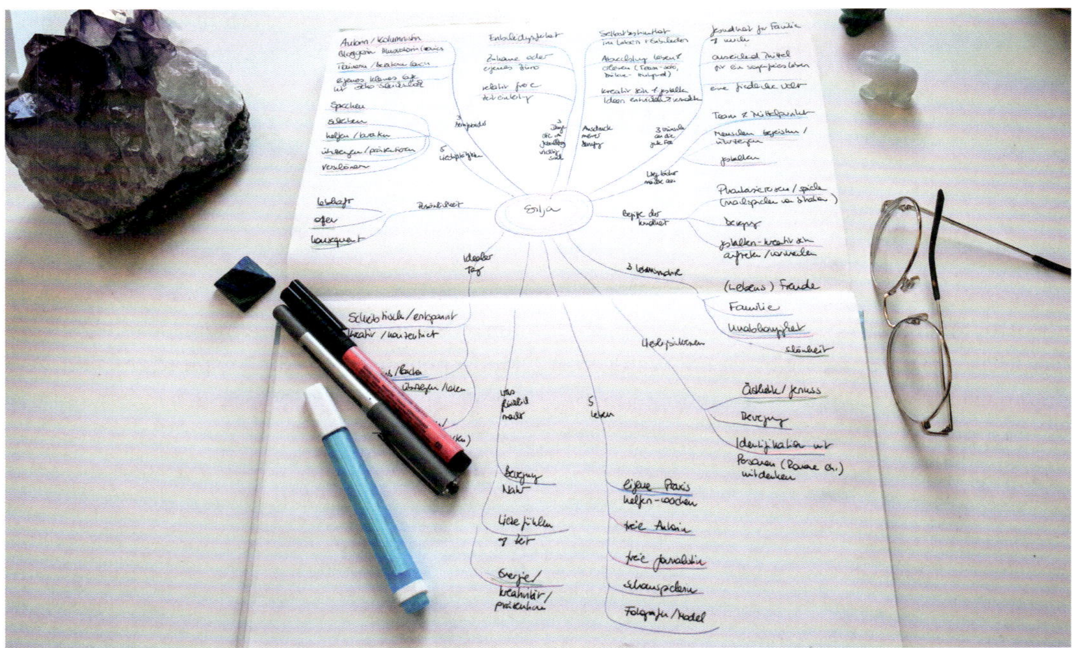

Man kann nie genug Vision Boards und Kristalle haben.

arbeiten. Es ist die Saat in deinem Garten. Sie wird wachsen, ohne dass du am Gras ziehen musst.

Fertige ein Vision Board an

Sobald du fertig bist, übersetze dein Mindmap in Bilder und fertige ein Vision Board an. Das ist eine Art Moodboard oder Collage über deine Zukunft. Für Vision Boards gibt es nur wenig gestalterische Regeln. Du kannst es großformatig anlegen oder lauter kleine Vision Boards anfertigen und zum Beispiel auf die Seiten deines Notizbuchs kleben. Mach das, was dir Freude bereitet. Meine Vision Boards sind überall. Eins klebt im Schlafzimmer, eins im Arbeitszimmer, eine Menge kleiner sind in meinem Kalender, und neuerdings fertige ich sogar ein monatliches Vision Board an, um mich auf den kommenden Monat einzustimmen. Wichtig ist, dass dein Vision Board Bilder, Worte, Zeichnungen, Gedanken enthält, die ein gutes Gefühl in dir wecken. Im Idealfall schaust du auf das Vision Board und freust dich auf alles, was kommt. Finde also Darstellungen und Symbole, die dich beim Betrachten daran erinnern, wohin du willst. Sie sind quasi Bilder von dem Garten, in dem du bald sitzen wirst. Du willst die Blumen sehen und auch, wie entspannt du dort sein willst. Nimm dir Zeit für den Prozess. Mach es ganz in Ruhe und hab Spaß dabei. Parallel dazu betrachte dein Mindmap und lass zu, dass Bilder und Informationen sich zu einer Richtung verbinden.

Solltest du schon eine klare Richtung gefunden haben, dann bringt dieser Prozess dir weiteren Schwung. Solltest du noch immer ein wenig unsicher sein, was du nun genau machen willst, dann atme durch. Es wird sich alles finden. Du brauchst nur der Freude zu folgen und zu lernen, dich mehr und mehr von deinen Konditionierungen und inneren Regeln zu befreien. Hierum kümmern wir uns in den folgenden Kapiteln. Neben deinem Mindmap und Vision Board halte ab jetzt Ausschau nach Menschen, die schon das leben, was du dir wünschst. Finde die Menschen, die schon etwas mehr von dem tun, was dich auch interessiert. Vielleicht gibt es Personen, deren Mission deiner zu ähneln scheint? Diese Menschen können dir Inspiration sein. Du kannst untersuchen, was sie genau tun und wie sie es angehen. Schau auf ihre Internetseiten, lies ihre Posts, geh in ihre Seminare. Es geht nicht darum, jemanden zu kopieren oder Konkurrenten zu finden, sondern Zuversicht und Mut zu sammeln. Es tut gut zu sehen, dass andere geschafft haben, was du dir wünschst. Es bedeutet: Es ist möglich.

WIE JULIA IHREN WEG FAND

Julia ist eine gute Freundin und liebt wie ich Yoga und ätherische Öle. Kennengelernt haben wir uns, als ich noch als Führungskräftetrainerin bei einer lokalen Sparkasse gearbeitet habe. Julia hat in den letzten Jahren eine spannende Metamorphose durchgemacht. Sie war in unserer Yogalehrerinnenausbildung, teilt gemeinsam mit mir erfolgreich ätherische Öle und ist unfassbar kreativ. Sie hat mit Yoga Herz ein wunderschönes Kartendeck für Eltern und Kind herausgebracht und wird sicher noch mehr kreieren. Julia hat sich mit ihren Produkten und ihrem Yogaunterricht eine Teilselbstständigkeit aufgebaut. Julia ist eine echte Spiritual Leaderin, denn sie hat gelernt, mutig auf ihr Herz zu hören und ihm zu folgen. Hier ist ihre Geschichte in ihren Worten:

Julia, wir kennen uns schon so lange. Erzähl uns ein wenig von deinem Startpunkt!
Ich wusste schon lange, dass ich irgendwie „mein Ding" machen möchte. Doch was mein Ding ist, war mir ganz lange nicht klar. Die letzten Jahre hat sich dann aber so viel entwickelt und in mir verändert, dass ich meinem Herzensprojekt schon ziemlich nahegekommen bin.

Irgendwann hast du gespürt, dass du Yogalehrerin werden willst, und von da an ging alles ganz schnell. Woher wusstest du, dass das der richtige Schritt ist?
Ja, das war verrückt und gleichzeitig ganz klar. Mir ging es damals nicht gut, ich war körperlich und seelisch sehr angespannt und bin so zum Yoga gekommen. Eines Abends las ich die Ausschreibung zum Yoga-Teacher-Training und ich fühlte mich sofort wie magisch angezogen. Mein Herz wusste: DAS muss ich machen! Ich hatte noch nie zuvor ein so klares JA ganz tief in mir drin. Und so habe ich mich ganz spontan angemeldet, ohne zu wissen, was ich da eigentlich tat.

Nun hast du mittlerweile mit Yoga Herz ein eigenes Produkt auf den Markt gebracht und verkaufst es erfolgreich. Erzähl mal, wie du auf die Idee gekommen bist und was du mit Yoga Herz in die Welt bringen willst?
Die Idee zu Yoga Herz entstand tatsächlich während der Pandemie, mitten im Lockdown. Mein Sohn Leo war damals vier Jahre alt und ich versuchte, zwischen Homeoffice und Kinderbetreuung meine eigene Yoga-Praxis aufrechtzuerhalten. Als ich meine Karten morgens zog, wusste er natürlich nicht viel damit anzufangen. Ich suchte nach einem passenden Karten-Deck für Kinder, aber fand nichts, was mir gefiel. Also fing ich an zu zeichnen mit dem Ziel, etwas zu erschaffen, was Mama und Kind gemeinsam auf die Matte bringt und Spaß macht. So entstand Yoga Herz, das erste Karten-Set für kleine und große Yoginis. Mittlerweile sind weitere Produkte entstanden, die unsere Kinder unterstützen dürfen.

Wenn man seinem Herzen folgt und die ersten Schritte geht – wird man dann irgendwann frei von Angst?
Ich glaube, Ängste kommen immer wieder auf. Aber wenn man es schafft, nicht auf die Angst, sondern auf sein Herz zu hören, geht man einen großen Schritt nach vorn. Rückblickend hat sich für mich so viel verändert, weil ich mich meiner Angst gestellt habe. Bei schwierigen Entscheidungen hilft es mir, mich zu fragen: Was kann im schlimmsten Fall passieren? Ich habe mir oft Sorgen um Dinge gemacht, die so unwahrscheinlich waren. Ich bin viel mutiger geworden, seitdem ich nicht mehr auf jeden ängstlichen Gedanken höre.

Was ist dein Trick, um auf deinem Weg zu bleiben und dir selbst treu zu bleiben? Hast du einen Tipp für uns?
Auf sein Bauchgefühl hören. Der Bauch weiß meistens schon die Antwort, bevor unser Kopf anfängt, alles abzuwägen. Meine Bauchentscheidungen waren bisher immer die, die mich glücklich gemacht haben. Wenn die Angst größer war und entschieden hat, habe ich es immer bereut. Heute bin ich froh, dass ich das erkannt habe, und versuche meiner Intuition zu folgen und Kopf und Angst mehr als wohlwollende Berater zu sehen.

Wenn du mit Julia arbeiten willst, dann schau dir ihre Homepage **www.ruhryorkyoga.de/yogaherz** an. Julia gibt wunderbare Yogastunden, ist Doterra-Beraterin und ihr tolles Yoga Herz-Kartendeck kannst du hier kaufen: **www.yogaherz-shop.de/**

Mach dich bereit für Wunder

Wer einen Garten pflegt, hat Hoffnung im Herzen. Der Glaube an Sonnenschein und Wachstum lässt uns beherzt an die Arbeit gehen. Dieses Vertrauen können wir unterstützen, indem wir Pflanzen bzw. ätherische Öle nutzen: Sandelholz (Spirituelle Hingabe), Rose (Liebe & höchste Frequenz), Weihrauch (Wahrheit), Melisse (Licht), Orange (Fülle).

DU HAST DIE WAHL: VERTRAUEN ODER ANGST

Lass uns auf Zuversicht, Hoffnung und Glauben schauen. Wer einen Garten bestellt, vertraut darauf, dass auf den Winter ein Frühling folgt. Das Gleiche gilt für unser Leben. Wir brauchen eine innere Zuversicht, einen tiefen Glauben, der uns Hoffnung schenkt, wenn alles grau scheint und die Zweifel und Ängste laut werden. Was sich für unser System sicher anfühlen mag, muss uns nicht zwangsläufig glücklich machen. Spiritual Leadership bedeutet, im eigenen Glauben verwurzelt zu sein, während wir unser Leben auf unsere Art gestalten.

Marianne Williamson zitiert in ihrem Buch (8) Albert Einstein mit den Worten: „Unsere wichtigste Entscheidung im Leben treffen wir, wenn wir für uns definieren, ob wir in einem freundlichen oder feindlichen Universum existieren." Ich glaube, wir alle wissen, was gemeint ist. Es gibt Momente, in denen fühlen wir uns geliebt, sicher und verbunden. Nichts kann uns etwas anhaben, wenn wir uns so fühlen. Andere Augenblicke fühlen sich schwerer an, unsicherer. Wir fühlen uns isoliert, ungenügend, gestresst und ängstlich. Spiritual Leadership bedeutet auch, sich zu erinnern, dass wir weder der eine oder der andere Zustand sind. Wir sind viel mehr als das, was wir fühlen oder denken oder erinnern. Unsere Gefühle sind wechselhaft, doch tief in uns gibt es eine unerschütterliche Kraft, und genau die brauchen wir für unseren Weg. Sie ist die entscheidende Zutat. Von hier aus blüht alles auf.

Um zu verstehen, wie Vertrauen wachsen kann, müssen wir uns mit unserer Angst beschäftigen. Was passiert, wenn wir nicht unserem Herzen folgen? Wer oder was übernimmt unser Handeln, unsere Gedanken, unsere Wahrnehmung? Was lässt uns Enge, Sorgen, Anspannung fühlen? Wie kann es sein, dass wir morgens mit besten Vorsätzen losgehen und kurze Zeit später jammern, schimpfen oder ungeduldig auf den Tisch trommeln?

Wer die Steuerung übernimmt

Unser Gehirn ist darauf programmiert, nach Gefahren Ausschau zu halten. Das ist seine Aufgabe. Es scannt unsere Gedanken und unsere Umgebung und reagiert unmittelbar, wenn es eine potenzielle Gefahr registriert. Leider liegt die Steuerung unseres eingebauten Gefahrenabwehrsystems nur sehr begrenzt in unserer Hand. Die Programme werden schon früh in unserem Leben programmiert und wir haben wenig Kontrolle über sie. Sie dienen unserem Schutz. Für uns bedeutet das:

Wir sind nicht schuld, wenn Angstprogramme übernehmen. Unser Geist wählt den Ablauf ohne unsere bewusste Zustimmung. Es hilft niemandem, wenn wir uns Vorwürfe machen. Jeder von uns hat diese Programme.

Wir können lernen, mit ihnen zu leben. Unsere Angstprogramme sind unsere Aufgabe, nicht unser Problem. Wir können lernen, innerlich aufzuräumen, und neue Programme installieren.

Unser inneres Frühwarnsystem reagiert empfindlich auf Veränderungen, da alles, was neu ist, Gefahren bergen könnte. Beginnen wir nun, unser Leben in die Hand zu nehmen, finden zwangsläufig Veränderungen statt. Darauf reagiert unser System mit Nervosität, Aufregung und Sorgen. Das kostet viel Kraft und Zeit, es sei denn, wir beginnen parallel dazu umzulernen. Jedes unserer Programme hat eine eigene Geschichte. Es gehört zu irgendeinem Moment, in dem wir starke negative Gefühle hatten. Ab diesem Augenblick versucht unser System, Wiederholungen zu verhindern. Hierzu nutzt es unbewusste Programme unseres Handelns, ich nenne sie gern Waschprogramme. Wir leben immer ein wenig mit der Angst unserer schlimmsten Momente im Nacken – bis wir beginnen, sie uns anzuschauen.

Angst ist ein Nachbote und kein Vorbote

Eine meiner Ängste ist, verlassen und unwichtig zu sein, und hat ihren Ursprung in meiner Kindheit. Meine Mutter litt an einer schweren psychischen Erkrankung, die in Schüben verlief. In diesen Zeiten war sie nicht wiederzuerkennen. Es war, als würde meine Mutter verschwinden und eine Hülle zurücklassen. Ihr war es dann nicht mehr möglich, auf mich zu reagieren. Da ich ein kleines Kind war, konnte ich nicht verstehen, was passierte. Ich dachte: „Wenn ich nur ein lieberes Kind gewesen wäre/einfacher gewesen wäre/liebenswerter, dann würde sie mich noch liebhaben." Diese Art der inneren Logik wählen wir nicht selbst, sie entsteht im Unterbewusstsein. Sobald unser System eine solche Ableitung für erlebte Gefahr konstruiert hat, beeinflusst diese unseren Blick auf uns und die Welt. Wir alle haben eine Brille auf, die gefärbt ist durch die beängstigenden Erlebnisse unserer Vergangenheit. Parallel dazu hat unser System Waschprogramme entwickelt, die eine Wiederholung verhindern sollen.

Eines meiner Programme war der Versuch, ein „gutes" Kind zu sein. Als Kind dachte ich unbewusst, mit mir stimme was nicht. Ich versuchte daher, möglichst wenig negativ aufzufallen. „People pleasing", das Muster, anderen gefallen zu wollen, nennt man das auf Englisch. Solche Muster sind gemeint, wenn wir über einen konditionierten Geist oder Karma sprechen. Meine Angst führte zum Beispiel dazu, dass es mich noch heute Überwindung kostet, zu meinen negativen Gefühlen zu stehen. Dank lauter kleiner Schritte wird es leichter und leichter. Ich bin dran, wie man so schön sagt. Als ich erkannt habe, was ich am meisten fürchte, konnte ich beginnen, damit zu arbeiten. Ich konnte sehen, wie sehr diese alten Ängste mein Leben noch immer sabotierten. Ich begann eine neue Geschichte zu wählen. Das ist es, was Spiritual Leadership auch bedeutet: die Angst nicht ans Lenkrad zu lassen oder eben das Lenkrad zurückzuerobern, wenn sie es übernommen hat.

Wir haben eine Wahl: Angst oder Vertrauen, Glaube oder Zweifel, Zuversicht oder Sorgen – doch um diese Wahl treffen zu können, müssen wir erkennen, was los ist. Sorgen, Ängste, Zweifel sollen uns in Sicherheit bringen. Sie basieren auf früheren Ereignissen. Sie sind ein Nachbote von etwas, nie ein Vorbote. Unsere alltäglichen sorgenvollen Gedanken sind nichts anderes als eine unendliche Schleife der Vergangenheit, in der unser Verstand gefangen ist. Erst, wenn uns das bewusst wird, können wir beginnen, freier zu werden.

ÜBUNG 8: DER ANGST INS AUGE SEHEN

Lass uns schauen, was dich noch daran hindert, deinen Weg voll Leichtigkeit und Freude zu gehen. Wir werden dieses Thema im Mindset-Kapitel noch weiter vertiefen. Jetzt geht es um das grundsätzliche Gefühl von Anspannung, Unsicherheit, Sorge, Zweifel oder Angst.

Bitte bedenke, dass eine diagnostizierte Angststörung ein anderes Thema ist und in die Hände eines Profis gehört. Sprich in diesem Fall bitte mit deinem Arzt oder Heilpraktiker darüber, so dass du adäquate Hilfe bekommst.

- Mich überkommen immer wieder Gefühle von:

___

- Insbesondere in Situationen, in denen …

___

- Ich kann fühlen, dass mich diese alte Geschichte noch immer blockiert:

___

- So beeinflusst diese Geschichte noch heute mein Verhalten:

___

- Sie weckt in mir Gefühle von …

___

- Wenn ich überlege, was ich genau tue, wenn mich Angst oder Anspannung überkommen, dann versuche ich zu vermeiden, dass ich …

___

- Was aus meiner Vergangenheit darf sich auf keinen Fall wiederholen?

___

Auf der nächsten Seite geht es weiter ⟶

- Was ist meine schlimmste Angst für meine Zukunft?

___

- Wie versuche ich das unbewusst zu verhindern?

___

- Was wäre möglich, wenn ich keine Angst hätte?

___

Atme tief und lies deine Antworten durch. Bist du bereit, diese alte Geschichte loszulassen?

WIE WIR LOSLASSEN

Früher dachte ich, das Loslassen meiner Ängste und Sorgen wäre ein einmaliger Akt. So, als würde ich einen Gegenstand loslassen, den ich vorher in der Hand gehalten habe. Heute weiß ich, es ist eher so, als würden wir alle einen großen Rucksack tragen. In ihm sind wie Steine all die Sorgen, besonders die verwirrenden, traumatisierenden Situationen unserer Kindheit, verpackt. Nach und nach können wir lernen, unseren Rucksack abzusetzen und einzelne Steine am Wegesrand zurückzulassen.

Mit jedem Schritt auf unserem Weg wird es auf unserem Rücken leichter und leichter. Die Steine aus unserem Rucksack können wir auf viele Arten herausnehmen. Jede Art hat ihre eigene Magie und ihren heilsamen Zauber. Wir können Therapien machen, uns Coachings gönnen, können journalen, meditieren oder lernen, uns zu entspannen. Alles, was uns hilft, die Muster zu durchschauen und neue Verhaltensmuster zu etablieren, tut gut. Es muss nicht schwer sein. Wir müssen lediglich dranbleiben, wach, aufmerksam.

Spiritual-Leadership-Regel Nr. 5:
Du bist nicht deine Angst. Deine Angst ist deine Aufgabe.

Angst wird besonders groß, wenn uns etwas wichtig ist. Mit unserer Erregung steigt auch unsere Sorge. Der Weg in unser Traumleben ist immer begleitet vom Bewusstwerden unserer Limitierungen und der Befreiung. Mut ist, sich zu trauen, dem Herzen zu folgen trotz der Angst, nicht ohne Angst. Die Angst ist nur ein Käfig, der uns daran hindert zu fliegen.

Um das zu verdeutlichen, schauen wir nochmal auf die Begriffe von Karma und Dharma. Stell dir vor, dass all die kleinen und großen Verletzungen in deinem Leben Steine waren, die ins Wasser geworfen wurden. Jeder einzelne Stein zieht seine Wellen. Diese Wellen sind deine automatischen Programme und Glaubenssätze und das, was diese in der Welt anrichten. Wenn dich etwas triggert, übernimmt dein Schutzprogramm. Du wirst dann einen Moment lang von Emotionen überwältigt und handelst aus dieser emotionalen Wucht heraus. Wenn du dich wieder beruhigt hast und du selbst bist, wunderst du dich vielleicht oder schämst dich sogar. Mit den Konsequenzen deines Handelns musst du dann leben.

Eckart Tolle (9) nennt diese Kraft, die uns Angst haben lässt, unseren Schmerzkörper und dieser ist Teil unseres Egos. Das Ego ist unsere Vorstellung, was wir denken, wer wir sind. Es ist konditioniert und unbewusst entstanden. Wir befreien uns von ihm, nach und nach, und finden so das Ich hinter den Ideen des Egos. Dharma ist „die Wahrheit unserer Existenz" (10). Sie zeigt sich auf unserem Weg, entfaltet sich mehr und mehr, und zwar gerade durch all die Trigger, die Wellen auf unserem See. Es gibt viele kleinere und größere Aufwachmomente. Augenblicke, wo uns etwas wie Schuppen von den Augen fällt und wir die Welt ein wenig anders zu sehen lernen. Bis der nächste Trigger kommt und uns fordert.

Jeder Trigger, jedes Tief ist eine Möglichkeit zu wachsen und etwas von unserem Lebensthema zu verstehen. Ein Trigger ist nichts anderes als ein Auslöser für das Aufwallen einer gespeicherten Emotion, die dann wiederum ein Schutzprogramm aufruft. Wenn uns etwas oder jemand aufregt, ist also nicht die Frage, was diese Person falsch gemacht hat. Viel spannender ist zu verstehen, warum wir uns so aufregen. Es ist ein Irrglaube zu denken, Sorgen und Ängste seien wichtig. Das Gegenteil ist der Fall. Wenn wir Angst haben, wechselt unser Gehirn in den Überlebensmodus. Wir bekommen einen Tunnelblick und unsere Instinktprogramme sind am Zug. Da diese Energie und Aufmerksamkeit kosten, bekommt unser Verstand weniger von beidem ab.

Angst macht uns also schwächer, nicht stärker. Außerdem sind die typischen Sorgenkarusselle, die uns in Unruhe versetzen und in die wir uns reinsteigern können, nicht das, was bei echter Gefahr passiert. Bei echter Gefahr reagiert unser Instinkt, nicht unser Verstand. Rast beispielsweise ein Auto auf uns zu, springen wir zur Seite. Um das tun zu können, müssen wir vorher nicht lange darüber nachdenken, ob Straßen gefährlich sind. Das jedoch machen wir den halben langen Tag. Wenn wir uns freimachen von unseren Ängsten, haben wir viel mehr Energie für das, was wir wirklich kreieren wollen. Diese vielen Momente des Freimachens sind ein Training. Es ist wie bei Schmetterlingen. Sie können nicht fliegen, wenn man ihnen den Kokon aufschneidet. Ihr Körper braucht diese Zeit in der dunklen Enge des Kokons, wenn sie schon fertig ausgebildete Flügel haben und immer wieder gegen ihre Hülle stoßen. Sie wollen fliegen, sind aber noch eingesperrt. Irgendwann zerbricht der Kokon durch all das innere Rütteln und sie sind frei. Fliegen können sie, weil sie im Kokon ihre Flügel trainiert haben. Ich denke, so ist das bei uns auch. Wir brauchen die Trigger, die Tiefs, die Konfrontation mit unserer Angst, um fliegen zu lernen, und gleichzeitig dürfen wir loslassen, wann immer wir es können. Unser Weg muss nicht schwer sein. Wir dürfen es uns leicht machen! Sobald uns etwas bewusst wird und negative Gefühle uns den Atem rauben wollen, wird es Zeit zu handeln. Wir lassen los, indem wir innehalten und neu wählen. Loslassen ist das Hinwenden, Vertrauen.

WIE VANESSA DURCH SCHWERE ZEITEN KAM

Vanessa ist eine langjährige gute Freundin von mir. Sie hat das in meinen Augen schönste Yogastudio aufgemacht, und wir haben miteinander eine Vielzahl Yogalehrerinnen begleitet und ausgebildet. Vanessa und ich haben uns in unserer ersten Yogaausbildung kennengelernt. Sie strahlt immer eine große Ruhe aus. Im letzten Jahr jedoch wurden ihr Glaube und ihre Zuversicht auf eine harte Probe gestellt. Vanessa ist eine echte Spiritual Leaderin, denn sie hat alles darangesetzt, im Vertrauen zu bleiben, und das, ohne ihre Gefühle hinunterzuschlucken. Hier ist ihre Geschichte in ihren Worten:

Liebe Vanessa, ich will mit dir über Angst sprechen. Ich weiß, dass du in den letzten Monaten arg durchgerüttelt wurdest. Kannst du uns einmal kurz erzählen, was konkret los war?
Oh ja, die letzten zwei Jahre waren eine große Herausforderung und haben mich mehr als einmal zweifeln lassen – an meinem Weg und letztendlich auch an meiner Arbeit. Die Auswirkungen der Pandemie waren zu Beginn des Jahres 2022 noch voll zu spüren im Studio, der letzte Lockdown gerade vorbei, die Kurse noch verhalten gefüllt und die Vibes einfach andere. Passend zu dieser Stimmung flatterte eine Betriebsprüfung vom Finanzamt ins Studio ein und die war intensiv. Die Mischung aus finanzieller Unsicherheit, zwei Jahren Pandemiekampf im Studio und der Perspektivlosigkeit in Bezug auf planbare Events wogen schwer, und es wurde immer herausfordernder, in Verbindung zu bleiben: mit meiner Vision, meinem Optimismus und Tatendrang, den ich sonst so liebe. Viel verlockender war es, mir die Decke über den Kopf zu ziehen und Trübsal zu blasen oder anderen die Schuld an meiner Situation zu geben.

Es hört sich wild an. Hattest du bestimmte Techniken oder Gedanken, die dich durch diese Zeit getragen haben?
Ich habe im letzten Jahr angefangen viel zu journalen, das war jedes Mal eine Erleichterung und so oft mit Tränen verbunden. In den wirklich stressigen und vor allem angstbehafteten Momenten fiel es mir unglaublich schwer zu meditieren oder schlichtweg ruhig zu atmen – das kannte ich so überhaupt nicht von mir. Mein Nervensystem war so im Alarmmodus, dass sich ruhig sitzen wie eine Strafe anfühlte und kaum auszuhalten war. Also gab es viele Schüttel- und Tanzeinheiten zu unterschiedlichster Musik, die nicht selten mit lauten Tönen verbunden waren. Ich bewege mich dann rund 20 Minuten wirklich intensiv und lege mich anschließend auf den Boden. Erst dann konnte ich mich oft wieder so richtig spüren, atmen und mit mir sein. Außerdem habe ich viel mit Visionen und Affirmationen gearbeitet – unzählige Male habe ich eine leichte und erfolgreiche Zukunft visualisiert und mich mit meinem ganzen Sein dieser Vision hingegeben.

Was ist dein Rezept, wenn Angst, Wut, Traurigkeit, Hoffnungslosigkeit oder Ohnmacht aufkommen?
Zunächst einmal nehme ich wahr, dass ich diese Gefühle habe. Früher wäre ich ihnen hilflos ausgeliefert gewesen. Und natürlich gibt es solche Momente noch immer, aber meistens schaffe ich es, zu fühlen, dass es gerade so ist, wie es ist. Und dann prüfe ich: Was geht, was geht nicht und was brauche ich genau jetzt. Ich kann viel besser Termine absagen oder umplanen als früher, wenn ich merke, dass ich Zuwendung brauche. Bewusste Zeit mit meiner Familie zu verbringen, hilft mir auch sehr – das Leben aus den Augen eines Vierjährigen zu betrachten, schafft sofort Entschleunigung. Außerdem versuche ich, mich rauszuzoomen aus der Situation. Zu denken: Was ist in ein, zwei, zehn Jahren? Wie wichtig wird dieser Moment dann noch sein? Oder zu wissen: Auch dieser Moment lässt mich wachsen, lernen und strahlen. Auch in diesen Phasen meint es das Leben gut mit mir. Zu wissen, dass unser Leben in Zyklen läuft und es immer auch wieder mit neuer Kraft bergauf geht, das lässt mich gleich viel tiefer atmen.

Wie hast du zurückgefunden zu deiner Zuversicht und deinem Glauben?
In der Tat habe ich in den letzten zwei Jahren neue Facetten an mir kennengelernt. Ich konnte erleben, wie es sich anfühlt, als würde ich den Boden unter den Füßen verlieren. Zu wissen, dass ich auch solche Phasen überstehen kann, hat mein Vertrauen in mich und meine Kräfte gestärkt und lässt mich liebevoller und wertschätzender auf mich und meine Fähigkeiten blicken. Das wohl größte Learning war: Dinge laufen manchmal richtig aus dem Ruder, Pläne gehen nicht auf, wir werden enttäuscht oder verletzt. Diese Momente wird es immer geben, davor können wir uns als menschliche Wesen auf dieser Reise nicht schützen. Was ich aber beeinflussen kann, ist die Tatsache, was diese Momente in mir auslösen und wie ich darauf reagiere. Ich werde vom Opfer der Umstände zur Gestalterin meines Lebens.
Außerdem habe ich gelernt, dass kein Betreten meiner Yogamatte umsonst war in den letzten Jahren. Keine Meditation verschwendete Zeit. Vielmehr haben die letzten Jahre Praxis dafür gesorgt, dass ich einen soliden, präventiven Boden an Vertrauen und Glauben aufgebaut hatte.

Wenn du nun Lust bekommst mit Vanessa zu arbeiten, dann schau dir unbedingt ihre wunderschönen Seite **www.om-shanti-ratingen.de** und **www.vanessastilp.de.** Vanessa begleitet Frauen mit Yoga und mehr und arbeitet als Hochzeitsrednerin. Ich kann sie dir wärmstens empfehlen

Tapping gegen negative Emotionen

Eine wirksame Möglichkeit, bei akuten negativen Gedankenspiralen wieder zurück zu uns zu finden, ist Tapping. Tapping (EFT) ist eine Klopfakupressur. Ich habe sie mir mit Hilfe von Gabby Bernstein (11), Gala Darling (12) und Brad Yates (13) selbst beigebracht und sie wirkt Wunder. Beim Tapping klopft man bestimmte Akupressurpunkte locker mit zwei oder drei Fingern und sagt dabei verschiedene Sätze, die zum momentanen Unwohlsein passen. Durch Klopfen der verschiedenen Meridianpunkte wird der freie Fluss unserer Energie gestärkt und Blockaden abgebaut. Nach einigen Tappingrunden spüre ich

Tapping ist eine tolle Möglichkeit, mit innerer Anspannung umzugehen.
Die gelben Punkte zeigen dir, wo du tappen kannst.

eine innere Erleichterung. Ich habe hier einen Tappingzyklus für dich notiert. Du kannst ihn einfach mit deinen eigenen Themen und Worten füllen. Mach am besten einmal „trocken" mit. Es ist mein Lieblingsablauf.

Ein Hinweis: Du kannst nichts falsch machen, dennoch willst du auf deinen Körper achten und seine Signale ernst nehmen. Mach so viel Runden, wie sich für dich richtig anfühlt. Überall da, wo starke Emotionen hochkommen, verweile einige Tappingpunkte lang. Widme bestimmten Themen ganze Runden. Der Ablauf hier ist nur ein Beispiel. Beim Tapping geht es darum, zu lernen, der eigenen Intuition zu vertrauen. Du kannst, wenn du magst, vor dem Start die Intensität deines Gefühls auf einer Skala von 0 (fühle nichts) bis 10 (fühle es sehr stark) festlegen und nach dem Tapping erneut hineinfühlen und eine Zahl finden. Hier der Ablauf:

1. Beginne mit dem Karatepunkt. Das ist die Außenkante deiner Hand. Darauf tappst du mit 3–4 Fingern und versicherst dir dreimal, dass du dich selbst – trotz der Gefühle und Gedanken, die gerade toben – liebst und ehrst. Schließe bei der letzten Runde auch andere mit ein, die irgendwas mit deiner Erregung zu tun haben könnten.
   Die folgenden Punkte tappst du ca. siebenmal mit 2–3 Fingern:
   - Innenseite Augenbrauen: Sage laut den ersten Satz und akzeptiere dein Gefühl, indem du es laut aussprichst.
   - Außenseite Auge: Formuliere noch einen Satz zu deinem Zustand.
   - Unter dem Auge mittig (Jochbein): Noch ein Satz zu deinen Gefühlen und Gedanken. Sprich aus, was gerade schwer ist.
   - Unter der Nase mittig: Formuliere, dass du dich anders fühlen willst.
   - Unter dem Mund mittig: Formuliere positiv, wie du dich lieber fühlen möchtest.
   - Unter dem Schlüsselbein auf einer oder beiden Seiten: Lade ein anderes, positives Gefühl mit deinen Worten ein.
   - Unter dem Arm seitlich: Sag, dass du weißt, dass du deine Gefühle verändern kannst.
2. Beginne die nächste Runde mit der Kopfeskrone und formuliere, was du verstanden hast über die Geschichte dieses Gefühls.
3. Die ganze folgende Runde (genauso wie oben) beschäftige dich damit, dass du heute woanders stehst. Dass die Vergangenheit hinter dir liegt. Wenn es sich richtig für dich anfühlt (du wirst es spüren), sag dir selbst, dass du liebenswert/gut genug/stark genug etc. bist.
4. Widme die ganze nächste Runde dem Gefühl, das du nun einladen willst.
5. Widme die letzte Runde deinem guten Leben und wie dankbar du bist, dass es dir so gut geht.
6. Ende mit einem Wunsch und tappe für diesen Wunsch einige Male auf die Mitte des Kopfes, dann auf die Mitte deiner Stirn, unter deine Lippe und dann auf die Mitte deines Brustkorbs.
7. Gegen Ende des Tappings spürt man meist ein Gefühl von Erleichterung, Müdigkeit, Spannungsabbau durch Gähnen oder Lachen.

Denk daran, dass ein Tapping immer eine Erleichterung bringen soll. Finde deine Sätze. Verweile bei Gefühlen, wenn es dir guttut. Sollten alte Geschichten und Erinnerungen aufkommen, sprich sie aus und tappe dabei. Der Tapping-Guru Brad Yates (13) sagt, Tapping ist wie Staubsaugen unter dem Sofa. Es kann nicht zu sauber werden und schadet nie. Ich hoffe, die Technik tut dir genauso gut wie mir.

Mit dem Herzen verbunden zu sein fühlt sich an wie nach Hause kommen.

Eine weitere Möglichkeit, mit Angst umzugehen

Wann immer du in den nächsten Tagen, Wochen, Monaten bemerkst, dass deine Zweifel, deine Angst, deine Limitierungen dich einholen, atme durch. Du kannst täglich tappen und du kannst parallel deinen Verstand einbinden. Wenn wir unsere Ängste unter die Lupe nehmen, statt sie vermeiden zu wollen, werden sie harmloser. Entscheidungen aus Angst können uns nie die beste Zukunft weisen. Ich liebe zum Thema Angst eine Übung von Tony Robbins (14), die ich kurz vor dem Start in meine hundertprozentige Selbstständigkeit für mich gemacht habe. Damals war ich sehr unsicher und hin- und hergerissen. Ich hatte Angst, meinen angenehmen, sicheren Job zu verlassen und ganz auf meine eigene Arbeit zu vertrauen. Also fertigte ich die von Tony Robbins angeratene Tabelle an. Wenn du selbst vor etwas Angst hast und die Angst dich zu lähmen droht, fertige eine Tabelle an: Schreibe in Spalte 1 deiner Tabelle all deine Ängste. Lass nichts aus! Dann schreibe in die zweite Spalte das jeweilige Worst-Case-Szenario, also das Schlimmste, was passieren kann, wenn diese Angst wahr wird. In Spalte 3 schreibst du dann, was dein Plan wäre, wenn dieser Worst Case tatsächlich eintreten sollte. Es ist erleichternd zu sehen, dass es irgendwie weitergehen wird. In Spalte 4 trage ein, was passiert, wenn du nichts tust. Was, wenn du deiner Angst nachgibst und nicht handelst? Wo bist du dann in fünf Jahren? Wie geht es dir dann? Ich konnte so erkennen, dass ich es einfach wagen muss. Die Gefahr, mein Zögern zu bereuen, war viel größer als mein Worst-Case-Szenario. Eine tolle Tabelle, die ich immer wieder anfertige, wenn mich Sorgen quälen und zu lähmen drohen.

Wir alle neigen dazu, unsere Ängste zu überschätzen und wenig realistische Worst-Case-Szenarien als Ausrede für unsere Stagnation zu nutzen. Diese Selbstsabotage ist menschlich. Da unser Gehirn uns in Sicherheit halten will, nutzt es sein ganzes Repertoire, um uns von Veränderungen abzuhalten. Halten wir uns jedoch vor Augen, wie schwer wir bereuen könnten, etwas nicht gewagt zu haben, sieht sie Sache meist ganz anders aus. Das macht es leichter, an Entschlossenheit zu gewinnen. Was es jetzt noch braucht, ist eine gehörige Portion Vertrauen.

VERTRAUEN IST EINE ABSICHT

Vertrauen wird meist als etwas gesehen, was wir haben oder nicht haben. Dabei ist Vertrauen eine innere Einstellung, mehr Intention als Fähigkeit. Da wir Vertrauen brauchen, um mutig unseren Weg gehen zu können, müssen wir lernen, es wachsen zu lassen. Angst ist ein automatischer Mechanismus unseres Geistes. Vertrauen wiederum ist die Folge unseres Glaubens. Es wohnt im Herzen. Um unser Leben mit Leichtigkeit und aus dem Herzen angehen zu können, brauchen wir eine feine Praxis, die unser Vertrauen stärkt. Ansonsten siegen die Automatismen unserer Vergangenheit.

> ***Spiritual-Leadership-Regel Nr. 6:***
> *Vertrauen ist eine innere Haltung. Du kannst sie üben und jederzeit erneut wählen.*

Die grundlegende Zuversicht in das Gute schlummert in jedem von uns, doch unser konditionierter Geist macht es uns schwer, ihre ganze Kraft zu fühlen. Als würden wir uns zur Sonne drehen, müssen wir lernen, uns immer wieder unserer Zuversicht und damit unserem Vertrauen zuzuwenden. Das ist die Entscheidung, ob wir in einem freundlichen Universum leben oder nicht. Es ist kein Schalter, es ist ein Dimmer. Der Glaube an ein freundliches Universum ist etwas, was wir üben können. Beginnen wir, in uns die Grundlage für unser Vertrauen zu suchen, landen wir automatisch bei der Ausrichtung auf das, was größer ist als wir. Vertrauen wächst auf dem Fundament unserer Spiritualität.

Eine höhere Kraft

Unser spirituelles Erwachen ist ein lebenslanger Prozess. Es fühlt sich für mich an, als würden wir lernen, einen Schritt zurückzutreten, um ein größeres Bild zu sehen. Das kleinere Bild hat unser Geist mit all seinen Konditionierungen erstellt. Es scheint unsere Welt darzustellen und es erscheint uns vollständig. Doch mit der Zeit erwacht in uns eine Neugier und wir beginnen das größere Bild zu suchen. Wir spüren, dass es da ist! Wir treten einen Schritt zurück, hinterfragen unsere Erfahrungen, Sorgen und Regeln und erkennen, dass unsere Wirklichkeit nur ein Bild ist und der Raum, in dem es hängt, viel größer ist, als wir dachten. Mit dem ersten Schritt beginnt ein Bedürfnis mehr und mehr zurückzutreten. Wir können fühlen, wie frei uns das macht. Der Prozess ist unumkehrbar und wichtig. Es ist der Weg unserer Seele, unser Dharma. Und ich glaube fest: Diese Welt braucht mehr Spiritualität. Sie ist eine Dimension, die uns ungeahnte Stärke und Integrität verleiht und uns hilft, auf unser Herz zu hören statt auf unsere Ängste. Es ist dabei unwichtig, an was wir genau glauben oder wie wir es nennen, wichtig ist, dass wir fühlen können, dass das Bild größer ist.

Spiritualität versus Religion

An dieser Stelle will ich auf den Unterschied zwischen Religion und Spiritualität hinweisen. Jeder Glaube ist wertvoll. Solltest du dich einer Religion zugehörig fühlen und spüren, wie wichtig das für dich ist – wunderbar. Vertrau deinem

ÜBUNG 9: DIE INNERE AUSRICHTUNG FINDEN

Um deine Grundlage für Vertrauen zu finden, nimm dir ein wenig Zeit für die kommende Übung. Gönn dir einen Moment der Ruhe und denk über die Fragen nach. Finde deine Antworten in deinem Herzen, weniger in deinem Kopf.

- Denke an einen Moment voller Vertrauen. Wie hast du dich gefühlt?

- Wo spüre ich die Kraft von Vertrauen in meinem Körper?

- Mit welcher höheren Kraft fühle ich mich verbunden?

- Wann spüre ich diese Verbindung am meisten?

- Wie wäre meine Welt, wenn ich immer mit dieser Kraft verbunden wäre?

- Was wäre anders, wenn ich wüsste, dass das Universum immer für mich ist?

- Was würde ich anders sehen, wenn ich wüsste, dass alles für mich passiert?

- Was wäre anders, wenn ich wüsste, dass ich immer sicher bin und geführt werde?

Atme noch einmal tief durch. Markiere die Antworten, die dich emotional besonders berühren.

Herzen. Solltest du jedoch mit deinem Glauben hadern, weil du dich in den Religionen nicht wiederfinden kannst, dann mach dich frei. Eine Religion wird über ihre Geschichten, Regeln und Rituale definiert. Sie ist ein System. Wo wir jedoch auf unserer spirituellen Reise landen, ist individuell. Es ist eine Reise nach innen, wie ein inneres Zurücktreten vor der eigenen Wirklichkeit, um voll Demut zu erkennen, dass wir Teil von etwas Größerem sind. Wie du es nennst, wo du es einordnest, ist allein deine Sache.

Ich habe früher damit gehadert, mir meinen Glauben einzugestehen. In meiner Kindheit waren mein Vater und ich jeden Sonntag in der Kirche. Ich erinnere mich an Weihrauchduft und Beichten, an Kirchenlieder und Gebete. Mir hat das eine Zeit lang gut gefallen, es war wie eine Zuflucht. Als meine Mutter starb, veränderte sich etwas. Die festen Rituale wirkten plötzlich einschüchternd und die Geschichten von Sünde und Bestrafung taten mir nicht gut. Ich begann mich abzuwenden. Was blieb, waren stille Gebete.

> ***Spiritual-Leadership-Regel Nr. 7:***
> *Spiritualität ist individuell. Sie lehrt dich, auf eine größere Kraft zu vertrauen.*

Je älter ich wurde, umso mehr folgte ich meinen inneren Impulsen. Ich begann, eigene kleine Rituale zu finden und einen Altar aufzubauen. Aus Gebeten wurden längere Zwiegespräche. Irgendwann in einer Meditation sah ich ein Licht in mir und um mich. Mir liefen Tränen über die Wangen, so gehalten und vollständig fühlte ich mich in diesem Moment. Solltest du also Zweifel oder „deine" Spiritualität noch nicht gefunden haben, dann ist dies eine Einladung, deinen eigenen Weg zu finden. Hör auf dein Herz, finde deine Rituale und mach dein Ding. Du brauchst Spiritualität nicht zu suchen, sie ist immer da, ein Teil von dir. Egal wie du sie lebst oder benennst und wo du dich zugehörig fühlst, dein Glauben, Teil etwas Größerem zu sein, wird dir den Wind unter deinen Flügeln schenken. Du brauchst sie nur noch auszubreiten.

Vieles hat sich verändert, als ich zu glauben begann, dass wir alle zu jeder Zeit von wohlwollenden Kräften umgeben sind. Wenn ich hadere oder meine Angst hochkommt, versuche ich mich zu erinnern, dass alles für mich passiert. Natürlich ist das schwerer, wenn große Schicksalsschläge uns prüfen. Mir hilft der Gedanke, dass unsere Seelen es sich ausgesucht haben, hierhin zu kommen. Ich denke, dass unsere Seelen Vereinbarungen getroffen haben, um in dieser Lebenszeit etwas zu heilen, zu lernen und in die Welt zu bringen. Sie haben sich verabredet. Ohne die schwierigen Kapitel meiner Kindheit wäre ich heute nicht die, die ich bin. Die Themen Glück und innerer Frieden wären mir vielleicht nie solche Herzensthemen geworden. Heute glaube ich an Engel und bitte sie regelmäßig um Schutz und Hilfe. Ich liebe es, meine innere Stimme und mein spirituelles Team an nicht-physischen Führern und Helfern, Ahninnen und Ahnen zu befragen. Ich achte auf Zeichen und auf Synchronitäten. Wenn du mehr wissen willst, schau in mein erstes Buch (1) hinein.

Mir hilft all das, mit Ruhe und Kraft durch mein Leben zu gehen. Ich glaube, wir alle tragen ein unendliches Licht in uns. Dieses Licht ist verbunden mit der Quelle selbst, dem allumfassenden Bewusstsein, Universum, Gott – wie auch immer du es nennen willst. Der Satz des Dichters Rumi (15) geht mir dabei durch den Kopf. Er schrieb: „Du bist nicht ein Tropfen im Ozean. Du bist der der gesamte Ozean in einem Tropfen."

ÜBUNG 10: FINDE DEIN GLAUBENSBEKENNTNIS

Schaue dir für dein Glaubensbekenntnis die markierten Antworten von Übung 13 noch einmal an. Lege dir eine Hand auf dein Herz und schließe deine Augen. Frage dich:

- An was glaube ich?
- Was gibt mir Kraft, Sicherheit und Vertrauen?
- Was ist die Grundlage für alles Gute in meinem Leben?

Dann schreibe dein persönliches Glaubensbekenntnis auf. Finde Sätze, die deinen Glauben spiegeln, deine Spiritualität zeigen und dir Kraft schenken. Arbeite so lange mit den Sätzen, bis du in jeder deiner Zellen ein inneres JA spüren kannst.

____

____

____

____

Lies es noch einmal durch, was dein Ergebnis ist. Wenn du ein hundertprozentiges Ja in dir fühlst, dann schreibe es dir auf ein schönes Blatt und lies es dir jeden Tag durch. Es wird dir helfen, dich auf das zu besinnen, was wirklich zählt.

Ich glaube, jeder von uns ist einzigartig und gleichzeitig verbunden durch das gleiche Licht. Als wären wir alle verschiedene Cannelloni-Nudeln. Außen mögen wir unterschiedlich sein, doch in unserer Mitte fließt das gleiche wunderbare Licht. Dieses Bild habe ich im Podcast von Jess Lively (16) aufgeschnappt: Die Form unserer Nudel mag anders sein, doch die Füllung ist das gleiche wunderbare Licht. Wie Strom, der durch uns fließt, tragen wir die Energie des expandierenden Universums in uns. Ich glaube, jede Angst, jedes Hindernis, jede Limitierung soll nur unser Wachstum fördern und uns helfen, klarer zu sehen. All das gibt mir Kraft, wenn ich mit mir ringe oder mein Ego samt meiner alten Konditionierungen mir einreden wollen, dass ich etwas nicht verdient habe oder nicht gut genug wäre. Das ist gemeint mit Vertrauen pflegen und es wachsen lassen. Wir brauchen etwas, um an den Sommer glauben zu können, wenn Winter ist.

Spiritualität im Alltag

Wir alle sind entweder im Vertrauen oder in der Angst verwurzelt. Die Entscheidungen, die wir im Leben treffen, dienen entweder unserer Sicherheit oder unserem Wachstum. Wir brauchen eine klare, verbindliche, in unserem Glauben verwachsene Mission, die wie ein strahlendes Licht ist. Ein Licht so hell, dass wir in den Momenten der Angst und Unsicherheit, des Zweifels oder der Wut unsere Angst ansehen, annehmen und loslassen können. Dann sind wir wirklich am Steuer unseres Lebens. Üben können wir in den vielen neutralen, alltäglichen Mo-

Spiritualität im Alltag ist, an die Sonne hinter den Wolken zu glauben.

menten des Lebens. Wenn du magst, mache diese einfache Atemübung. Sie hilft mir dabei, im Vertrauen zu bleiben, dass das Leben es gut mit mir meint. Denke einfach bei jeder Einatmung innerlich „Ja“ und bei jeder Ausatmung „Danke“. Probiere es aus und mache eine kurze Pause. Denke „Ja“ und atme ein, denke „Danke“ und atme aus. Kannst du fühlen, wie die Akzeptanz für das, was sich dir in diesem Moment als Realität zeigt, wächst? Wie deine Wertschätzung für diesen Moment deines Lebens wächst? Egal ob in der Supermarktschlange oder im Job, übe diese Atemübung möglichst täglich und lass zu, dass dein Vertrauen stärker, dein Widerstand geringer und damit deine Angst weniger werden.

Bewusst atmen hilft immer.

Wir können jeden Moment als Geschenk sehen und ablehnen oder wertschätzen lernen. Das ist mit dem Fluss des Lebens gemeint: alles annehmen lernen. Der Fluss ist eine natürliche Folge unserer Spiritualität und hilft uns, Zweifel, Ängste und Sorgen beiseitezulegen. Unser Nervensystem wird sich nie dauerhaft sicher fühlen. So ist es nicht programmiert! Wir müssen darum unseren Mutmuskel trainieren, und das tun wir, indem wir Vertrauen üben. Wie wir ein Mindset aus Vertrauen statt aus Angst bauen, schauen wir uns im dritten Kapitel an. Schau in der letzten Übung dieses Kapitels darauf, welche Bereiche deines Lebens sich verändern, wenn du mehr und mehr im Vertrauen und Glauben verwurzelt bist und dem Griff deiner Ängste, Sorgen und Zweifel entkommen lernst.

Es braucht Achtsamkeit, um immer wieder in das Vertrauen zurückkehren zu können. Erst einmal müssen wir lernen zu bemerken, dass wir uns in der Angst und ihren Programmen verstrickt haben. Jeder Moment, in dem uns auffällt, dass wir in einem Programm gefangen sind, ist ein Grund zu feiern. Diese Momente zeigen uns, dass wir aufwachen. Dass wir bewusster werden, und in dem Prozess des Bewusstwerdens liegt unsere Freiheit. Je mehr wir hinschauen, unsere eigene Menschlichkeit liebevoll beobachten, je mehr wir erkennen, dass wir die Dosis an Drama in unserem Kopf bestimmen – umso häufiger können wir durchatmen und neu wählen. Wann immer du dich voller Zweifel, Sorge, Anspannung fühlst – atme durch. Denk an dein

ÜBUNG 11: VERÄNDERUNGEN IN SICHTWEITE

Atme durch und lies noch einmal dein Glaubensstatement. Fühle die Kraft darin und lass zu, dass diese innere Liebe und dieses Vertrauen ein Licht auf deine Zukunft werfen. Beschreibe für die folgenden Bereiche ganz konkret, was sich verändern wird, wenn du mehr in diesem Vertrauen lebst und handelst. Wie wird es sich anfühlen? Was wird sich verändern?

- Gesundheit:

____

- Familie und Freunde:

____

- Karriere und Wohlstand:

____

- Wachstum, Kreativität und Lernen:

____

- Spirituelle Beziehung:

____

Glaubensstatement und beginne, wieder das größere Bild zu sehen. Du kannst innehalten, beten, dein Vision Board anschauen – was immer du magst. Hauptsache, es schenkt dir einen Gedanken, der dir Freude bringt, und lässt ein wenig mehr Weite in deinem Herzen entstehen. Der Fehler ist, dass wir uns meist selbst verurteilen, wenn wir den Kontakt zu unserem Vertrauen und unserer inneren Kraft verlieren. Dabei ist es ein Fortschritt, wenn wir es überhaupt bemerken. Wenn eins unserer Muster vom Unbewussten ins Bewusste tritt, fühlt sich das für unser Ego nicht gut an. Etwas in uns wäre lieber „weiter". Dabei zeigen gerade diese Momente den Fortschritt. Lern also, dieses spontane Erkennen zu feiern, und dann lern, deine Muster zu durchbrechen. Wir schauen im nächsten Kapitel darauf, wie du eine innere Logik auf Glauben und Zuversicht baust statt auf dem, was sich dein Kopf zufällig gemerkt hat.

MINDSET – DIE WELT IM LICHT SEHEN

Wer einen Garten hat, muss regelmäßig Unkraut zupfen, sich kümmern und so Raum schaffen, in dem der Garten blühen kann.

Wir vertiefen unser Vertrauen und verändern die alltäglichen Regeln, Glaubenssätze und unser Selbstbild. Ob das Universum freundlich ist oder nicht, zeigt sich in all den Details, die wir sehen und nach denen wir uns richten. Wer einen Garten haben will, muss lernen, das Unkraut von den Blumen zu unterscheiden. Das eine reißen wir raus, das andere pflegen wir. So entsteht nach und nach ein blühendes Paradies. Spiritual Leadership bedeutet, das eigene Mindset als Aufgabe zu sehen und weise, neue Wahrheiten zu etablieren.
Pflanzen bzw. ätherische Öle, die bei der Mindset-Arbeit hilfreich sein können: Schwarzer Pfeffer (Souveränität & Wahrheit), Koriander (Integrität), Copaiba (Selbsterkenntnis), Rosmarin (Wissen & Wandlung), Juniper Berry (die dunklen Aspekte anerkennen).

WORAN DU MERKST, DASS DEIN MINDSET NICHT FUNKTIONIERT

Wir alle haben eine Idee von uns im Kopf, die beflügelnd ist. Wir sehen uns Dinge verwirklichen, mutig sein und unseren Platz finden. Sind wir im Vertrauen, verbunden mit unserem wahren Selbst, fühlen wir Kraft und Helligkeit in uns, bis uns „die Wirklichkeit" wieder einholt. Wobei unsere „Wirklichkeit" nicht die Realität ist. Wenn uns etwas einholt, „zurück auf den Boden", dann bedeutet das nichts weiter, als dass unsere innere Logik uns die Flügel stutzt. Unsicherheit, Angst, Sorgen, ein Gefühl von Ohnmacht oder Opferstatus, Zweifel sind sichere Zeichen, dass das Mindset an irgendeiner Stelle nicht funktioniert. Ich weiß beispielsweise nicht, wie oft ich schon an mir gezweifelt habe. Während ich diese Zeilen schreibe zum Beispiel. Überhaupt ist das Schreiben von Büchern ein gutes Beispiel aus meiner Welt, um zu verdeutlichen: Wir alle haben negative Glaubenssätze und sabotierende Muster. Das ist normal. Was nicht normal ist, ist, sie zu ignorieren. Wir können an ihnen und mit ihnen wachsen. Und das Beste ist: Wir können sie verändern!

Wieso Bücher für mich manchmal ein Krampf sind

Ich sag es mal, wie es ist: Mein erstes Buch war im Schreibprozess immer wieder ein ziemlicher Krampf und Kampf. Ich schob auf, kam unter Druck, hatte ein schlechtes Gewissen und fühlte mich wie eine Versagerin. Bei Buch zwei, gelobte ich mir danach geläutert, würde alles ganz anders. Im Geiste sah ich mich früh beginnen, versonnen auf die Tasten tippen und mit Leichtigkeit und selig lächelnd Wochen vor der Abgabe das Manuskript abschicken. Nun, es ist dann doch anders gelaufen. Statt früh zu beginnen, fand ich glaubhafte Ausreden, und der innere Druck mit all den altbekannten Zweifeln tauchte erneut auf. Ich fand weitere Ausreden, die Steuer wurde beispielsweise erledigt, und ich war erstaunlich fleißig auf meinen Social-Media-Kanälen. Es brauchte all meine eigenen Zeitmanagementtechniken und die Unterstützung von einem Coach, um doch noch die Kurve zu kriegen.

Chaos entsteht, damit wir daraus lernen können.

Ich hoffe, das entspannt dich. Es ist normal, wenn unsere Muster und Angewohnheiten, Selbstsabotagen und Limitierungen uns aufhalten. Es ist normal, wenn wir uns zwischenzeitlich für eine Vollkatastrophe halten. Es ist nur ein Zeichen, dass wir uns weg von unserem Glauben und Vertrauen in Richtung Angst und Sorgen gedreht haben. Ich glaube, es dauert wohl mindestens ein Leben, um sich von all dem Nonsens im eigenen Kopf freizuschwimmen. Verrückt ist: Bei Dingen, die uns besonders wichtig sind, tauchen alle Ängste und Limitierungen besonders hartnäckig auf. Das bedeutet meist, dass wir auf dem richtigen Weg sind. Wenn unsere Muster der Selbstsabotage und der inneren Kritik unseren Weg torpedieren, bedeutet es: Er macht uns Angst. Das muss er, denn Wachstum macht immer Angst. Unser Weg bringt unser inneres System in Alarmbereitschaft. Diese Momente sind immer eine Chance, unser Vertrauen und unseren Glauben zu stärken. Unser Mindset, das ist wichtig zu begreifen, ist die abstrakte Logik, mit der wir gelernt haben, die Welt zu entschlüsseln, und: Es ist veränderbar.

Der entscheidende Faktor für Veränderung

Unsere innere Logik zeigt sich in der Bewertung von all dem, was ist. Es gibt eine Welt, die wir betrachten, und es gibt eine innere, individuelle Interpretation dieser Welt. Wir selbst unterscheiden zwischen den beiden nicht. Diese Wahrheit formt eine „Brille", mit der wir auf alles schauen, die alles filtert. Wir haben unsere „Brille" immer auf und halten sie für normal. Wir alle denken, wir würden *die Wahrheit* sehen. So denkt jeder von uns, was erklärt, warum wir

ÜBUNG 12: WAS GEHT EIGENTLICH IN MEINEM KOPF AB?

Diese Übung kannst du (wie wahrscheinlich alle, aber diese besonders) immer wieder durchführen. Sie ist so aufschlussreich, egal um welches Thema es sich handelt. Für den Start wähle ein Thema, das dich gerade ein wenig frustriert. Gibt es einen Bereich in deinem Leben, in dem du dir mehr Leichtigkeit, mehr Freude, mehr Sinn oder Ähnliches wünschst? Dann ist dies dein Thema. Trage es hier ein:

____

Nun nimm dir einen Moment und denke an eine Situation aus den letzten Tagen oder Wochen, die dir bewiesen hat, dass es rund um dieses Thema einfach nicht gut läuft. Vielleicht gibt es sogar mehrere Beispiele, die dir einfallen – auch gut. Nun willst du möglichst kleinschrittig aufschreiben, was passiert ist (also was von außen beobachtbar war), und in der zweiten Spalte, wie dein Kopf es interpretiert hat. Ein Beispiel: Mal angenommen, dein Thema wäre die Verteilung der Arbeit im Büro. Beobachtbares Verhalten: Du siehst die Kollegin früh Feierabend machen. Was dein Kopf daraus macht: „Immer bleibt alles an mir hängen!“

Für diese Übung gilt wieder: Je ehrlicher du bist, umso aufschlussreicher wird es.

Was passiert ist	**Was mein Kopf daraus gemacht hat**
____________________	____________________
____________________	____________________
____________________	____________________
____________________	____________________

Nun schau dir die Liste einmal genauer an und betrachte den Stress, den dein Kopf produziert. Bemerke, wie ein Teil von dir diese Interpretation verteidigen will, und atme tief durch.

manchmal erstaunt oder gar erschüttert sind, wenn Menschen etwas ganz anders sehen als wir selbst. Wir treffen aufeinander, jeder mit einer eigenen Welt im Kopf. Diese Welt empfinden wir alle als wahr, real und richtig, und das, obwohl wir nur winzige Teile bewusst gewählt haben.

Als ich angestellt als Führungskräftetrainerin gearbeitet habe, war eine meiner Aufgaben, eine Seminarreihe für angehende Führungskräfte zu entwickeln und durchzuführen. Ich liebe diese Arbeit und natürlich war das Thema Mindset und eigene Brille wichtig. Folgende Übung war Teil jedes Jahrgangs: Ich erklärte meinen Teilnehmenden, dass ich für diese Übung ihre Mitarbeiterin sei. Sie sollten sich vorstellen, sie würden an meinem Büro vorbeigehen und mich einen kurzen Moment unbemerkt beobachten können. Auf Karten sollten sie, während sie beobachteten, ihre Gedanken ungefiltert festhalten. Dann begann die Übung. Ich setzte mich an einen Tisch, legte die Füße hoch und betrachtete abwechselnd meine Fingernägel und das Fenster. Ich legte meine Hände hinter den Kopf und streckte mich zwischendurch ein wenig. Als alle Teilnehmenden etwas aufgeschrieben hatten, sammelte ich die Karten ein.

Auf einer bereits vorbereiteten Pinwand sortierte ich nun. Es gab drei Überschriften: Wahrnehmung –Vermutung – Bewertung. Ich hängte die beschriebenen Karten unter die passenden Überschriften. Eine Karte wie „Streckt sich" wäre unter der Überschrift „Wahrnehmung" zu finden gewesen – doch dort fand sich nicht eine Karte. Unter Vermutung fanden sich zum Beispiel als Frage formulierte Bewertungen wie „Müde?" oder „Pause?". Die große Masse der Karten fand sich jedes Mal aufs Neue unter Spalte drei „Bewertungen". Von „Faul!" bis „Demotiviert!" war alles dabei. So ticken wir. Wir sehen etwas und unsere innere Logik, unser inneres Wertesystem, unsere Erwartungen und Annahmen formen in Sekundenschnelle eine Bewertung. Wir bemerken diesen Vorgang und die einzelnen Schritte nicht. Wir sehen ein Bild und dieses Bild wird in unser inneres System eingespeist. Hier wartet die Vermutung, die Interpretation, die Bewertung. Wir mögen etwas – oder halt nicht. Wir bewundern oder lehnen ab. Unser Kopf tendiert zu einer Art Schwarz-Weiß-Denken und interpretiert alles, was wir sehen, immer im Kontext unserer Vorerfahrungen, unsere Biografie, unserer gesellschaftlichen Normen etc. Um aus dieser Falle herauszutreten, brauchen wir den entscheidenden Faktor: unser Bewusstsein. Um die automatischen Prozesse in unserem Kopf zu stoppen, müssen wir lernen innezuhalten, um zu beobachten, was da eigentlich in uns passiert. Ein Bewusstsein zu haben, ist ein entscheidender Vorteil gegenüber anderen Spezies. Wir können uns selbst hinterfragen, automatische Programme stoppen, beobachten. Wir können Prozesse, die vorher unter Ausschluss unserer Aufmerksamkeit abgelaufen sind, beginnen, für uns selbst transparent zu machen. Innehalten ist der Hebel für unsere Freiheit.

WARUM UNSER KOPF SEIN EIGENES DING MACHT

Was wir brauchen, um wirklich am Lenkrad unseres eigenen Lebens zu sitzen, ist die Hoheit über den Blick, mit dem wir auf unsere Welt schauen. Es ist das Verständnis, dass nichts wirklich ist, wie es scheint, und wir somit alles transformieren können. Es klingt simpel und ist wahr: Verändern wir unseren Blickwinkel, verändert sich unsere Welt. Die Brille, mit der wir auf alles blicken, ist unbewusst entstanden. Sie war keine bewusste Wahl. Unsere innere Welt mit all ihren Regeln und Zusammenhängen basiert auf der Meinung und den Erfahrungen unserer Eltern und Freunde und entsteht durch das, was wir aus Medien, Schule oder Beruf etc. aufnehmen. Dieser Vorgang des Lernens ist wichtig, denn er hilft uns zu verstehen, wie unsere Welt funktioniert, und schenkt uns ein Gefühl von Sicherheit. Gleichzeitig jedoch schränkt es uns ein.

Wobei alles von unserem System als Gefahr erkannt wird, was starke negative Emotionen und Stress in uns ausgelöst hat. Diese Erlebnisse werden abgespeichert, inklusive der dazugehörenden Emotionen. Du kannst die Kopplung von Inhalt und Emotion in deinem Kopf sehr einfach selbst spüren: Denke einmal an die letzte Begegnung mit einem Menschen, den du supergern magst. Nimm dir jetzt dafür einen Atemzug Zeit. Sieh diesen Menschen vor deinem inneren Auge. Kannst du fühlen, dass du automatisch ein wenig glücklicher wirst, wenn du an den Anblick dieses Menschen denkst? Im Kontrast dazu denke einen Atemzug lang an die letzte Begegnung mit einer Person, die dich wirklich geärgert hat oder die du gar nicht gern magst. Sieh sie vor dir, als wäre sie jetzt da. Spürst du, wie deine Emotion sich verändert? Erinnerung ist immer auch

Optimismus ist eine Haltung und gleichzeitig pure Rebellion gegen unser eigenes Sicherheitssystem.

ÜBUNG 13: FINDE DEINE LIMITIERUNGEN

Schau dir bitte deine Liste in Übung 12 noch einmal an. Sieh das, was ist, und das, was dein Kopf daraus macht. Nun frage dich bezogen auf diese Szene (fülle nur aus, was für dein Beispiel passt):

- Welche Wahrheit zeigt sich dadurch erneut?

___

- Welche Wahrheit über mich selbst bestätigt sich (mal wieder)?

___

- Welche Wahrheit über die Welt, in der ich lebe?

___

- Welche Wahrheit über meine Mitmenschen?

___

- Über Männer?

___

- Über Frauen?

___

- Welche Regel oder welche Wenn-dann-Wahrheit beweist sich hier?

___

Nun atme durch. Du kannst diese Übung immer wieder machen. Wenn es dir schwerfallen sollte, gib dir ein wenig Zeit. Kehre einfach immer wieder zu Übung 12 und 13 zurück. Mit der Zeit gehen sie dir in Fleisch und Blut über, du wirst sehen.

mit Emotionen verbunden, und das Gehirn unterscheidet beim Abrufen der Emotionen nicht zwischen Erleben und Erinnern.

Aus diesem Grund ist unser System voll alter Emotionen und Erinnerungen, die unbewusst unser Verhalten bestimmen. Die meiste Zeit versuchen wir – ohne dass wir es ahnen –, etwas zu vermeiden. Wie schon berichtet, versuche ich zu gefallen. Ich vermeide also, unangenehm aufzufallen. Das ist mein unbewusstes Programm. Seit mir das klar geworden ist, ist es leichter. Ich lerne dazu. Wir alle haben solche Programme und Muster. Sie wirken in unserem Unterbewusstsein. Alles, was wir tun, jede Regel, der wir folgen – dient einem Ziel. Es geht immer darum, dass wir sicher sind – wie auch immer diese Sicherheit in unserem Unterbewusstsein definiert ist. In der Liste aus Übung 12 siehst du es deutlich: Es gibt einen Unterschied zwischen dem, was wirklich ist, und dem, was dein Kopf daraus macht. Diese Diskrepanz bestätigt in den meisten Fällen eine alte Geschichte und damit einen alten Glaubenssatz. In unserer aktuellen Interpretation des Moments finden sich alte Wahrheiten.

Erkennen wir unsere Programme, können wir beginnen, uns freizumachen. Wann immer es uns nicht gut geht, finden wir die entscheidenden Hinweise in den Details in unserem Kopf: Dem Unterschied zwischen dem, was ist – und dem, was der Kopf daraus macht. Negative Glaubenssätze finden sich in all diesen kleinen, konkreten Augenblicken, in denen unser Kopf uns die Welt verdreht. Der Schlüssel ist, ihn zu beobachten, statt ihm zu glauben. Wir können lernen zu erkennen, wie unser Kopf mit der Brille der Vergangenheit auf unser Leben schaut. Jede konkrete Situation birgt das Potenzial, alte Wahrheiten offenzulegen, deren Verfallsdatum abgelaufen ist.

Es scheint ungewohnt, das eigene Denken dauerhaft zu hinterfragen, dabei ist das der entscheidende Hebel. Ob wir jemanden als Konkurrenz oder Mentor wahrnehmen, ob wir uns trauen, von unserer neuen Idee zu erzählen oder nicht, ob wir etwas beginnen oder uns selbst entmutigen – all das entscheidet die Logik in unserem Kopf! Lernen wir, die Missstimmung in einer kleinen Situation zu erkennen, und schaffen wir es, die allgemeine Regel dahinter (bei mir: „Das ist alles meine Schuld“) zu erkennen, können wir neu wählen. Dieser Wechsel der Ebene, vom Konkreten zum Abstrakten, ist so hilfreich. Die Wahrheiten, die wir hier finden, sind die Grundlage für unsere Wahrnehmung und damit für unser Verhalten. Das bedeutet: Wenn wir hier etwas verändern, verändert sich alles!

Die abstrakten Regeln und Wahrheiten werden Glaubenssätze genannt. Unser Unterbewusstsein hat sie aufgrund unserer Erfahrungen abgeleitet, wir glauben fest an sie. Wir denken: So ist die Welt. Diese Wahrheiten reflektieren immer einen Teil unserer Geschichte, insbesondere unserer Kindheit. Denn hier wirken Situationen eher gefährlich, da wir schutzbedürftig und abhängig sind. Es tut gut, auf die Zusammenhänge der eigenen Kindheit zu schauen und zu überlegen: Was habe ich damals gelernt zu glauben? Diese verzerrten Wahrheiten erkennst du entweder an konkreten Erlebnissen im Heute oder, indem du deine Vergangenheit unter die Lupe nimmst und abstrahierst. Beides ist hilfreich. Hier zwei Beispiele. Die Übungen 12 und 13 sind quasi die Grundlage, nur der Ausgangspunkt ist ein anderer:

1. Abstrahieren einer alten Wahrheit aus einer aktuellen Situation:

Um Einschränkungen zu finden, brauchst du nur deinen negativen Gefühlen nachzuspüren. Ein

Beispiel:
Ausgangslage: Du denkst, dass du in deiner Firma nicht geschätzt wirst.
Wahrnehmung: Du findest immer wieder kleine und größere Beispiele für diese Wahrheit. Vielleicht nimmst du beispielsweise wahr, wie du kritisiert wirst und Kollegen gelobt werden.
Gefühl: Du empfindest das ungerecht. Du fühlst dich ohnmächtig.
Innere Gedanken: „Egal was ich tue, keiner sieht es!"
Auf die Frage, welche Wahrheit beweist sich hier: Dir fällt ein, dass du schon im Elternhaus immer hinter deinen älteren Geschwistern zurückstehen musstest. Rückblickend hat keiner deine Anstrengung und Leistung geschätzt.
Abstrakte Wahrheit: „Egal was ich tue, es reicht nie", „Niemand interessiert sich für mich", oder „Ich bin nicht wichtig".

2. Abstrahieren einer alten Wahrheit aus einer Situation deiner Kindheit:
Um Einschränkungen aus deiner Kindheit zu finden, kannst du bestimmte Themen beleuchten. Liebe, Freundschaft, Selbstwert oder Ähnliches. Hier ein Beispiel für das Thema Geld:
Ausgangslage: Du denkst über das Thema Geld in deiner Kindheit nach.
Erinnerung: Dir fällt ein, dass du einmal sehr unglücklich warst, weil du die ersehnten Markenturnschuhe nicht bekommen hast. „Die sind zu teuer. Schau mal, diese tun es doch auch", hat deine Mutter gesagt, und „Geld wächst nicht auf Bäumen".
Gefühl: Du hast dich geschämt, mit den billigen Schuhen zur Schule zu gehen. Du erinnerst dich, dass darüber gelacht wurde.
Innere Gedanken: „Ich gehöre nicht dazu", „Ich bin arm", oder „Ich habe nichts Schönes verdient".

WANN DU DICH BEFREIEN SOLLTEST

Haben wir einen einschränkenden Glaubenssatz gefunden, können wir beginnen, uns zu befreien. Bevor wir das tun, tut es gut zu verstehen, welche Programme bei uns ausgelöst werden.

Neue Wahrheiten finden

Haben wir ein negatives Mindset entdeckt, können wir lernen, es zu verändern. Der Ausgangspunkt ist der gleiche: Es gibt einen Moment, der schwierig war. Wir haben die einschränkenden Glaubenssätze und unser Verhalten als Schutzmechanismus erkannt. Nun wird es Zeit, eine Alternative zu überlegen. Bisher übernehmen Ängste statt unser Vertrauen das Lenkrad. Diese Automatik gilt es nun durch Innehalten und bewusste Wahl zu verändern. Erinnern wir uns an den festen Glauben an das Gute aus Kapitel 2. In Situationen, in denen Enge oder Angst aufkommen, brauchen wir Zugriff auf unseren Glauben und das Vertrauen, das es erschafft.
Es ist simpel: Sind wir in Angst, reagieren unsere Schutzprogramme. Meist sabotieren sie das, was wir uns wirklich wünschen. Sobald wir das Vertrauen in uns wiedergefunden haben, reagiert wieder unser wahres Ich. Wir sind milder, freundlicher, überlegter, achtsamer. Wir können einen Atemzug nehmen und bewusst einen vertrauensvollen Gedanken wie „Alles ist gut" wählen.
Das bewusste Innehalten, Prüfen, Aufdecken und Wählen kann sich anstrengend anfühlen. Doch auch das ist unsere Wahl. Sobald wir verstehen, dass wir nicht irgendwann „fertig" werden, kann es ein freudiges Spiel werden, eine Praxis, eine Übung, eine Zeremonie. Erinnere dich an alles zum Thema Karma: Dieses Kapitel ist da, um nicht noch mehr Karma anzuhäufen. Es enthält die Tools, um unseren Kopf zu entmachten und ihn mehr als Instrument statt als

ÜBUNG 14: FINDE DEIN WASCHPROGRAMM

Lass uns schauen, welches Programm die Bewertungen und Glaubenssätze aus Übung 12 und 13 bei dir starten. Schau dir die beiden Übungen noch einmal an. Erinnere die dazugehörige Situation. Erinnere dich an deine Verhaltensweisen. Was passiert wie automatisch? Frage dich:

- Wie habe ich mich in dieser Situation verhalten?

____

- Was habe ich versucht zu verhindern, und wie habe ich das versucht?

____

- In ähnlichen Situationen, was würde ich instinktiv am liebsten machen?

____

- Wie versuche ich das Schlimmste zu vermeiden?

____

- Welchen Impuls kann ich nicht unterdrücken?

____

- Welche Prophezeiungen sind dadurch erst recht wahr geworden?

____

Schau genau hin, was du konkret tust. Jede Kleinigkeit ist spannend.

Komponisten zu sehen. Wir bestimmen, welche Töne er spielt. All unsere Geschichten und Erlebnisse haben uns zu der Person gemacht, die wir heute sind. Unsere Transformation hin zu einer erfolgreichen, weil klareren, bewussteren, mit der inneren Stärke verbundenen Person findet genau hier statt: in den Details unseres Lebens. Schritt für Schritt können wir unser Mindset umbauen. Wir können selbst alle Weite, Offenheit, Freude einladen. Der Moment, in dem wir

ÜBUNG 15: LADE DAS GUTE EIN

Atme einmal tief durch und lies noch einmal dein Glaubensbekenntnis in Kapitel 2 durch. Dann schließ deine Augen und lass das Gelesene in dir wirken. Fühle, wie rund um dein Herz Weite entsteht und du etwas tiefer atmen kannst. Frage dich:

- Wenn ich mit meinem Glauben verbunden bin, was weiß ich dann?

- Worauf vertraue ich?

- Was denke ich dann über mich?

- Über meine Mitmenschen?

- Über das Leben?

- Welche Qualitäten weckt mein Glaube in mir?

Atme noch einmal durch. Du solltest jetzt einige positive Glaubenssätze gefunden haben. Sobald du mit deinem Glauben verbunden bist, siehst du die Wunder statt Angst. Nun bringe diese abstrakten Wahrheiten zurück zu der konkreten Situation:

Denke an die Ursprungssituation aus Übung 12. Versetze dich noch einmal zurück in sie. Nun atme durch und denke an deinen Glauben und das Gute. Lass die Weite zurück in dein Herz kommen und frag dich:

- Wie schaue ich auf diesen Moment, wenn ich fest mit meinem Glauben verbunden und voller Vertrauen bin?

- Wie handle ich dann?

- Was verändert sich, wenn ich fest mit meinem Glauben verbunden bleibe?

- Wie kann ich in solchen Momenten künftig im Vertrauen bleiben?

- Was kann ich mir innerlich sagen, um im Vertrauen zu bleiben?

Dann atme noch einmal tief durch. In bin mir sicher, du kannst den Unterschied fühlen.

uns nicht gut fühlen oder ärgern, ist kein Rückschlag. Es ist nur eine Chance, weiter zu lernen, weiter zu wachsen.

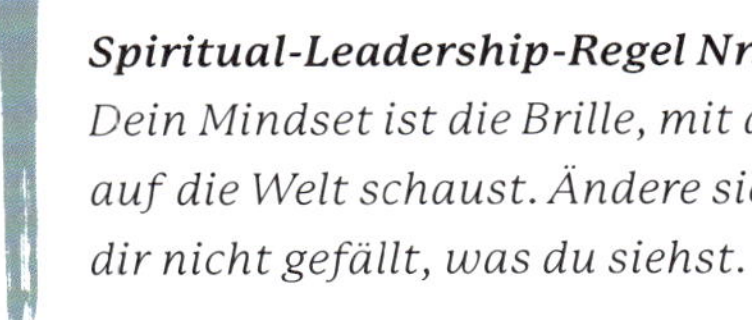

Spiritual-Leadership-Regel Nr. 8:
Dein Mindset ist die Brille, mit der du auf die Welt schaust. Ändere sie, wenn dir nicht gefällt, was du siehst.

Das Leben meint es gut mit uns. Es schickt uns lauter Situationen, die uns helfen, unsere Limitierungen zu bemerken. Sie alle dienen unserer inneren Befreiung. Unsere Anspannung, Traurigkeit, Wut oder Ohnmacht sind unsere Wegweiser. Sie zeigen uns, wo noch alte Programme warten, oder auch, wo ein Glaubenssatz, den wir dachten, überwunden zu haben, noch immer aktiv ist. Diese Momente bedeuten nie, dass wir etwas nicht geschafft haben oder „noch nicht so weit" sind. Wir alle lernen, üben. Niemand ist „fertig", es wird nur leichter, je mehr wir all das begreifen. Wir lernen, da, wo wir Enge, Leiden, Unglück fühlen, genauer hinzuschauen. Dieses Hinschauen macht uns letztendlich frei, und es ist etwas völlig anderes, als unserem Umfeld oder unserer Geschichte die Schuld zu geben. Es ist ein „Ah, so ist das", und dann können wir es verändern. Jederzeit können wir so bewusst Wahrheiten wählen, die uns beflügeln statt beengen.

GANZ DU SELBST SEIN

Beginnen wir mit unserem Mindset bewusst zu arbeiten, landen wir zwangsläufig bei all den Annahmen, Hypothesen und Wahrheiten, die wir über uns selbst gesammelt haben. Wir alle haben in uns eine Idee von der Person gespeichert, die wir dachten, sein zu müssen. Wie der Rest unserer Glaubenssätze ist auch dieses Idealbild unbewusst entstanden. Es enthält all die Regeln, die uns beigebracht wurden und die wir unbewusst abgeleitet haben. Es zeigt uns die Währung für Liebe und Aufmerksamkeit, die wir erlernt haben.
Jeder Mensch, den ich treffe, wünscht sich irgendwann die Freiheit, ganz er oder sie selbst zu sein. Gleichzeitig ist in den meisten eine große Angst vor Ablehnung, Zurückweisung und vor Nicht-dazugehören. Mich fasziniert in diesem Zusammenhang die Forschung des Neurobiologen Gerald Hüther sehr, der in seinem Buch (17) schreibt: „Die meisten Erwachsenen können sich gar nicht mehr vorstellen, wie schmerzhaft die Erfahrung für ein Kind ist, von den erwachsenen Bezugspersonen, mit denen sie sich aufs Engste verbunden fühlen und für die es alles zu tun bereit ist, zum Objekt von deren Erwartungen und Vorstellungen, Belehrungen und Bewertungen, Maßnahmen und Anordnungen gemacht zu werden. (...) Sogar noch im Gehirn Erwachsener, die erleben müssen, dass sie aus einer Gemeinschaft ausgeschlossen werden und an der selbstbestimmten Gestaltung ihres Handelns gehindert werden, kommt es zur Aktivierung der gleichen neuronalen Netzwerke, die auch immer dann aktiviert werden, wenn sie körperliche Schmerzen erleiden." Um diesem Schmerz zu entgehen, schotten oder lenken wir uns ab und geben die Hoffnung nach tiefer Verbundenheit auf, oder wir lernen, uns anzupassen und so die Ablehnung unwahrscheinlicher zu machen. Beide Optionen machen uns angespannter und lassen in uns ein schales Gefühl von Einsamkeit zurück. Wir fühlen, dass da was falsch läuft. Unser Herz weiß, dass echte Nähe nur entstehen kann, wenn wir uns selbst zeigen. Das kostet Mut. Wir müssen verlernen, uns anzupassen an vermeintliche fremde Erwartungen. Und es fühlt sich viel besser an! Wir fühlen mehr Energie und Freude, wenn wir authentisch ganz wir selbst sind. Gleichzeitig versetzt die Vorstellung, die Deckung fallen zu lassen, unser ganzes System in Angst. Unsere Ahnen und Ahninnen hätten niemals allein überleben können. Unser vegetatives Nervensystem schlägt darum automatisch Alarm, wenn wir zu „anders" werden. Konformität ist einprogrammiert.

Wer bin ich wirklich?

Wer bin ich eigentlich wirklich, und woran merke ich, dass ich das bin? Meiner Erfahrung nach gibt es keinen Schalter, der uns mit einem Klick zu unserem Kern führt und uns staunend im Glanz unserer wahren Essenz baden lässt. Die Reise zu unserem wahren Selbst ist eine Entdeckungsreise in Schichten. Je mutiger wir werden, umso näher kommen wir uns selbst. Für diese De-Konditionierung brauchen wir wieder unseren Mutmuskel. Es ist immer der gleiche Ablauf: Wir fühlen eine Sehnsucht im Herzen, und wenn wir ihr folgen wollen, müssen wir zwangsläufig Risiken eingehen – denn wir verlassen bekanntes Terrain. Egal ob es wie bei mir das Kaufen der wunderschönen Alchemy-Crystal-Bowls war oder etwas vermeintlich Profanes wie eine

Je mehr wir all unsere Seiten umarmen, umso leichter wird es.

neue Frisur: Jede Veränderung offenbart unserer Umgebung einen neuen Blickwinkel auf uns.

Gerade wenn es um „große“ Veränderungen geht, wird unser Mutmuskel stark gefordert. Wobei mit „groß“ gemeint ist: wirklich anders, anders als bisher, anders als gewohnt, anders als unser Umfeld. Es ist normal, vor solchen Entscheidungen an der inneren Stimme zu zweifeln und die eigene Intuition in Frage zu stellen. „Rede ich mir das nur ein?“, fragen wir uns dann, und die innere Anspannung wächst. Wir zaudern und zögern und schieben auf. Während sich unser Herz nach der Veränderung sehnt und wir magisch von ihr angezogen werden. Es ist immer wieder der gleiche Kampf in uns: Vertrauen gegen Angst. Nur wenn wir es schaffen, uns in diesen Zeiten auf unseren tiefen Glauben zu besinnen, schaffen wir es, unserem Herzen zu folgen. Aus unseren mutigen Schritten entwickeln sich automatisch weitere Veränderungen. Wie Dominosteine, die ins Kippen kommen, ist auch dies nicht aufzuhalten. Bei mir sah das so aus: Ich machte eine Yogaausbildung – und wollte morgens nicht mehr lange im Bett liegen. Ich sprang raus und hüpfte auf meine Matte. Ich studierte – und wollte fortan die Unternehmen verändern, in denen ich angestellt war. Selbst vermeintliche Kleinigkeiten wie die Umstellung meiner Ernährung haben die Mahlzeiten unserer ganzen Familie verändert. Was wir tun, hat immer Auswir-

ÜBUNG 16: DAS WAHRE SELBST FINDEN

Der erste Schritt zur Freiheit ist auch hier der Blick auf das, was in unserem Kopf los ist. Was wir über uns denken, ist maßgeblich für unser Handeln und unsere Ängste. Also atme tief, schau hin, sei so ehrlich und klar, wie du es aushalten kannst. Deine „Ich bin"-Antworten können Beruf, Alter, Familienstand spiegeln oder auch deine Eigenschaften, dein Aussehen etc. Vielleicht kommt dir auch ein Glaubenssatz über dich selbst in den Sinn? Dann notiere ihn ebenfalls.

- Positive Identität: An guten Tagen, wenn ich stolz auf mich selbst bin und mich gut fühle, denke ich, ich bin ...

- An schlechten Tagen, wenn ich mich selbst nicht so gerne mag und Unsicherheit und Zweifel fühle, denke ich, ich bin ...

- In meinem Kopf ist eine kritische Stimme, die sagt, ich ...

Lies dir deine Antworten durch und markiere die Punkte farblich, die eine besonders große emotionale Ladung für dich haben. Für **Teil 2** dieser Übung frage dich:

- Wenn ich frei davon wäre, wie würde ich mich verändern?

- Was würde ich in meinem Leben verändern?

Nun atme tief aus und schau dir die konditionierte Idee deines Selbst an.

Dann mach dich auf die Suche nach dem Mehr mit **Teil 3** dieser Übung:

Das wahre Selbst, deine Essenz ist leiser als dein Ego und all seine Identitäten. Stell dir vor, dass all das, was du gerade eben notiert hast, um dich herum kreist. Sieh dich im Auge des Sturms und atme tief. Nimm dir einen Moment, um dieses innere Bild mit geschlossenen Augen zu kreieren.

Lass deine Aufmerksamkeit von deinem Kopf hinunter in dein Herz sinken. Atme tief.

- Frage dich: Wer bin ich unter all dem?

Stell dir nun mehrere Versionen von dir in deinem Leben vor. Sieh dich als kleines Kind, als Teenie, als jungen Erwachsenen und älter werdend vor deinem inneren Auge. Frag dich:

- Wer war da in all diesen Momenten?

- Wer ist die Konstante bei diesem Wandel?

Atme durch. Du machst dich auf die Suche nach deinem wahren Selbst, deiner Essenz. Kehre immer wieder zu dieser Übung zurück, vielleicht sogar täglich.

kungen auf das ganze System um uns. Und genau das fürchten wir. Wir brauchen den tiefen Glauben, dass alle anderen es aushalten werden. Ansonsten werden wir in unserem Leben zu viel Energie darauf verwenden, uns zusammenzureißen und anzupassen. Etwas nicht zu tun, ist ebenso schwierig, auch wenn es für unser Angstgehirn im ersten Moment einfacher scheint. Ja, alles bewegt sich, wenn wir uns bewegen. Doch alles bewegt sich sowieso! Die Frage ist lediglich, in welche Richtung. Lassen wir unser Licht strahlen, folgen wir unserer Mission? Erinnern wir uns daran, dass unsere Angst meist erlernt ist? Die Verletzungen, die uns als Kind widerfahren sind, können heilen. Wir können neu wählen. Es geht nicht darum, wie gut wir reinpassen. Es geht darum, wie sehr wir lernen, unserem Herzen zu vertrauen.

Scham loslassen

Unsere unbewussten Versuche reinzupassen, hängen oft mit alten Gefühlen von Scham zusammen. Sie entsteht, wenn wir denken, dass wir nicht richtig sind. Wer einmal ausgelacht wurde, erinnert sich meist ein Leben lang an diesen Moment. Scham ist eine leise starke Kraft. Sie kann uns so sehr hemmen, dass wir unsere ganze Energie dafür benötigen, der Welt zu beweisen, dass wir doch gut genug sind. Alte Scham kann entweder zu einem trotzigen „Jetzt erst recht" werden und dafür sorgen, dass wir unsere Vorstellungen ohne Rücksicht auf Verluste durchsetzen wollen. Oder wir versuchen, neue Schammomente zu vermeiden. In diesem Fall wollen wir nicht auffallen, versuchen unauffällig zu funktionieren und stellen unsere eigenen Pläne hintenan. Was von außen wie Selbstlosigkeit scheinen mag, ist in Wirklichkeit Feigheit. Scham sucht die externe Wertschätzung. Gleichzeitig kann jede noch so liebevolle Wertschätzung nie unseren inneren Hunger stillen. Es sei denn, wir kommen der Scham auf die Schliche. Zum Glück ist das möglich! Wir können lernen, uns selbst anzuerkennen und zu stärken. Wir brauchen nur unserer inneren Stimme zuzuhören und sie sanft zu korrigieren, wenn wir sie dabei ertappen, uns kleinzumachen oder zu kritisieren.

Unsere Selbstliebe und unser Selbstrespekt wachsen mit jedem Schritt. Worum es geht, ist, zu verstehen, dass wir nicht die sind, die wir dachten zu sein. Dass alle Vorstellungen von uns, all unsere „Ich bin ..." immer Schuhkartons sind, in die wir versuchen hineinzupassen. Manche mögen sich sicher anfühlen, doch es bleiben Schuhkartons in einem viel weiteren Universum. Jede Identifikation macht uns unfrei, schränkt uns ein.

Wenn wir die kritische Stimme in unserem Kopf ruhigstellen wollen und unser wahres Ich entdecken wollen, helfen uns Meditation und Stille. Mit ihnen lernen wir, zwischen der leisen inneren Stimme und unserem lauten Ego zu unterscheiden. Dann können wir innerlich quasi den Radiosender wechseln.

DER UNTERSCHIED ZWISCHEN WAHREM SELBST UND EGO

Unser wahres Selbst, die Stimme unseres Herzens, ist eine leise Stimme. Sie spricht nicht in den Worten unseres Kopfes, sie spricht simpler, sanfter, freundlicher. Ihre Grundlage ist immer die Liebe. Sie ist frei von Angst. Sie hat Vertrauen, wo unser programmiertes Selbst Angst erlernt hat. Sie findet weiche Worte, lässt uns milder werden, die Waffen niederlegen. Das fühlt sich für einen Teil von uns gefährlich an. Doch sie ist gleichzeitig fest verbunden mit dem Mutmuskel. Je mehr du dich mit ihr verbindest und deinen inneren Raum, ich nenne ihn den inneren Glücksplaneten, betrittst, umso ruhiger, klarer und beherzter wirst du. Dein Kopf wird weiterhin versuchen, dich mit Störungen und Zweifeln, Sorgen und Dramen aus dieser inneren Gewissheit, Ruhe und Wahrheit zu locken. Doch es wird einfacher werden, ihm zu widerstehen.

Mir hat es sehr geholfen, zu verstehen, wie das Mindset meines wahren Selbst aussieht im Vergleich zu dem Mindset meines unreifen Egos. Wir haben die Wahl: Schauen wir mit den Augen unseres Egos auf die Welt oder lernen wir, unser Mindset zu entwickeln und finden ein erwachseneres, reiferes Mindset, das uns ermutigt, unseren Weg zu gehen? Wir brauchen eine Brille, die uns hilft, die Welt nicht als gefährlichen Ort zu sehen. Unser Ziel ist, unsere innere Logik reifen zu lassen, so dass in uns Milde und Mitgefühl wachsen können.

Ich erlebe, dass wir alle zwischen der Logik unseres Egos und einer bewussteren, reiferen Logik

DIE LOGIK DES EGOS	DIE LOGIK DES GEREIFTEN VERSTANDES	DIE LOGIK DES WAHREN SELBST
Basiert auf: Negativen Erlebnissen und Erfahrungen. **Identität:** Ich bin das, was ich schaffe, was andere über mich denken. Ich bin meine Erfolge und meine Misserfolge, mein Aussehen und meine Biografie, meine Rollen und meine Geschichte. **Um das Leben zu meistern:** muss ich „es" schaffen. Die Welt ist nicht sicher. Ich muss aufpassen und habe Angst, dass ich nie ankomme. **Glück ist:** Sicherheit, Dazugehören, sich durchsetzen, gewinnen. **Zustand:** Mangel und Anspannung wechseln sich mit Euphorie und Glücksgefühlen ab.	**Basiert auf:** Vertrauen und Mut **Identität:** Ich bin auf dem Weg und verändere mich ständig. Ich bin hier, um mich von meinen Limitierungen zu befreien. Ich bin die Freude und Liebe hinter meinen Limitierungen. **Um das Leben zu meistern:** Darf ich der Freude folgen und mich entspannen. Dafür muss ich lernen, meine automatischen Schutzprogramme umzuprogrammieren, meinem Herzen zu folgen und, meinen Mutmuskel trainieren. **Glück ist:** zurück ins Vertrauen zu finden. **Zustand:** Freude, Neugier und Präsenz.	**Basiert auf:** Liebe und Glauben **Identität:** Ich bin eine Seele voll Liebe und Licht, die eine menschliche Erfahrung macht. Ich bin zeitlos, weit, unbegrenzt, ein Teil dieses Universums. Das Universum drückt sich durch mich aus. **Um das Leben zu meistern:** darf ich spielen, das Leben ganz auskosten, der Freude folgen, voller Vertrauen alles zu mir fließen lassen. **Glück ist:** alles. **Zustand:** Verbundenheit, Wunder in allem entdecken.

hin- und herspringen. Im Hintergrund, tief in unserer Mitte, wartet die Wahrheit unseres Herzens auf uns. Meist sind wir zu beschäftigt mit Denken und Beurteilen, so dass wir sie nicht wahrnehmen können. Jeder Wunsch, „weiter" zu sein, ist nur ein neuer Trick unseres Egos, um uns vor seinen Karren zu spannen. Die Evolution ist die Aufgabe, das Lernen und Wachsen ist wichtig, nicht die Perfektion. Und all das muss nicht schwer sein oder anstrengend. Wir brauchen uns nicht zu beeilen. Wir dürfen hier sein, den Tag genießen und spielen und währenddessen nach und nach die Weite in uns finden. Wir sind immer genau da, wo wir sein sollen. Unser Ziel kann nur sein, mehr und mehr den Moment zu umarmen, unsere Zweifel und negativen Glaubenssätze zu transformieren, unsere Feindseligkeit und Vorurteile abzulegen. Nur so können wir unser Licht mehr und mehr in die Welt tragen. Es ist ein Sich-Hinlehnen zum wahren Selbst, was wir üben.

Spiritual-Leadership-Regel Nr. 9:
Lass alle Ideen von dir los, um ganz du selbst zu sein.

Motivation und Manifestieren

Bei der Gartenarbeit bringt uns eine kurzfristige Motivation nicht weiter. Wir brauchen eine Freude am Tun und einen Einklang mit der Natur. Ein Vertrauen in den Fluss statt eine verzweifelte Kontrolle von Ergebnissen. Pflanzen bzw. ätherische Öle, die hier guttun, können sein: Blauer Rainfarn (inspiriertes Handeln), Limette (Lebenslust), Pfefferminz (Leichtigkeit), Orange (Fülle), Melisse (Licht) und Narde/ Spikenard (Dankbarkeit).

Sobald sich unsere Mission formt, bekommen wir Lust zu handeln. Diese Motivation kommt von innen heraus. Unsere Träume manifestieren sich, wenn wir lernen zu vertrauen und in die Energie des Fließens kommen.

ALLES, WAS DU ÜBER MOTIVATION WISSEN MUSST

Es gibt eine Menge Forschung zum Thema Motivation. Viele haben untersucht, was uns in Bewegung setzt. Motivation erklärt, warum wir uns aus all den Handlungsalternativen entscheiden, etwas Bestimmtes zu tun, und auch, mit welcher Intensität und Ausdauer wir loslegen. Es gibt eine Menge Motivationsmodelle, wie Maslows Bedürfnispyramide oder Locke & Lathams Theorie der Zielsetzung, die heute jedoch eher widerlegt wurden.

Die eigene Motivation zu entschlüsseln ist ein weiterer Schritt in Richtung innere Freiheit. Er hilft uns, den Unterschied zu erkennen zwischen dem, was unser Ego meint zu brauchen, und dem, was unser Herz möchte. Der Neurobiologe Klaus Grawe beschreibt in seinem Buch (18) die menschlichen Grundbedürfnisse: „Um einen Menschen zu verstehen, müssen wir etwas darüber wissen, was ihn im Positiven wie im Negativen bewegt, was seine Wünsche, Ziele, Pläne, Werte, was seine Befürchtungen und Abneigungen sind." Er unterscheidet zwischen biologischen Grundbedürfnissen, wie genügend Schlaf oder Nahrung, und psychischen Grundbedürfnissen und legt sich auf diese vier fest:

- Bedürfnis nach Orientierung und Kontrolle
- Bedürfnis nach Lustgewinn und Unlustvermeidung
- Bindungsbedürfnis
- Bedürfnis nach Selbstwerterhöhung und Selbstwertschutz

Die Bedürfnisbefriedigung dieser psychischen Grundbedürfnisse ist fest in uns verankert. Was wir jedoch wie werten und ob wir eine Bedürfnisbefriedigung meinen zu brauchen, ist individuell verschieden. Hier zeigen sich unsere Erfahrungen, unsere Glaubenssatzsysteme und unsere Fähigkeit zur Impulskontrolle. Was hat das mit Motivation zu tun? Die Grundbedürfnisse nehmen auf unsere Ziele und Pläne und damit auf unser Verhalten Einfluss. Unsere Logik und die dort enthaltene Konditionierung erzählen uns eine Geschichte dazu, wie wir was erreichen können, und an dieser richten wir uns aus. Wir vermeiden manches, was wir, bewusst oder unbewusst, als nicht erstrebenswert einordnen, und versuchen, das zu bekommen, was wir als erstrebenswert bewertet haben. Diese Mechanismen erklären aus meiner Sicht gut, warum wir unser Glück so jagen und doch nur schwer anzukommen scheinen: In unserem Kopf ist

ÜBUNG 17: SCHAU DIR DEINE MOTIVATION AN

Bevor wir ins Thema tauchen, nimm dir einen Moment, um auf dich zu schauen. Atme tief durch und denke an die letzten Dinge, die du mit Herzblut gemacht hast. Wann bist du zum letzten Mal so richtig ins Tun gekommen? Wann warst du demotiviert? Welche Sachen stacheln dich an? Mit diesen Beispielen im Kopf, beantworte die folgenden Fragen:

- Was motiviert mich?

___

- Was demotiviert mich?

___

- Wie motiviere ich mich selbst?

___

- Wie demotiviere ich mich selbst?

___

- Wie gehe ich mit Demotivation von anderen um?

___

- Wie versuche ich andere zu motivieren?

___

eine Idee davon, wie Glück von außen aussehen könnte. Es beinhaltet eine vage Idee rund um Karriere, Familienstand und Besitztümer. Die meisten von uns warten darauf, endlich „anzukommen“, dabei wissen wir gar nicht, wie sich etwas für uns anfühlen wird. Ist das neue Auto wirklich wichtig, oder brauchen wir nur das Gefühl, uns zu belohnen? Wie ist es mit dem Karrieresprung oder dem Traumhaus? Je mehr wir unsere eigene Logik zu hinterfragen lernen, umso

Es tut gut zu überprüfen, wozu wir Ja sagen. Echtes Ja schenkt Freude, unechtes Ja engt ein.

freier werden wir auch hier. Wir lernen zu erkennen, wo wir einer Möhre hinterherjagen, die jemand anders aufgehängt hat.

Das jagen, was einmal gefehlt hat

Wir alle jagen als Erwachsene unbewusst dem Mangel nach, den wir als Kind oder Jugendliche erlebt haben. Dieses Jagen ist nicht logisch erklärbar. Es ist ein unbewusster Hunger nach etwas. Das Verrückte ist: Da wir einen Mangel erlebt und damit erlernt haben, haben wir eine Brille des Mangels entwickelt. Wir werden daher nie wirklich „satt", bis wir die ursprüngliche Wunde loszulassen lernen. Diese Art Motivation lässt uns Dinge jagen, bis wir erschöpft sind. Irgendwann erkennen wir meist, dass nichts im Außen unser Innen heilen kann, und wir beginnen, unser Leben umzubauen. Falls dir noch nicht klar ist, welche alten Dinge du jagst, probiere die Fragen in Übung 18.

Wir alle haben alte Wunden. Wir alle haben in irgendeiner Form Mangel erlebt. Lass nicht zu, dass diese Erlebnisse dich durchs Leben treiben. Atme durch. Wähle neu. Erinnere dich: Du erschaffst deine innere Logik. Finde zurück zu deinem Glauben, lerne, das Alte loszulassen.

Motivation von außen

Egal, wie sehr sich andere bemühen, wir können nur schwer von außen motiviert werden. Alle Studien rund um externe Ziele und Belohnungssysteme zeigen ein relativ klares Bild. Wenn du hierzu mehr wissen willst, schau dir das animierte Video „Drive" an (19). Es zeigt: Wir sind nicht so einfach zu manipulieren, wie man früher einmal dachte. Belohnungen und Bestrafungen wirken weniger stark, als angenommen wird. Monetäre Belohnungen beispielsweise sind für den Großteil der Menschen kontraproduktiv. Bei rein mechanischen Aufgaben, wie zum Beispiel typische Fließbandarbeit, wirken Belohnungen leistungserhöhend. Bei komplexeren Aufgaben jedoch verringerte sich in den Studien sogar die Leistung. Also dann, wenn wir kreativ sein müs-

ÜBUNG 18: DAS JAGDREVIER ERKUNDEN

Bei dieser Übung nutze die ersten Impulse, denk nicht lange über die Antworten nach. Jedes Nachdenken bedeutet, dass dein Verstand versucht, deine Antwort passend zu deinem Selbstbild und deiner inneren Logik zu gestalten. Entspann dich einfach, lies eine Frage und schreib intuitiv auf, was dir in den Sinn kommt. Wenn dir nichts einfällt, lass die Zeile einfach leer. Beantworte nur, was zu dir und deiner Geschichte passt.

- Was habe ich als Kind vermisst?

___

- Wovon gab es nicht genug?

___

- Wessen Aufmerksamkeit/ Anerkennung/ Liebe habe ich nicht genug bekommen?

___

- Was hätte mir jemand sagen müssen, damit ich mich besser fühle?

___

- Wen habe ich beneidet, und warum?

___

- Was habe ich versucht zu beweisen?

___

- Was ist meine größte Angst gewesen?

___

- Was hätte geholfen, mich sicher zu fühlen?

___

sen oder Lösungen finden, wirken Belohnungssysteme nicht oder sind sogar schädigend. Wobei Geld durchaus eine Rolle spielt, denn die Sorgen um unser Auskommen können zu großer Unzufriedenheit und Demotivation führen. Verdienen Menschen jedoch genügend Geld, um sich keine Sorgen mehr um ihr Einkommen und ihre Kostendeckung machen zu müssen, kommt die Motivation für eine Aufgabe aus ganz anderen Richtungen und ist schwieriger zu manipulieren.

Studien belegen, dass wir zufriedener werden und bessere Leistung ablegen, wenn wir Autonomie erleben. Das bedeutet, wir haben in unseren Aufgaben Freiheitsgrade und können eigene Entscheidungen treffen. Für alle Führungskräfte, die hier mitlesen: Mikromanagement und zu viel Kontrolle unterbindet Gefühle von Autonomie. Das bedeutet: lieber am eigenen Mindset über Mitarbeitende arbeiten und den Vertrauensmuskel trainieren, statt die Kontrolle hochzufahren. Genügend Freiraum sorgt dafür, dass wir uns mehr engagieren. Ein weiterer Motivationsfaktor ist unser Drang nach individuellem Fortschritt. Wir alle wollen Sachen meistern, besser werden. Das macht uns zufrieden. Ich beispielsweise übe seit einigen Jahren das Klavierspiel. Ich werde wohl keine Konzertpianistin mehr, doch das Üben und Lernen macht mir Freude. Meine kleinen Fortschritte motivieren mich ungemein. Wir tun mehr, wenn wir Entwicklung spüren. Der dritte Faktor für Motivation ist der Sinn unseres Handelns. Wir wollen einen Beitrag leisten, die Welt besser machen. Unser Leben soll etwas bewirken. Wir lernen nach und nach, uns danach auszurichten. Genau deshalb ist es so wichtig, die eigenen Motivationen und Ziele zu hinterfragen. Wenn wir ständig teure Dinge in unserem Leben brauchen, um uns zu beweisen, dass wir gut genug sind oder sicher etc., dann sind wir in der Falle. Dann brauchen wir den Bonus, obwohl wir längst spüren, wie wenig er uns eigentlich bedeutet.

Motive und Motivation

Die Beweggründe unseres Handelns werden auch Motive genannt. Um frei zu werden von dem, was wir meinen zu brauchen, müssen wir unsere Motive verstehen. Werbung versucht beispielsweise, unsere Motive anzutriggern. Ob wir darauf reagieren, hängt wiederum von unserer individuellen Bedürftigkeit ab. Empfinden wir einen Mangel, sind wir anfällig für das jeweilige Kaufmotiv. Sind wir beispielsweise in einem sparsamen Haushalt groß geworden und haben Glaubenssätze wie „Geld will hart erarbeitet werden“ in uns entwickelt, reagieren wir tendenziell eher auf Werbung und Angebote, die unser Motiv, Geld zu sparen, ansprechen. Das bedeutet, wir würden zum Beispiel eher ein Auto kaufen, wenn wir das Gefühl haben, „ein tolles Schnäppchen“ zu machen. Eine andere Person mag auch in einem sparsamen Haushalt groß geworden sein, hat jedoch eher den Glaubenssatz „Wer nichts hat, ist nichts wert“ verinnerlicht. Diese Person könnte dann eher nach prestigeträchtigen Dingen Ausschau halten. Sie wird nicht das Auto im Angebot kaufen, sondern eher darauf achten, ob das Auto eindrucksvoll aussieht. Worauf wir reagieren, wovon wir träumen und wofür wir unser Geld ausgeben, ist ebenfalls ein Produkt unserer Konditionierung und damit Teil unseres Mensch-seins. Unsere Vorlieben sind so verschieden wie unsere Geschichten und das ist gut so. Die Welt ist bunt und wir alle dürfen unseren eigenen Weg finden.

Je bewusster uns wird, was für uns verlockend ist, umso eher können wir widerstehen. Ansonsten laufen wir Gefahr, uns zum Beispiel von der Werbung manipulieren zu lassen. Wenn du Lust

ÜBUNG 19: DIE EIGENEN (KAUF-)MOTIVE ENTDECKEN

Unabhängigkeit hat immer mit Bewusstwerden zu tun. Wenn wir wissen, worauf wir anspringen, können wir innehalten und kurz überlegen, ob wir dem Impuls nachgeben wollen oder nicht. Denke für diese Übung kurz an etwas, was du gekauft hast. Du kannst auch darüber nachdenken, wo du deinen Wocheneinkauf machst und warum du welche Geschäfte gern magst.

- Meine letzte größere Investition:

____

- Ausschlaggebend für genau diese Variante war:

____

- Ich kaufe meine Lebensmittel immer:

____

Es gibt verschiedene Gründe, warum wir Entscheidungen treffen:

- Bequemlichkeit: Parksituation, Bestelldienste, räumliche Nähe
- Sparsamkeit: Hauptsache Schnäppchen, Angebot oder generell günstige Preise.
- Sicherheit: Vertrauen in bestimmte Marken, die Qualität versprechen.
- Prestige: Exklusivität, Marken, die mit Ansehen verbunden werden.
- Neugier: Die Lust, etwas anderes zu erleben, Neues auszuprobieren, zu testen.
- Flexibilität: Viel Auswahl, großzügige Öffnungszeiten, sich nicht festlegen müssen.

Wähle nun zwei Motive aus, die deine Wahl stark beeinflussen:

____

Werte das Ergebnis nicht. Stelle einfach nur fest, dass dies momentan so ist.

hast, kannst du deine Fähigkeit, Kaufbedürfnisse und Motive zu erkennen, weiter verfeinern. Beobachte die Werbung in den Medien und finde heraus, welche Motive angesprochen werden. Es gibt beispielsweise eine bekannte Kindersüßigkeit, die lange damit geworben hat, dass sich Mutti auch einen Riegel gönnt und in der Hängematte ausruht. Das Kaufmotiv ist natürlich Bequemlichkeit, und als junge Mutter war die Idee mit der Hängematte damals genau das, wovon ich geträumt habe. Wenn wir den Zusammenhang (Schokoriegel = Entspannung in der Hängematte) nur oft genug sehen, verknüpft unser Gehirn diesen automatisch. Dann wollen wir den Schokoriegel, um uns entspannt zu fühlen. Du kannst neben der Werbung auch die Kaufentscheidungen deines Umfelds beobachten und erkennen, wie spannend unterschiedlich wir alle sind.

Motivationsrichtungen und Kongruenz

Es gibt zwei Motivationsrichtungen: Entweder wir wollen zu etwas hin oder von etwas weg. Wenn uns etwas nicht gefällt oder unglücklich macht, wollen wir weg. Dieser Mechanismus ist nur natürlich. Er hilft, den lähmenden Trott des Alltags und die Angst vor Veränderungen zu überwinden. Geht es jedoch um das, was unser Herz will, brauchen wir bessere Ratgeber. Der Tunnelblick eines „Hauptsache weg"-Gedankens kann andere wichtige Werte und Merkmale für unsere Entscheidungen ausblenden und uns in die Irre führen. Die andere Richtung ist ein Hinwollen. Mit ihr können wir eine Vision malen und eine Vorstellung von einer besseren Zukunft konkretisieren und Merkmale ableiten. Diese Merkmale helfen uns, eine gute Wahl zu treffen und nicht sprichwörtlich vom Regen in die Traufe zu kommen. Um zu erkennen, wohin du willst, helfen dir die Fragen aus Kapitel eins.

Neben der Richtung unserer Motivation ist die innere Stimmigkeit, auch Kongruenz genannt, spannend anzuschauen. Je mehr etwas, das wir uns vornehmen und wünschen, zu unserer inneren Welt der Glaubenssätze, Selbstkonzepte und Wahrheiten passt, umso besser. Eine Umstellung auf gesündere Ernährung funktioniert beispielsweise deutlich einfacher, wenn jemand mit dem Glaubenssatz „Ich bin ein Genussmensch" gesundes Essen ehrlich als Genuss sehen kann. Die Erfolgswahrscheinlichkeit wird von unserem Selbstkonzept bestimmt. Wir prüfen jede Herausforderung unbewusst auf ihre individuelle Erfolgswahrscheinlichkeit. Glauben wir beispielsweise: „Ich kann nicht vor Menschen sprechen", wird es schwerer für uns, bei einer Rede für einen Kollegen einzuspringen oder gute Leistung zu zeigen. Darum arbeiten wir in Kapitel 3 am Mindset. Der Erfolg von unseren Plänen hängt davon ab, wie sehr wir unsere innere Logik auf unsere Ziele abstimmen konnten.

Mangel oder Fülle, Angst oder Liebe?

Die Frage ist auch hier: Handeln wir aus einem Mangel oder aus der Fülle heraus? Wollen wir mit unserem Tun eine Angst besänftigen oder stärken wir Vertrauen und Liebe? Die Handlungen, die wir aus Angst oder Mangel angehen wollen, erkennen wir an ihrer scheinbaren Dringlichkeit. Wir wollen es sofort tun. Es ist wichtig, dass wir diese innere Anspannung genauer anschauen. Bei einem Kauf können wir uns beispielsweise fragen: Welcher Teil von mir sagt „Ja" hierzu? Mangel und Angst wollen irgendjemandem (auch uns selbst) etwas beweisen oder gefallen. Es ist eine unterschwellige Angst da, etwas zu verpassen oder etwas falsch zu machen. Die Entscheidungen unseres Herzens sind so leise wie seine Stimme. Es springt den Themen entgegen. Wir wollen etwas, weil es sich einfach so gut anfühlt, so viel Spaß macht, so viel Freude und Weite schenkt. Wir können eine Schokolade essen, weil uns Pausen fehlen oder weil wir den Geschmack genießen. Wir können etwas tun, weil wir denken, wir müssen es, da sonst x, y oder z passieren kann, oder weil wir es gern tun wollen.

> ***Spiritual-Leadership-Regel Nr. 10:***
> *Beobachte deine Motivation und lerne zu erkennen, was du wirklich brauchst und willst.*

Die Motivation unseres Egos zu verstehen und nicht zu verdammen ist wichtig, um langsam Entscheidungen mit ganzem Herzen treffen zu können. Wir lernen, einfach Schritt für Schritt zu unterscheiden, indem wir innehalten und uns fragen: Warum will ich das? Was verspreche ich mir davon? Zudem können wir beginnen, auf die typischen Signale schlechter Entscheidungen zu hören: Wann immer Eile geboten ist, wir das Gefühl haben, etwas verpassen zu können, oder ein „Augen zu und durch"-Gefühl aufkommt, können wir lernen innezuhalten. Gute Entscheidungen halten innere Stille aus. Sie geben uns Weite statt Enge. Natürlich reagiert unser System angespannt, da jede Veränderung als potenziell gefährlich angesehen wird. Doch wir lernen, den Unterschied zu erkennen. Das Schöne an den Entscheidungen unseres Herzens ist, dass unser Herz nie Zweifel hat. Es sagt Ja und vertraut. Das ist so viel entspannter.

DIE KUNST, ZU MANIFESTIEREN

Manifestieren bedeutet, die beste Zukunft aus dem Vertrauen heraus zu erschaffen. Was ich früher für ziemlichen Humbug gehalten habe, ist heute meine Grundlage für Entspanntheit und Erfolg. Die Frage ist: Wie erschaffen sich Dinge? Wie funktioniert Manifestation? Die angesehene Energiemedizin-Pionierin Dr. Carolyn Myss schreibt in ihrem Buch (20), dass in uns ein unendlicher Wunsch da ist, unsere eigenen kreativen Kräfte und Fähigkeiten zu entdecken und eine individuelle Macht und Autorität zu entwickeln. Wir wollen unsere Gestaltungskraft fühlen und erleben. Sie schreibt weiter, dass die Reise zur Entfaltung dieser Fähigkeiten für jeden von uns Durchhaltevermögen braucht. Wir müssen lernen, unsere persönlichen Glaubenssätze zu untersuchen, und uns von denen lösen, die unser Wachstum behindern. Innere und äußere Veränderung ist eine Konstante, wir sind in einer permanenten Metamorphose. Wir wählen unser Handeln, unsere Gedanken bewusster. So entsteht ein spirituelles Bewusstsein, mit dem wir auch unsere Manifestationskraft erkennen. Wir beginnen, die volle Verantwortung für unser Leben und unsere Gesundheit zu übernehmen. Vom Opferstatus wechseln wir in den Gestaltermodus.

Alles in unserem Leben ist gleichzeitig Symbol und Möglichkeit für Veränderung. Wir sehen das an unserem Körper. „Biografie wird Biologie", schreibt Dr. Myss (21). Unsere Einstellungen und Angewohnheiten beeinflussen unsere täglichen Entscheidungen. Sie zitiert die Neurobiologin Dr. Candace Pert (22), die bewiesen hat, dass Neuropeptide nichts anderes als Materie sind, die aus Gedanken entstanden ist.

Wir gestalten in jeder Sekunde. Taoisten, Buddhisten oder indische Yogis glauben, dass wir Teil der sich ausdehnenden, unendlichen Kraft des Universums sind. Alle drei Traditionen sind sich einig, dass es eine Dimension der unendlichen Energie gibt, die sich mannigfaltig ausdrückt und ausdehnt und die auch in unserem Herz zu finden ist (23). Um in unsere volle Ge-

Es ist entscheidend, wohin wir unsere Aufmerksamkeit lenken.

staltungskraft zu kommen, müssen wir lernen, diese Kraft zu spüren, und feinstofflicher werden. In der Yogaphilosophie wird von verschiedenen Hüllen oder auch Realitäten gesprochen. Wir alle erleben die physische Realität um uns und an uns. Straßen, Häuser und unser Körper gehören zu dieser physischen Welt. Sie wird erschaffen, verändert sich und vergeht irgendwann. „Annamaya Kosha" sagen die Yogis zu dieser Dimension oder Hülle.

Darüber hinaus gibt es die subtilere, formfreie Dimension des Energiekörpers. Unsere Intuition, die Kraft der Visualisierung oder das feine Gefühl für unser Sein gehören dazu. Sobald wir lernen, Energie zu fühlen, geht die Tür zu dieser Dimension auf. Der Lehre zufolge ist das der Körper der Seele, des wahren Selbst. Diese Dimension fungiert wie ein Mediator zwischen der physischen Welt und der freien Dimension „Anandamaya Kosha". Diese letzte freie Dimension beinhaltet das pure Potenzial, die Grundlage unserer Existenz, Gott, die Quelle, das sich ausdehnende Universum – wie du es auch immer nennen magst. Sobald wir stiller werden, unserem Herzen zu folgen lernen, beginnen wir kurze Momente der Verbindung mit dieser Kraft zu finden. Anfangs sind sie flüchtig, doch etwas beginnt sich zu entfalten. Diese Kraft brauchen wir genauso wie die Ruhe, die der Weg dorthin mit sich bringt.

Kurzer Ausflug in die Quantenphysik

Einer der großen Pioniere im Feld des Manifestierens, insbesondere wenn es um die eigene körperliche Gesundheit geht, ist Dr. Joe Dispenza. In seinem Buch (24) schreibt er zum Thema Quantenphysik: „Wer die winzigen Partikelchen, die die Atome bilden, beobachtet (bzw. misst), beeinflusst das Verhalten von Energie und Materie. Wie Quantenexperimente zeigten, existieren Elektronen gleichzeitig in einer unendlichen Zahl von Möglichkeiten in einem unsichtbaren

Energiefeld. Doch erst wenn ein Beobachter seine Aufmerksamkeit auf irgendeine Position eines beliebigen Elektrons richtet, taucht dieses Elektron auf. Anders ausgedrückt. Ein Partikel kann sich in der Realität – also dem gewöhnlichen, uns bekannten Raum-Zeit-Gefüge – erst dann manifestieren, wenn es beobachtet wird."
Er folgert daraus, dass wir Geist und Materie nicht mehr als getrennte Phänomene betrachten können und dass wir durch gerichtete Aufmerksamkeit und Wiederholen bestimmte physische Ereignisse in unserem Leben organisieren können.

Der spirituelle Lehrer Eckhart Tolle lehrt (25) ebenfalls, dass das Universum es liebt zu kreieren, immer komplexere Welten entstehen zu lassen, und dass wir alle verbunden sind mit dieser kreativen, unbegrenzten Intelligenz. Der Schlüssel zu dieser Intelligenz liegt nicht im Denken oder Tun, sondern in unserem reinen Sein. Nur in der Stille können wir uns mit ihr verbinden. Leider ist das nicht das, was wir in unserer Welt erlernen. Eckhart Tolle nutzt das Bild der Sonne. Die Sonne selbst ist die unendliche Energie des Universums, und wir sind die Strahlen dieser Sonne. Wir sind längst in unserer Kraft. Es ist nur unser Ego und sein Mangel, was uns limitiert. Was wir brauchen, ist genug Ruhe, um die Sonne in uns arbeiten zu fühlen und mit ihr zu strahlen. Um zu manifestieren, muss unser Leben ein Wechselspiel aus Tun und Sein werden. Wir brauchen Ruhe und Erdung, in ihr entstehen Inspiration und kreative Kraft, und aus diesen Impulsen heraus müssen wir handeln lernen. So gestalten wir, lernen wir, entwickeln uns weiter und bringen unser Licht in die Welt.

Wie du dein Leben in Leichtigkeit manifestierst

Egal, was wir uns wünschen im Leben, wir können uns auf den Weg machen, es zu manifestieren. Jedoch anders, als wir vielleicht bisher dachten. In unserer westlichen Welt gehen die meisten von uns davon aus, dass eine Art Opfer gebracht werden muss, um das Leben unserer Träume verwirklichen zu können. Je nach Konditionierung denken wir entweder: „Das schaffe ich doch nie", und gehen gar nicht erst los. In diesem Fall bejammern wir die Umstände, sind neidisch auf andere und hadern mit uns und unserem Leben. Opferzustand nennt man die Ohnmacht, die entsteht, wenn wir unsere Gestaltungskraft nicht fühlen können. Oder wir gehen los, glauben jedoch an irgendeine Form von Opfer, Anstrengung, Kampf oder Verzicht. Dann erarbeiten wir uns den Erfolg, versuchen, ihn zu erzwingen. Wir verlieren das Gefühl für unsere Energie und kämpfen uns durch, und genau das ist das Problem. Es ist anstrengend, wenn wir nicht mit dem Leben fließen, sondern stattdessen wieder im Fluss stehen und versuchen, das Wasser in die Richtung zu bewegen, die wir uns vorgestellt haben. Wir schüppen und arbeiten, und doch fließt es rechts und links an uns vorbei.

Manifestieren bedeutet, sich zurückzulehnen und mit dem Leben zu fließen. Dafür brauchen wir unseren Glauben und das Vertrauen, dass das Leben für uns fließt. Es bedeutet keinesfalls, nichts zu tun. Vielmehr bedeutet es, beherzt und inspiriert zu agieren, jedoch ohne ein Beweisen-Müssen oder erbittertes Erkämpfen. Es ist die Weichheit, die wir haben, wenn wir voll im Vertrauen sind, wenn wir lieben, was wir tun, mit der wir manifestieren.

Dies sind die Schritte:

1. Voller Vertrauen im Fluss des Lebens

Es beginnt damit, das Leben als Fluss zu sehen und uns selbst als Teil des Flusses. Um fließen zu können, brauchen wir ein tiefes Vertrauen, dass das Leben es gut mit uns meint. Ein Leben lang lernen wir, uns mehr und mehr in dieses Vertrauen hineinsinken zu lassen, und üben so, die Kontrolle für unser Leben abzugeben. Alle Übungen in Kapitel 2 helfen dir, dieses Stadium immer wieder und immer öfter zu erreichen.

2. Sich für die eigene Weisheit öffnen

Es gibt eine tiefes Bewusstsein in uns, eine Verbundenheit mit allem. Um mit dem Leben zu fließen, öffnen wir uns mehr und mehr für diese innere Präsenz und Klarheit. Es ist, als würden wir einen Radiosender einstellen. Eine innere Frequenz, die wir zulassen lernen. All die Schritte unseres Lebens, alle Veränderungen schälen uns beim Einstellen dieser Frequenz mehr und mehr aus den Konditionierungen heraus. Wir können fühlen, wer wir wirklich sind. Die tiefe Zufriedenheit in uns wächst, je mehr wir uns mit unserem wahren Selbst verbinden und auf seine weise Stimme hören. Intuitiv mit dem Leben fließen ist die Aufgabe.

3. Eine Vision haben

Wir entwickeln eine Vision für das, was wir lernen, tun, erreichen wollen. Diese Vision dient immer dem Besten für alle und folgt unserer Freude. Sie ist unsere Lernaufgabe und unsere Heilung gleichermaßen. Sie ist häufig ein wenig angsteinflößend und macht uns gleichzeitig aufgeregt und freudig. Etwas in uns weiß, dass wir „da lang“ müssen. Wir fühlen die Lust auf das Wachstum, spüren die Ausdehnung in uns. Die Übungen in Kapitel 1 helfen dir, die Richtung deines Herzens immer wieder aufs Neue zu fühlen. Dein Herz gibt dir ständig Impulse, es kreiert mit dem Fluss des Lebens gemeinsam und am laufenden Band. Du brauchst ihm nur vertrauensvoll zu folgen.

4. Wir machen uns frei von unserer eingeschränkten Logik

Alles, was wir bisher dachten und glaubten, darf sich verändern. Nichts bleibt konstant, wenn wir mit dem Fluss des Lebens fließen, ausgenommen das Licht unseres wahren Selbst. Je weiter wir gehen, umso mehr lösen wir uns von allem, was an Regeln, an Zielen, an Bewertungen notwendig schien. Je freier wir werden, desto einfacher kreieren wir. Alles festzuhalten macht es schwerer, unserer inneren Stimme zu folgen. Konditionierungen sind wie ein Störsignal, während wir verzweifelt versuchen, den Radiosender einzustellen.

5. Die/der werden, die/der alle Wünsche erfüllt hat

Der entscheidende Schritt passiert auf diesem Weg, wenn wir einen Wunsch haben, eine Sehnsucht in uns fühlen. Was wir brauchen, ist nicht nur das Gefühl dafür, wie es sein wird, wenn sich das erfüllt hat. Wir wollen heute schon energetisch zu der Person werden, die das bereits erlebt. DAS ist mit Verkörpern gemeint. Eine Energie von Erhalten, von Bekommen, von Fülle. Wenn wir die sind, die all das schon hat, spüren wir keinen Mangel. Wir sind so vollständig, dass das Wahrwerden unseres Wunsches die einzig logische Konsequenz ist. Hierfür wachsen wir nach und nach in diese Person hinein. Unsere Entwicklung verläuft in Zyklen (Abb. S. 78). In unserer jetzigen Realität blockiert noch etwas in uns die Realisation unserer Wünsche. Diese Blockade kann ein Glaubenssatz sein, eine Angewohnheit, ein nicht mehr passendes Umfeld oder irgendetwas anderes. Wir brauchen eine Vorstellung davon, wie unser nächstes Selbst sein wird. Wie lebt diese Person? Wie trifft sie ihre Entscheidungen? Wie frei ist sie? Was hat sie losgelassen? Wo ist der Unterschied zu unse-

Entwicklung findet in Zyklen statt.

rem heutigen Ich? Um manifestieren zu können, lernen wir, unsere täglichen kleinen Entscheidungen zu verändern. Wir beginnen, unser Leben umzubauen, so dass wir die werden, die höher schwingt. Niemand kann uns das abnehmen oder für uns tun. Wir lernen, die Entscheidungen zu treffen, die uns in diese nächsthöhere Schwingung bringen. Es ist die innere Wandlung, die dann eine Wandlung im Äußeren nach sich zieht. Es ist die energetische Erhöhung der eigenen Frequenz, die nötig ist. Ein Reinwachsen in das neue Selbst, noch näher am wahren Selbst, noch verbundener, noch freier.

6. Inspiriert in Aktion kommen – BeHERZtes Handeln

Manifestieren bedeutet nicht, auf dem Sofa zu liegen, während das Universum arbeitet. Es bedeutet, mit dem Universum gemeinsam zu kreieren. Eine Idee zu haben, zu fühlen, wie wunderbar richtig sie sich anfühlt, und dann in Aktion zu gehen. Ist der Begriff „beherzt handeln" nicht einfach wunderbar? Wenn wir aus dem Herzen handeln, sind wir frei von unseren Limitierungen. Genau diese Energie brauchen wir zum Manifestieren. Je mehr wir tun, was die Person tun würde, die all das, was wir uns wünschen, schon erreicht hat, umso mehr baut sich unser Gehirn um. Das Gehirn integriert fortwährend Informationen. Je mehr wir es mit den passenden Aktionen füttern, vertrauensvolle Gedanken wählen, mit der zuversichtlichsten Energie am Start sind, umso mehr passt sich unsere Wirklichkeit an. Es sind die Optionen, die wir wahr machen, weil wir sie fest erwarten. Unser Glaube muss dafür so unerschütterlich sein, als hätten wir heute schon den Beweis. Das sorgt für die richtige Energie in jedem unserer Schritte, und nichts kann uns mehr aufhalten. Im nächsten Kapitel lernst du mehr über Energie und wie du sie managen kannst.

7. Unsere Ziele sind Dankbarkeit und Freude

Das Großartige ist, dass uns diese Art zu leben glücklich machen wird. Wir wissen, wo wir hinwollen, und sind gleichzeitig voller Vertrauen, dass das Leben uns an einen guten Ort bringen wird. Selbst wenn es anders kommt, als wir es geplant haben. Uns wird klar, dass nicht das Was entscheidend ist, sondern das Wie-wir-leben. Es zählen nicht die sichtbaren Ergebnisse oder unser Bankkonto, sondern wie wir uns fühlen. Unser eigentliches Ziel wird, in Dankbarkeit und Freude zu leben. Jeden Moment in einer inneren Leichtigkeit zu verbringen, oder zumindest so viele Augenblicke wie nur möglich. Dankbarkeit ist die Hauptübung, denn sie sorgt für pure Manifestationskraft. Dankbarkeit ist das Gefühl, wenn wir alles erreicht haben. Damit ist sie der Gegenpol zu Mangel und Angst. Freudige Erwartung ist ein Ja zum Leben mit all seinen Optionen, die Folge von Vertrauen.

8. Manifestieren bedeutet, die Kurskorrekturen zu erkennen

Wenn etwas nicht so funktioniert, wie wir dachten, hat das Universum eine bessere Idee für uns. Unser Leben ist ein einziger Versuch-und-Irrtum. Wir probieren etwas aus, manifestieren etwas, stellen fest, dass uns Details nicht gefallen, manifestieren weiter. Die unendliche Kraft des Universums drückt sich immer neu aus durch uns. Der Kontrast zwischen mag ich/mag ich nicht oder angenehm/unangenehm gehört mit zum kreativen Prozess. Das Einzige, was wir tun müssen, ist, alle Gefühle von Mangeldenken oder Opferstatus, Selbstmitleid oder Neid als Teil unseres Egos zu erkennen. Sie killen den Vibe, sie ändern den Radiosender! Sobald wir sie bemerken, dürfen wir loslassen, innehalten, neu wählen. Klappt etwas nicht, können wir einen Moment traurig sein und dann das Gefühl abschütteln. Die Bedeutung von Enttäuschungen steckt schon im Wort. Wir wurden enttäuscht, die Täuschung hat ein Ende. Wobei unser Kopf gemeint ist, die Erwartung oder der Plan, die bzw. den er produziert hat. Mit dem Leben zu fließen bedeutet, gerade in schlechten Zeiten Vertrauen zu üben. Die Gefahr bei negativen Gefühlen ist, dass wir unserem Ego und unserer Angst nachgeben und hektisch versuchen, das Wasser im Fluss in die gewünschte Richtung zu schöpfen. Was nie funktioniert. Gerade dann müssen wir vertrauen.

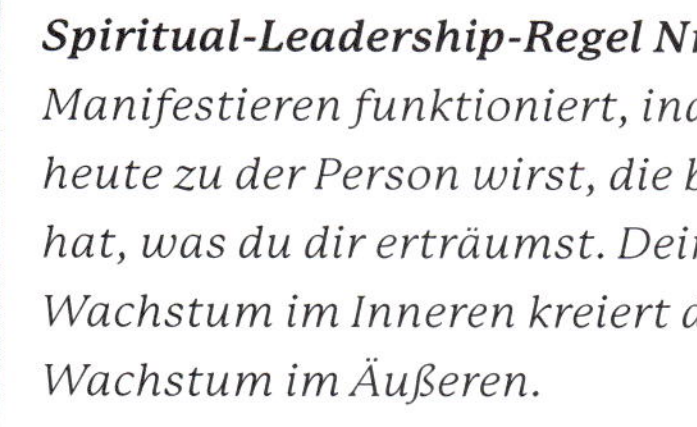

Spiritual-Leadership-Regel Nr. 11:
Manifestieren funktioniert, indem du heute zu der Person wirst, die bereits hat, was du dir erträumst. Dein Wachstum im Inneren kreiert das Wachstum im Äußeren.

Belohnungen oder Druck können nie langfristig funktionieren. Es ist wider unsere Natur. In uns ist eine Kraft, die kreieren will, und diese braucht natürlich Autonomie, Sinn und ein Gefühl von Entwicklung. Sie lassen uns im Fluss bleiben. Gleichzeitig geht es darum, uns fortwährend von Limitierungen zu befreien. Unsere Aufgabe ist es, diese Limitierungen in uns selbst aufzulösen, selbst wenn sie sich in unserem Umfeld zu zeigen scheinen. Die Abwesenheit von Mangel ist immer im Hier und Jetzt zu finden. Wenn wir nichts brauchen, bekommen wir alles. Wenn wir handeln, weil wir die Welt ein wenig heller machen wollen, werden wir Erfolg haben. Unsere Freude und Dankbarkeit erschaffen eine magnetische Wirkung. Das Gute fließt zu uns, wenn wir den Impulsen unseres Herzens zu folgen lernen statt den Impulsen unserer Angst und Konditionierung. Was nicht so einfach ist. Im Normalfall senden wir gemischte Signale raus in die Welt. Wir wünschen uns etwas und gleichzeitig hat ein Teil von uns Angst vor der Veränderung oder fühlt sich nicht gut genug, oder ist ungeduldig, dass es noch nicht da ist. Unsere Aufgabe ist, während wir unseren Träumen folgen, unser angstbasiertes Mindset mehr und mehr aufzugeben und eine Energie des Vertrauens in uns zu kultivieren.

ÜBUNG 20: ZIELE FINDEN

Ziele sind Wegetappen und Meilensteine. Sie definieren unsere Ausrichtung und können uns motivieren oder demotivieren. Notiere die für dich wichtigsten Ziele und lerne, sie zu prüfen.

Meine Ziele sind:

1. ______________________________

2. ______________________________

3. ______________________________

Lies dir nun die Ziele durch und prüfe diese anhand der Kriterien auf Seite 81.

Schau dir nun deine drei wichtigsten Ziele an und frage dich:

- Was ist mein Motor: Will ich von etwas weg oder will ich zu etwas hin?
- Warum will ich das?
- Was wird dieser Meilenstein über mich beweisen?
- Was wird sich verändern?

Halte deine Erkenntnisse hier fest:

____

____

Erinnere dich nun an dein Glaubensbekenntnis. Lies es dir noch einmal durch. Dann atme und lege eine Intention fest. Wie willst du durch deine Tage gehen? Was ist wichtig, um diesem Glauben zu dienen? Deine Intention zeigt, was du in die Welt bringst und wie du der Welt gegenübertreten willst:

____

MISSION, ZIELE UND ERFOLG

Sobald sich unsere Mission konkretisiert hat, entwickeln sich automatisch Ziele. Doch wie finden wir die richtigen Ziele, ohne Stress und Anspannung zu generieren? Folgende Fragen (angelehnt an die Kriterien wohlgeformter Ziele des NLP) können helfen:

- Sind meine Ziele positiv formuliert? Verändere dein Zielformulierung, wenn du „nicht mehr" oder Ähnliches in deinen Zielen findest.
- Sind meine Ziele im Einklang mit meinem Herzen? Fühle in dich hinein, ob du ein inneres Ja, eine Weite und Ausdehnung in dir wahrnehmen kannst. Ansonsten male einen kleinen Blitz an dein Ziel.
- Sind meine Ziele motivierend? Fühlst du Tatendrang?
- Kann ich mir vorstellen, wie es sein wird? Hast du ein Zielbild vor Augen?
- Kann ich meine Ziele fühlen und spüren, wie es sein wird, sie zu erreichen?
- Gibt es konkurrierende Ziele oder Hindernisse, zum Beispiel in meinem Umfeld?
- Kann ich alle Ziele aus eigener Kraft erreichen? Ansonsten formuliere dein Ziel so um, dass du es aus deiner Kraft schaffen kannst.
- Weiß ich, wann ich angekommen bin? Das gilt zum Beispiel für Ziele, die mit einem Vergleich formuliert sind. „Erfolgreicher als XY" hat kein Ende. Man kann immer noch erfolgreicher werden.

Wenn wir mit Leichtigkeit manifestieren möchten, müssen wir unsere Idee von Erfolg unter die Lupe zu nehmen. Ansonsten wird unsere Suche nach „Erfolg" eher eine Suche nach Bestätigung von außen. Unser Ego will, dass wir all das, was wir selbst noch nicht über uns glauben können, von anderen bewiesen bekommen. Es will den scheinbaren Mangel außen beheben.

Solltest du dir die Erreichung eines bestimmten Ziels wünschen, frag dich: Warum? Alles, was du in einen „Wenn, dann"-Rahmen packen kannst, ist eine Illusion. Erkenne, wo du hinter Möhren herrennst, und finde deine eigenen Erfolgskriterien, die zu Entwicklung passen und Vertrauen statt Angst spiegeln.

Es hat gedauert, bis ich meine eigenen Erfolgskriterien gefunden hatte. Lange bin ich gerannt, um gelobt zu werden oder um etwas „zu schaffen". Gefühlt kam ich nie an, egal wie sehr ich gerannt bin. Bis ich in einem Buch (27) las: „Miss deinen Erfolg daran, wie viel Spaß du hast." An diesem Tag habe ich entschieden, dass ich meinen Erfolg an dem Spaß bewerten will, den ich hatte. Das hat so viel verändert. Plötzlich ging es nicht mehr ums Verlieren oder Gewinnen, es ging um die Freude im Moment.

Das Kapitel will ich mit einer freien Übersetzung aus „The Sages Tao te Ching" (28) abschließen:

„Woher wissen wir, dass wir weise werden? Wir können es nicht wirklich sagen. Wir können nur unsere Aktionen und Haltungen sehen und die erkennen, die immer noch aus Angst oder Dummheit geboren werden und sie als solche entlarven. Die Aktionen und Einstellungen, die aus der Weisheit geboren sind, fließen so leicht und ohne Anstrengung, dass sie nicht von uns entdeckt werden.
Wir nehmen lediglich die wachsende Weisheit und Gelassenheit wahr."

ÜBUNG 21: DEFINIERE DEINE EIGENEN ERFOLGSKRITERIEN

Um die eigenen Erfolgskriterien zu definieren, gehen wir in zwei Schritten vor. Im ersten Schritt wirst du deine bisherigen Erfolgskriterien unter die Lupe nehmen. Im zweiten Schritt deine eigenen finden. Es bringt so viel Freiheit, Erfolg neu zu definieren.

Bisherige Erfolgskriterien: Beantworte die folgenden Fragen so ehrlich wie möglich. Beantworte nicht, was du gern antworten würdest/wie du gern wärst, sondern horch in dich hinein, finde Beispielsituationen und nimm diese unter die Lupe:

- Erfolg ist für mich ...

___

- Momentan wünsche ich mir, mehr Erfolg zu haben bei ...

___

- Wenn ich dort Erfolg hätte, dann wüsste ich, dass ...

___

Nun atme durch.

Es ist Zeit, neue Kriterien zu finden, und die Idee, wie etwas sein müsste, aufzugeben. Manifestieren ist ein Fluss, erinnere dich. Es geht nicht darum, einen bestimmten Status zu erreichen, mit dem vielleicht irgendwann alles leichter oder angenehmer wird. Es geht darum, jetzt schon dafür zu sorgen, dass das Leben sich wunderbar und gut anfühlt. Was, wenn das einzige echte Kriterium ist, ob du mit deinem Herzen, deinem Glauben, deinem Vertrauen verbunden bist und dein Licht in die Welt bringst?

Atme durch und denke einen Moment nach, was wirklich zählt für dich. Was ist das Wichtigste und Sinnvollste, wonach du streben kannst?

___

___

Um neue Erfolgskriterien definieren zu können, denke einen Augenblick an deine Tagträume aus Kapitel I. Denke an das, was du dir vom Leben erhoffst. Was, wenn Erfolg nichts ist, das man von außen sieht? Wenn er erst im Inneren beginnt? Atme diesen Gedanken ein und beantworte mit ihm im Hinterkopf die folgenden Fragen:

- Wirkliches Glück fühlt sich für mich so an:

___

- Wenn ich könnte, wie ich wollte, würden meine Tage so aussehen:

___

- Ich sehne mich im Leben nach mehr …

___

- So kann ich selbst dafür sorgen, dass ich mehr von dem fühle, was ich mir wünsche:

___

- Ich bin bereit, meine Erfolgskriterien zu verändern. Ein guter Tag ist ab jetzt ein Tag, an dem ich:

___

___

- Wenn mein Handeln etwas in der Welt bewirken kann, etwas verändern kann, dann wünschte ich, dass es …

___

Erfolg ist, wenn meine Taten, egal wie klein oder groß sie sind, genau das in die Welt bringen.

TEIL 2

ZEIT FÜR VERÄNDERUNG

Obwohl unsere Zeit endlich ist,
vertrödeln wir manchmal unsere Stunden.

Was das ist,
was wirklich zählt,
wird nicht klar,
solange Dringendes die Chance hat,
sich vor Wichtiges zu stellen.
Solange wir die Zeit für ein Gespräch,
eine Umarmung,
einen Moment Unbeschwertheit opfern
für ein Stück Perfektion
oder beweisen müssen.

Unsere Freiheit beginnt in uns.
Nie im Außen.
Es ist unsere eigene Unabhängigkeitserklärung,
die wir brauchen.
Ein Kompass in uns,
der sich ausrichtet an dem,
was zählt.

Wie würden wir leben,
wenn uns klar wäre, dass wir nur begrenzt Zeit haben?
Ein paar Tage, Monate, Jahre?
Was wäre anders?

In höchster Frequenz leben

Ob bei einem Garten die Schönheit auffällt und uns bewusst wird, hängt von der Stimmung ab, mit der wir den Garten besuchen. Alles gedeiht besser, wenn wir es mit Liebe pflegen und in Dankbarkeit und Neugier betrachten. Pflanzen bzw. ätherische Öle für die höchste Frequenz sind: Melisse (Licht), Narde (Dankbarkeit), Rose (göttliche Liebe), Myrrhe (die weibliche Energie des Universums), Weihrauch (die männliche Energie des Universums), Sandelholz (Ausrichtung auf das Größere), Aborvitae (unerschütterliches Vertrauen in die höhere Macht), Orange (Fülle).

LERNE, DEINE ENERGIE ZU PFLEGEN

Um zu manifestieren, brauchen wir die höchstmögliche Schwingung und beste Energie in unserem System. Unser Ziel muss es darum sein, solide in unserem Leben verwurzelt zu sein und gleichzeitig eine tiefe Verbundenheit mit dem Universum zu fühlen. Wir brauchen ein wachsendes Vertrauen und tägliche Routinen, die in uns mit guten Gefühlen, Freude, Dankbarkeit und Liebe füllen. Unsere Energie ist nicht der Treibstoff, wir sind Energie. Diese feinstoffliche Ebene stellen wir in den Fokus, wenn wir Spiritual Leadership leben wollen.

Übe, deine Energie zu fühlen

Bevor wir tiefer in Energiearbeit einsteigen, lass uns die eigene Energie fühlen lernen. Energieexpertin und Meditationslehrerin Erica Longdon (29) beginnt ihr Buch mit den Worten (freie Übersetzung durch mich): „Das Universum benutzt keine Sprache. Es spricht durch Vibration." Und beschreibt im Folgenden, wie wichtig es für uns ist, unseren ganz eigenen Ton in der Symphonie des Lebens zu finden. Eine innere Harmonie, die entsteht, wenn wir unser Denken und Handeln mit unserem wahren Selbst und der Energie des Universums synchronisieren. Der Wissenschaftler Nikola Tesla hat gesagt (30, freie Übersetzung): „Wenn du die Geheimnisse des Universums lüften willst, musst du in Begriffen wie Energie, Frequenz und Vibration denken." Alles Lebende auf dieser Welt, ja die Welt selbst hat einen eigenen energetischen Fingerabdruck. Alles vibriert, strahlt aus. Wir auch und alles um uns herum. Unsere ureigene Energie ist das, was uns leistungsfähig, anziehend, wunderbar macht. Um mit ihr in der Welt zu wirken, brauchen wir ein Gefühl dafür, wie sie sich anfühlt. Wir müssen lernen, sie zu pflegen, zu erhöhen, und brauchen Techniken, um uns vor unerwünschten Einflüssen zu schützen und zu reinigen.

Wenn wir unsere Energie spüren lernen, können wir immer wieder in diese innere Helligkeit hineinfühlen. Das Fühlen ist der erste Schritt, um zu bemerken, was unsere Energie dimmt und was sie erstrahlen lässt. Im Alltag haben wir zig Momente, in denen wir Entscheidungen treffen, die sie entweder nähren oder ausbeuten. Jedoch ist die energetische Auswirkung unserer Wahl selten unser Entscheidungskriterium. Dabei ist Energiearbeit simpel, denn unsere Energie ist dann hoch, wenn wir gut für Körper, Geist und Seele sorgen und unsere alltäglichen Entscheidungen und Handlungen in Harmonie mit unserem Herzen sind.

ÜBUNG 22: LERNE DEINEN LICHTKÖRPER KENNEN

Diese Übung führe, wenn möglich, früh am Morgen durch. Am besten direkt nach dem Aufstehen. Du kannst sie im Bett oder woanders liegend oder sitzend üben und solltest noch nicht mit jemandem interagiert haben.

- Atme tief ein und aus.
- Beobachte deinen Atem einige Atemzüge lang. Lass ihn entspannt und natürlich fließen. Nimm wahr, was ist. Beeinflusse nichts.
- Dann stelle dir vor, dass in deiner Mitte in Höhe deines Herzens ein kleines Licht strahlt.
- Nimm dieses Licht einige Atemzüge lang wahr und beobachte, wie es mit jeder Einatmung etwas heller und größer wird.
- Es ist ein wenig, als würdest du einen Dimmer aufdrehen und etwas aus deiner Mitte kann nun ungehindert nach außen strahlen.
- Nach einigen Atemzügen fühlst du, dass das Licht deinen ganzen Körper von innen ausleuchtet. Es scheint in deine Beine und Füße, in dein Becken und von innen in alle Richtungen deines Oberkörpers, in Schultern, Arme und Hände und in Nacken und Kopf. Du fühlst, dass du ganz ausgefüllt bist mit deinem eigenen Licht.
- Atme entspannt weiter. Genieße deine innere Helligkeit.
- Dann stell dir vor, wie das Licht über die Grenzen deiner Haut hinaus in den Raum leuchtet. Du bist eingehüllt in helles Licht.
- Du kannst fühlen, dass das Licht dich schützt und dir Geborgenheit schenkt. Hier ist dein innerer Raum.
- Bevor du die Augen öffnest, stell dir vor, dass du einen Schutzmantel um deinen Lichtkörper legst und schließt. Dies ist dein Raum.
- Öffne die Augen und starte in deinen Tag.
- Schreibe dir gern auf, wie sich dein Licht für dich anfühlt. Mein innerstes Licht:

____

____

- Übe diese Übung jeden Morgen, um deine Energie zu spüren und aufzutanken.

Gute Energie ändert alles.

Tipps für gute Energie

Wir alle opfern täglich unsere Energie für etwas. Es erscheint uns normal und notwendig. Wir tauschen das gute Gefühl in diesem Moment für etwas ein. Manifestieren funktioniert so nicht, und so sind wir in einer Spirale gefangen. Dazu kommt, dass unsere Welt nicht optimal für Körper, Geist und Seele ist. Sie ist bisweilen hektisch, laut und fordernd. Wir selbst müssen der Gegenpol sein und das geht nur, wenn wir erkennen, was wir wirklich brauchen. Wir müssen das Hinhören und Hineinfühlen lernen, während wir uns von unseren Gewohnheiten lösen.

> ***Spiritual-Leadership-Regel Nr. 12:***
> *Energiearbeit bedeutet, mehr von dem zu machen, was sich gut anfühlt. Das hat nichts mit Bequemlichkeit zu tun. Energie muss deine Priorität sein.*

Meditation ist Energiearbeit

Meditation ist ein wunderbares Training, um diesen Prozess zu beschleunigen. Meditation hilft uns, bewusster zu werden, klarer, wacher. Schon fünf Minuten täglich machen einen Unterschied. Hierzu müssen wir nichts Kompliziertes tun. Wir können den Timer einstellen, uns bequem und aufrecht hinsetzen, die Augen schließen und beobachten, was passiert. Es gibt zig tolle Apps und Alben, um Meditation zu erlernen. Meditationen trainieren unseren Geist darin, nicht jedem Gedanken oder Impuls nachzugehen. Sie helfen uns, den Autopiloten abzuschalten, und Studien (31) belegen, dass sie die Vernetzung und Aktivität in den Teilen unseres Gehirns stärken, die für positive Gefühle zuständig sind. Jeder kann meditieren. Es ist ein Training, keine Fähigkeit. Du brauchst sie, um klarer sehen zu können, was dir guttut, wer du wirklich bist und was du brauchst. Sie ist der Schlüssel zur Stille in dir.

ÜBUNG 23: ENERGIE IM FOKUS HABEN

Im Rückblick kannst du gut erkennen, was dir guttut und wo du deine Energie verschleuderst. Bis das Energiefühlen für dich eine feste Angewohnheit im Tagesablauf geworden ist, nutze regelmäßige Rückblicke, um zu erkennen, was du brauchst, um in höchster Frequenz zu bleiben.
Zu Beginn der Übung fühle einige Atemzüge lang dein inneres Licht. Nimm dir dafür ausreichend Zeit. Ob dir etwas guttut oder nicht, kannst du nicht denken, du musst es fühlen. Am einfachsten ist dies, wenn du spürst, ob dein Licht weniger oder mehr wird. Nun geh deinen Tag von morgens bis abends wie einen Film durch. Solltest du die Übung am Morgen durchführen, nimm einfach den vorherigen Tag. Sieh jede Szene vor deinem inneren Auge, achte einen Moment lang auf deine Energie, indem du in deinen Körper hineinfühlst. Dimmt sich dein Licht und wird es dunkler und enger? Oder strahlt dein Licht weiter hell? Oder kannst du es nicht gut genug fühlen und bist unentschlossen? Schreib für jeden Moment ein Stichwort auf und nutze ein Symbol

= Energie hell strahlend = Weiß nicht genau = Das innere Licht dimmt sich

Achte darauf, dass du weder bewertest noch versuchst, Gründe für deine Gefühle zu finden. Erinnere dich: Energie fühlst du. Dein Geist mit seinen Konditionierungen denkt.

______	☐	☐	☐
______	☐	☐	☐
______	☐	☐	☐
______	☐	☐	☐
______	☐	☐	☐
______	☐	☐	☐
______	☐	☐	☐

Bessere Entscheidungen treffen

Es wird außerdem Zeit, dass wir uns bei jeder Entscheidung fragen: Zerstört oder kreiert diese Wahl gute Energie? Wenn wir nachdenken, laufen wir Gefahr, auf der Grundlage unserer Komfortzone, unserer erlernten Regeln und Konditionierungen zu entscheiden. Wir wollen fühlen statt denken. Für gute Entscheidungen brauchen wir ein Vertrauen in unser Gefühl. Wobei nicht das Gefühl gemeint ist, was aufgrund einer Erinnerung oder eines Gedankens aufflammt. Gemeint ist unsere Intuition. Diese tiefe Weisheit in uns, die klar antwortet, wenn wir es lernen. Nehmen wir zum Beispiel unsere Ernährung: Essen wir aus Gewohnheit? Um uns zu trösten? Oder weil unser Körper etwas braucht? Es ist wichtig zu spüren: Wie geht es mir, wenn ich so esse? Das Gleiche gilt für Bewegung oder Ausflüge in die Natur. Wir können fühlen, ob es uns guttut, die Mittagspause am Schreibtisch zu verbringen. Anfangs bemerken wir meist erst im Nachhinein, was wie gewirkt hat. Wir können jedoch üben, schon vorher zu spüren, wie es nachher sein wird. Probiere es aus: Nimm ein paar Atemzüge und spüre deine innere Energie, dein Licht. Verbinde dich mit dieser Kraft. Dann stell dir vor, du würdest x oder y tun. Sieh das Ergebnis von x, dann das von y. Du kannst spüren, bei welcher Variante eine innere Helligkeit und Weite auftaucht und bei welcher eher Enge und Dunkelheit. Je mehr du dich traust, diesem inneren Kompass zu folgen, umso leichter wird es.

Unsere täglichen Entscheidungen formen Routinen. Diese Routinen sorgen langsam und sicher für eine Veränderung unserer inneren Welt. Angewohnheiten transformieren unsere Glaubenssätze. Unser System lernt mit und so verändert sich nach und nach unsere Wirklichkeit. Hier findet die wahre Transformation statt, im Alltäglichen. Die Regel fühlen statt denken gilt für all unsere Entscheidungen. Studien belegen, dass wir erst fühlen und dann mit unserem Verstand versuchen, unser Gefühl zu interpretieren. Hier lauern Fehler, lauert Zweifel, lauern Verzerrungen. Je klarer du dein Gefühl wahrnimmst und ihm folgst, umso mehr agierst du im Einklang mit deiner inneren Wahrheit. Bei wichtigen Entscheidungen in meinem Leben konnte ich fühlen, dass sie richtig waren. Als wir beispielsweise unsere jetzige Wohnung gefunden haben, wusste ich schon im Hausflur, dass sie es sein wird. Ich habe meinem Gefühl nur nicht getraut und musste erst alles ansehen und ausrechnen, um auch meinen Verstand von der Entscheidung überzeugen zu können. Doch gefühlt habe ich es sofort. Das Gleiche gilt für wichtige Menschen oder auch meine Kristallklangschalen. Wir fühlen, bevor wir denken, und es wird Zeit, dass wir unserem Gefühl vertrauen.

> ***Spiritual-Leadership-Regel Nr. 13:***
> *Wie sich etwas anfühlt, ist wichtiger, als was du über etwas denkst.*
> *Das tiefe Gefühl in dir ist die kraftvollste Instanz, verbunden mit deiner höchsten Weisheit.*

Schlafen ist Energiearbeit

Für die höchste Frequenz brauchen wir genügend Schlaf. Ich habe meinen eigenen Schlaf viele Jahre unterbewertet. Fast Stolz war ich auf meine fünf Stunden. Bis ich gelernt habe, mehr zu schlafen, und fühlen konnte, welchen Unterschied das macht. Meine Stimmung, mein Elan, mein Mut – alles war stärker. Wie wichtig Schlaf für unsere mentale Gesundheit ist, zeigt der Great British Sleep Survey, den Arianna Huffington in ihrem Buch (32) zitiert. Die Studie belegt, dass „bei Menschen, die unter Schlafmangel leiden, das Gefühl von Hilflosigkeit siebenmal und das Gefühl von Einsamkeit fünfmal häufiger auftritt als bei Ausgeschlafenen". Auf der gleichen Seite im Buch wird das Ergebnis einer Harvard-University-Untersuchung zum Zusammenhang von Schlafmangel und Arbeitsleistung zitiert: „Die Autoren schätzen, dass die dadurch verlorene Leistung auf die gesamten USA hochgerechnet mehr als 63 Milliarden Dollar jährlich beträgt." Wir alle brauchen unseren Schlaf und die meisten brauchen mehr Schlaf. Im Schlaf führen unser Körper und insbesondere auch unser Gehirn wichtige Aufräum- und Regenerationsprozesse durch. Wir sollten Einschlafzeiten und Einschlafroutine so behandeln wie jeden anderen wichtigen Termin. Solltest du Probleme mit deinem Schlaf haben, suche dir Hilfe. Mir beispielsweise haben ein entspannendes Abendritual, eine Tageslichtlampe am Schreibtisch, ätherische Öle (insbesondere Lavendel und Copaiba) und das tägliche Liegen auf einer Infrarotwärme entwickelnden Matte geholfen, tiefer und länger zu schlafen.

Die richtige Umgebung kreieren

Wir sind umgeben von Vibration und Energie. Der atmosphärische Herzschlag der Erde, die sogenannte Schumann-Resonanz, bemisst eine Frequenz in Hertz, die unseren gesamten Planeten umgibt. Diese elektromagnetischen Wellen entstehen unter anderem durch Vorkommnisse in unserer Atmosphäre wie Blitze oder Donner und Weltraumwetter. Eine Reihe von Forschern und Forscherinnen gehen davon aus, dass wir Veränderungen der Resonanz in unserem Bewusstsein spüren können. Studien zeigen, dass unsere Gehirnwellen mit der Schumann-Resonanz korrelieren. Die Abwesenheit dieser natürlichen elektromagnetischen Wellen wird auch das „sick building syndrome" (33) genannt und beschreibt Symptome wie zum Beispiel Kopfschmerzen oder generelles Unwohlsein, die in manchen Gebäuden auftreten. Leben oder arbeiten wir in Gebäuden mit dicken Wänden und einer großen Anzahl elektronischer Geräte, hat das Gebäude eine eigene Resonanz und unser Körper „vermisst" den gewohnten Herzschlag der Erde. Vielleicht brauchen wir deshalb manchmal so dringend Natur und haben Sehnsucht nach einem Waldspaziergang oder einem Bad im See? Wir spüren instinktiv, dass wir uns wieder in „Schwingung" bringen müssen.

Unser Umfeld und seine Einrichtung haben ebenfalls Einfluss auf unsere Energie. Hierzu zählen nicht nur bequeme Stühle, gutes (Tages-) Licht, genügend frische Luft etc. Unser Streben nach Harmonie umfasst auch die Ästhetik um uns. In uns ist ein natürlicher Drang, Schönheit zu kreieren. Wir brauchen Räume, die wie eine Einladung sind, wie ein Nachhausekommen. Da wir nicht überall wild ausmisten, umräumen oder neu einrichten können, helfen gut ausgewählte Kristalle, Diffuser und Pflanzen, eine höhere Schwingung in unser Umfeld zu bringen. Kristalle, ätherische Öle und Pflanzen bringen eine eigene Energie mit. Farben, persönliche Dekoration, ein Vision Board und Urlaubssouvenirs können zudem eine unterstützende, persönliche Energie im Raum kreieren. Zum Thema Kristalle und ätherische Öle habe ich ein paar Tipps für dich:

Kristallauswahl für den Schreibtisch Die Wirkungen sind aus der Crystal Bible von Judy Hall (34), meinem liebsten Nachschlagewerk:

- Amethyst: Amethyste balancieren uns und haben eine reinigende Wirkung auf unsere Aura. Sie können negative Energien transformieren

Finde Kristalle, die dir guttun.

und gelten als Schutzsteine. Der Amethyst ist ein sehr spiritueller Stein. Er öffnet uns für unser wahres Selbst und harmonisiert Körper, Geist und Seele.

- Citrin: Der Citrin ist der Stein der Fülle. Er wird darum gern in der linken Ecke des Raumes (die für Wohlstand steht) platziert, um mehr Fülle anzuziehen. Auf unsere Aura wirkt er reinigend und insgesamt regenerierend. Er enthält die Kraft der Sonne, erfrischt uns und stärkt unsere Konzentration. Außerdem schenkt er uns Selbstbewusstsein und Optimismus.
- Mondstein: Mondsteine werden auch die Steine des Neuanfangs genannt. Sie stärken unsere Intuition und öffnen unseren Geist für die Wahrnehmung von Synchronizität. Mondsteine stabilisieren unsere Emotionen und stärken unsere emotionale Intelligenz.
- Rosenquarz: Rosenquarze sind die Steine der bedingungslosen Liebe und verbinden uns mit unserem Herzen. Sie entfernen negative Energien und ersetzen sie mit liebevollen Schwingungen. Rosenquarze gelten als heilende Steine. Sie helfen uns auch bei Themen rund um Liebe und Selbstliebe.

Ölauswahl fürs Arbeitszimmer Ätherische Öle sind reine, hochkonzentrierte Essenzen, die die Energie der jeweiligen Pflanze in sich tragen. Achte auf hervorragende Reinheit und lass dich im Zweifel beraten. Die Wirkungen sind aus dem Buch Essential Emotions (35):

- Zedernholz: Zedernholz ist das Öl der Gemeinschaft. Wann immer wir die Stärke der Gemeinschaft erleben wollen oder uns ein funktionierendes Team oder eine gute Partnerschaft wünschen, kann Zedernholz unsere Intention unterstützen. Es hilft uns zu erkennen, dass wir nicht allein sind.
- Pfefferminz: Das Öl der Leichtigkeit hilft dabei, mit Freude durch den Tag zu gehen. Es belebt uns und unterstützt dabei, Schwere und Anspannung loszulassen. Das Öl schenkt neue Frische und wirkt wie eine Verschnaufpause.
- Kassia & Bergamotte: Kassia, das Öl der Selbstsicherheit, hilft bei Zaghaftigkeit und schenkt Selbstvertrauen. Es ermutigt uns, unser Licht

Ätherische Öle können wie Rückenwind sein.

strahlen zu lassen. Besonders schön wirkt das Öl zusammen mit Bergamotte, dem Öl der Selbstakzeptanz. Bergamotte schenkt auch in schwierigen Zeiten Zuversicht und hilft, einschränkende Glaubenssätze loszulassen und unsere innere kritische Stimme leiser zu drehen.

- Zitrone: Das Öl der Zitrone steht für Fokus und regt unseren Geist an. Es fördert die Konzentration, erfrischt uns und schenkt uns Flexibilität. Zitrusöle haben immer eine sonnige, stimmungsaufhellende Wirkung.

Dankbarkeit bringt dich in die höchste Frequenz

Dankbarkeit ist wie schon erwähnt ein energetischer Superheld. Unser Gehirn ist so gebaut, dass es immer erst den Mangel wahrnehmen, den Fehler suchen, die Gefahr erkennen will. Wir brauchen darum eine Extradosis positive Blickwinkel. Wertschätzung von dem, was ist, bringt unseren Körper in das Stadium von Bereits-empfangen-Haben. Je mehr wir Dankbarkeit praktizieren und unseren Alltag und unser Umfeld bewusst mit Akzeptanz und Liebe betrachten, umso höher schwingen wir. Darum sollten wir bewusste Momente der Dankbarkeit in unsere Tage einweben. Stell dir deinen Timer oder richte dir einen Sperrbildschirm auf deinem Handy und Computer ein, kleb einen Zettel an deinen Spiegel – erinnere dich selbst daran: Wofür kann ich jetzt gerade dankbar sein? Dann atme die Momente ein. Ich rate dir außerdem, eine feste Dankbarkeitspraxis am Abend einzuführen. Halte dir vor Augen, was den vergangenen Tag wunderbar gemacht hat. Finde die kleinen magischen Momente, die das Leben dir geschenkt hat.

Im Zweifel glaube mehr

Ein weiterer positiver Energieboost sind unser Glauben und unsere Mission. Unser Glaubensbekenntnis ist wie ein Nordstern. In der Hektik und den Anstrengungen mancher Tage vergessen wir leicht, warum wir hier sind und was unsere Aufgabe ist. Sobald wir einen Moment innehalten, die Hand auf unser Herz legen und uns erinnern, dass alles immer in uns ist und wir Teil von etwas Größerem sind, wird alles leichter. Unsere Energie wird gestärkt, wenn wir innehalten und uns an unser Warum erinnern. Daran, dass wir hier sind, um zu teilen, was uns geholfen hat, und um unsere Freude, unsere Liebe und unser Licht in die Welt zu bringen. Wie auch immer das konkret aussehen mag. Vertrauen und Weite sind der Gegenpol zu Anspannung und Enge. Ein Altar im Zimmer, kleine Rituale, die uns mit unserem Glauben verbinden, Gebete zu bestimmten Anlässen oder Tageszeiten stärken unser Gefühl von Verbundenheit. Irgendwann kann alles zu einem Ritual werden. Dann wird das ganze Leben zur Zeremonie. Bis es so weit ist, brauchen wir jedoch noch ein paar kleine Erinnerungen, damit präsent bleibt, was wichtig ist. So sorgen wir für kleine Infusionen der höchsten Frequenz in unserem Alltag. Sehr wertvoll!

Anfängergeist behalten

Die Energie des Anfängers, der neugierig und voll Freude etwas erkundet, ist wunderbar und ähnelt der eines Kindes. Kleine Kinder lassen sich nicht entmutigen, während sie etwas lernen. Solange ihr Ego noch nicht alles bewertet und „weiter“ sein will, probieren sie einfach so lange, bis etwas funktioniert. Ich liebe es, kleinen Kindern beim Laufenlernen zuzuschauen. All das Hinfallen und Wiederaufstehen ist wunderbar. So müssen wir unser Leben, unsere Karriere, unsere Projekte angehen. Es ist ein wenig schwer für uns, da Fehler das Bedürfnis nach Selbstwertschutz und Kontrolle zu bedrohen scheinen. Dadurch versuchen wir manches gar nicht erst oder machen uns selbst fertig, wenn es nicht sofort funktioniert. Um gut lernen zu können, müssen wir neugierig werden wie Kinder. Lernfähigkeit und Flexibilität können wir üben. Wir können versuchen, probieren und uns bei jeder Strenge oder überhöhten inneren Erwartung stoppen und unser Mindset korrigieren. So entwickeln wir uns viel rasanter weiter, als wir es jemals für möglich gehalten hätten.

Musik und Klang nutzen

Seit ich mich mehr mit dem Thema Klang und Musik auseinandersetze, bin ich erstaunt, wie einfach es sein kann, eine innere Harmonie und Ruhe zu erschaffen. Da wir reine Energie sind, nehmen wir die Schwingung von jeder Art Klang in uns auf. Sir Peter Guy Manners, ein englischer Osteopath, hat auf dem Gebiet geforscht und herausgefunden (36), dass wir mit Hilfe von Klangwellen ein nahezu ideales metabolisches Stadium in Zellen und Organen erschaffen können. Das Universum will immer eine Harmonie herstellen (37). Unser System ist da nicht anders. Wir gehen mit allem in Resonanz. Energie fließt, von uns zu unserer Umgebung und von unserer Umgebung zurück zu uns. Hier ein paar Ideen, um die fantastische Wirkung von Klang für die eigene Energie zu nutzen:

Summen Wenn wir summen, entsteht in unserem Körper eine besonders im Gaumen spürbare Vibration. Probiere es einmal aus und summe für eine Minute. Spürst du die Energie an deinen Lippen und im Mund? Schließe die Augen und spür in dich hinein, bis wohin du diese Vibration in deinem Körper verfolgen kannst. Dann schließe die Augen und summe weiter. Nun solltest du den beruhigenden Effekt des Summens noch besser wahrnehmen können. Verschließe dann die Ohren und spüre erneut. Im Yoga wird diese uralte Technik Brahmari genannt, der Bienenatem. Es gibt ein ganzes Buch über die heilsamen Phänomene des Summens (38). Solltest du dich angespannt fühlen, summe!

Klangschalen Anfang dieses Jahres habe ich das erste Klangbad erlebt, und es fühlte sich an, als würde mein ganzer Körper vibrieren. Noch Stunden später schwebte ich wie auf Wolken. Mittlerweile besitze ich selbst wunderbare Kristallklangschalen und gebe Klangbäder. Die Klangwellen dieser speziellen Bowls wirken beruhigend auf das menschliche Gehirn. Studien belegen ihren Einfluss auf unsere Gehirnwellen. So können Menschen, die nur schwer ein meditatives Stadium erreichen, tiefe Entspannung ohne Anstrengung erleben. Baden wir in einem Raum voller Klang, kann eine innere Harmonie entstehen. Wenn du kannst, besuch ein Klangbad, um dich mit guter Energie aufzuladen, oder investiere in eine Bowl.

Musik hören Nachweislich hat auch Musik, die wir im Radio hören, Einfluss auf uns. Gute-Laune-Playlisten tun gut, doch wir können sogar noch weiter gehen und die Studien zu klassischer Musik für unsere Energie nutzen. Albert Einstein (39, frei übersetzt) soll einmal gesagt haben: „Auf der Reise zu einer Entdeckung hat der Intellekt nur wenig zu tun. Es gibt einen Sprung im Bewusstsein, nenn es Intuition oder wie auch immer du willst, und die Lösung kommt zu dir, du weißt nicht woher oder warum." Diese Verbindung zu unserer Intuition können wir stärken, indem wir bewusst Musikstücke auswählen. Mitchell L. Gaynor schlägt in seinem Buch (40) verschiedene klassische Stücke für verschiedene Energien und emotionale Stadien vor:

- Erdende Musik, um mehr bei sich selbst zu sein: Zum Beispiel Brahms: Sympony no. 4, movement II
- Musik mit Feuer, um starke Gefühle zu untersuchen: Beispielsweise Bach: Toccata und Fugue in D Minor oder Brahms Piano Concerto no. 2, Allegro non troppo
- Luftige Musik, um sich mit seiner Kreativität zu verbinden: Bach: Orchestral Suite no. 3 in D major, movement II, oder Ravel: Introductio und Allegro
- Fließende Musik, um Gefühle zu verarbeiten: Beethoven: String Quartet in C Major, op. 131, oder Debussy: Dances sacred and profane

Pausen sind essenziell

Pausen sind eine Möglichkeit, langsamer zu werden, zu regenerieren und sich wieder mit dem Herzen zu verbinden. Die meisten von uns müssen das Pausenmachen erst lernen, da uns unser Stresslevel normal vorkommt. Regelmäßige Pausen erinnern uns daran, dass wir nicht hier sind, um produktiv zu sein. Wir sind hier, um zu sein. Zudem füllt sich unser Energietank auf. Tracee Stanley zitiert in ihrem Buch (41) Matthew Walkers Geschichte zu Thomas Edison. Thomas Edison soll Erzählungen zufolge gern mit zwei Bällen in der Hand eine kurze Schlafpause auf seinem Stuhl gemacht haben. Wann immer er einschlief, fielen die Bälle auf eine Metallplatte und weckten ihn. In dem Moment soll er sofort aufgestanden sein und seine kreativen Ideen aufgeschrieben haben. Er soll diese Momente kurz vor dem Einschlafen „Genius Gap", übersetzt „Genie-Lücke", genannt haben. Albert Einstein soll einmal gesagt haben, die Relativitätstheorie sei ihm in einem Traum in den Sinn gekommen. Macht unser Kopf Pause, so entsteht die Chance, unser wahres Selbst zu hören und sich mit der Weisheit des Universums zu verbinden. Wenn du eine Praxis suchst, um tiefe Entspannung zu üben, probiere Yoga Nidra aus. Diese wunderschöne und uralte Praxis bringt dich

in eine tiefe Entspannung. Ihre Wirkung ist magisch. Sie nährt Körper, Geist und Seele und den Effekt spürst du schon nach wenigen Tagen in deinem Nervensystem.
Es gibt eine Menge Möglichkeiten, unsere Energie zu nähren. Wenn wir erkannt haben, dass unsere Energie etwas ist, das wir pflegen wollen, können wir beginnen, energieschädigende Angewohnheiten schrittweise zu verändern. Wir können mit einer kleinen Sache beginnen und diese konsequent für 30–100 Tage üben. So lange braucht es, bis unser Gehirn eine neue Routine anerkennt und wir Effekte wahrnehmen können. Das Gehirn reagiert anfangs widerwillig auf Neues, weshalb wir Motivation brauchen. Sobald wir etwas regelmäßig tun, erkennt unser Unterbewusstsein jedoch, dass die neue Angewohnheit nicht gefährlich ist, und integriert diese. Irgendwann sind die neuen Abläufe dann ebenfalls automatisiert. Ich habe mir beispielsweise angewöhnt, tagsüber fast nur noch lauwarmes Wasser zu trinken. Anfangs war das ungewohnt und merkwürdig. Doch schon nach wenigen Tagen hatte ich mich sehr an den reinigenden und beruhigenden Effekt dieser „Trinkkur" gewöhnt. Heute reise ich nicht mehr ohne meine Thermostasse. Alles ist eine Sache der Gewohnheit. Wir müssen einfach nur nach und nach neue, gute Gewohnheiten etablieren. Der größte Fehler, den wir dabei machen können, ist, uns zu viel auf einmal zuzumuten. Das überfordert unser System und wir fallen schnell zu unseren alten Routinen zurück. Daher: Eins nach dem anderen. Nimm dir Zeit, deine Tage auf gute Energie auszurichten. Sie ist der Rückenwind, für den du selbst sorgen kannst.

Wenn die Energie am Boden ist

Da Energie alles, was wir tun und kreieren, beeinflusst, ist es essenziell, einen der wichtigsten

Es ist normal, sich auch mal schlecht zu fühlen.

Grundsätze für Spiritual Leadership zu beherzigen: Energie vor Aktion. Unser Verstand will, dass wir in Aktion gehen, um unsere Energie zu verbessern. Allerdings ist die Aktion meist der Versuch, außerhalb von uns einen positiven Energieschub zu erzwingen. Wir wünschen uns vielleicht, dass uns jemand lobt, oder trinken ein Glas Wein, um in bessere Stimmung zu kommen. Das alles maskiert nur die negative Energie. Es ist, als würden wir Taschentücher auf einen Haufen Mist legen. Es bleibt Mist unter dem Taschentuch, auch wenn wir ihn gerade nicht sehen.

> ***Spiritual-Leadership-Regel Nr. 14:***
> *Energie vor Aktion. Sobald du bemerkst, dass deine Energie am Boden ist: Lass alles stehen und liegen und kümmere dich um sie.*

Um Probleme zu lösen, brauchen wir eine andere Energie als die des Problems. Darum ist Energie-

Selbstfürsorge ist eine aktive Handlung, eine Entscheidung für dich und deine Energie.

arbeit anders. Wann immer wir bemerken, dass unsere Energie in einem Tief ist, sind wir die Ursache. Es ist nicht die Aufgabe unseres Umfelds, uns aufzubauen. Wir können das selbst.

ENERGIEN LOSLASSEN LERNEN

In unserem System lagern eine Menge alter Gefühle und Erinnerungen samt ihrem energetischen Abdruck. Um in höchster Frequenz leben zu können, müssen wir lernen, diese Abdrücke nach und nach loszulassen. Besonders alte Gefühle aus unserer Kindheit, heruntergeschluckte Tränen, Wut, Ohnmacht oder Angst, können einen langfristigen Einfluss auf unser Energiefeld und damit auf unser ganzes Leben nehmen. Was wir nicht sofort loslassen, bleibt in uns. Eckhart Tolle (25) hat einmal von Enten erzählt: Wenn zwei Enten sich auf dem See streiten, machen sie ein Riesentheater. Trennen die beiden sich, schütteln sie sich kurz und kräftig und schwimmen dann weiter, als wäre nichts gewesen. Das Schütteln ist ein energetisches Loslassen. Wir Menschen tendieren dazu, negative Gefühle lange mit uns herumzuschleppen. Wir unterdrücken unser natürliches Bedürfnis, etwas loszulassen, und reißen uns zusammen. So speichern wir allerhand Energien in uns. Befreiung braucht ein Ventil. Jede Träne will geweint werden, unsere Wut will sich gesund kanalisieren. Ich liebe es beispielsweise, Sofakissen zu werfen, wenn ich richtig wütend bin. Oder mich wie wild zu schütteln, bis die Anspannung verschwunden ist. Mit einer Coachingklientin habe ich einmal abgesprochen, dass sie, wann immer sie sich wie eine Märtyrerin für ihre Familie aufopfern will, sich selbst auf die Schippe nimmt und in eine Superman-ähnliche Pose wechselt. Märtyrerenergie tut unserer Frequenz ebenfalls nicht gut. Ab jetzt reißt sie, sobald sie sich dabei ertappt, in diese Energie zu wechseln, den Arm hoch und tut so, als ob sie wegfliegen würde. Ich bin mir nicht mehr sicher, welchen Satz wir dazu ausgesucht haben. Ich glaube jedoch, sie ruft so etwas wie: „Ich rette alle." Wichtig ist, dass sie lachen muss. Lachen ist ein großartiges Ventil! Gähnen übrigens auch. Unser Körper hat eine Menge natürliche Ventile, wir müssen uns lediglich daran erinnern, sie regelmäßig zu nutzen.

Energetische Reinigung über den Atem

Seit fast einem Jahr mache ich fast jeden Morgen die gleiche Atemübung von David Elliot (42), um den Abdruck alter Emotionen aus meinem Körper zu entfernen. Ich atme und weine, manchmal muss ich meine Beine bewegen oder mir eine Hand auf mein Herz legen. Meist kommen bei mir Tränen. Ich denke, das liegt daran, dass ich durch die Krankheit und den Tod meiner Mutter viel Trauer erfahren habe. Es tut gut, sie loszulassen, die Tränen zu weinen. Anfangs dachte ich: „Das muss doch jetzt bald aufhören", doch es geht seit Monaten so weiter. Ich merke jedoch, wie etwas in mir leichter wird und mein Herz sich weiter öffnet. Was jede Träne wert ist. Solltest du einmal keine Zeit haben, eine lange Atemübung zu machen, ist Stöhnen und Seufzen heilsam. Wann immer du Anstrengung spürst, atme tief durch die Nase ein und dann mit einem Laut aus. Trau dich, richtig tief auszuatmen und durchaus lauter zu werden.

Energie verändern mit ätherischen Ölen

Während meiner Arbeit mit ätherischen Ölen habe ich ein Öl-Protokoll entwickelt, was vielen meiner Kunden und mir selbst sehr gutgetan hat. Hierzu brauchst du die beiden Öle Thymian und Majoran. Thymian ist ein sehr stark reinigendes Öl. Es fühlt sich für mich so an, als würde es die Ursachen unserer negativen Spiralen mit der Wurzel herausziehen. Es hilft, alte stagnierende Gefühle zu erkennen und loszulassen. Majoran hilft dabei, neues Vertrauen zu finden und alte Situationen, in denen uns wehgetan wurde, zu verarbeiten. Das Schöne an der Arbeit mit Ölen ist: Man trägt sie auf, und die Energie der Pflanze arbeitet mit unserer Energie. Wir selbst müssen nur daran denken, es zu benutzen. Führe das Protokoll einmal täglich durch und fertige dir dafür einen Roller an. Ein selbstgemachter 10-ml-Roller enthält ein Trägeröl wie Jojoba-, Mandel-, Sesam- oder fraktioniertes Kokosnussöl und jeweils 2 Tropfen Thymian und Majoran. Du kannst die Anzahl der Tropfen erhöhen, wenn es dir notwendig erscheint (bis auf 5 Tropfen von jedem). Warte allerdings erst einmal ein paar Tage ab. Für das Protokoll trägst du das Öl mit dem Roller auf die Handinnenflächen auf und atmest es ein paar Mal ein. Denke an deine Intention, alles loszulassen, was dich beschwert. Dann klopfe es mit der flachen Hand auf der Innenseite deiner Arme, beginnend beim Daumen, bis zur Armbeuge ein. Klopfe danach den Oberkörper von oben bis nach unten und vergiss auch den seitlichen Rippenbogen und deine Nierengegend nicht. Danach atme das Öl erneut kurz ein. Halte dich für 30–50 Tage an dieses Protokoll. Bis zu dem Moment, an dem dein Ölroller irgendwie anders riecht und du dich beim Auftragen auch anders fühlst. Bei den meisten ist das sehr deutlich spürbar. Es kann sein, dass während des Protokolls alte Gefühle hochkommen, du wild träumst oder emotionaler bist. Das ist nicht schlimm. Lass raus, was rausmuss. Befrei dich!

Vergebung praktizieren

Unsere beste Energie entsteht, wenn wir uns ganz auf das Hier und Jetzt konzentrieren. Alter Groll, Traurigkeit und Ärger sind häufig mit ei-

WIE JÖRG AUF SEINE ENERGIE ACHTET

Jörg ist der beste Beweis, dass der Spiritual-Leadership-Leitsatz „Energie vor Aktion" goldrichtig ist. Beruflich beschäftigt sich Jörg im Themenfeld MODERN.WORK.SPACES, New Work – Architektur & Design und mit neuen Anforderungen der Arbeitswelt. Er bringt in seiner Agentur Menschen und Möbel zusammen. Er kreiert schöne, funktionale Räume. Jörg ist ein Spiritual Leader, weil er seine Umgebung und seinen Lebensrhythmus so gestaltet, dass er die beste Energie hat. Hier ist seine Geschichte in Worten:

Jörg, du bist einer der wenigen Selbstständigen, die ich kenne und die bewusst Räume für Entspannung und Kreativität und Highlights in ihren Alltag einbauen. Erzähl mal: War das schon immer so?
Nein, das war nicht immer so. In jüngeren Jahren waren 50- bis 60-Stunden-Wochen, Flughäfen, viele Autobahnkilometer und ein permanentes Rennen an der Tagesordnung. Inklusive Ausgleich durch Konsum. All das war sowohl verbunden mit Schritten auf der Karriereleiter als auch mit Scheitern im Beruflichen und Privaten. Heute arbeite ich manchmal gerne 10 bis 12 Stunden am Tag, jedoch durch die digitalen Möglichkeiten und neuen Arbeitskulturen wie Remote Work an Orten wie hier im DesignHotel 25 H/Köln oder in einer Cabin im Wald am Rande eines Schlossparks, anderthalb Stunden westlich von Berlin. Ich bin mir bewusst, dass dies ein Privileg ist. Gleichzeitig glaube ich fest daran, dass wir die Arbeit neu erfinden und leben werden. Es geht hin zu mehr Sinnarbeit und weg von alten Konzepten wie dem von Winslow Taylor, hin zu Vertrauen, Kreativität und Inspiration.

Bleiben wir einen Moment beim Umfeld. Ich weiß, dass du Wert legst auf schöne Umgebungen, auf neue Impulse und Eindrücke. Was (er)schafft eine schöne Umgebung für uns?
Schöne Umgebungen haben wir uns zu Hause geschaffen, zum Beispiel die Küche, einer meiner Lieblingsplätze bei Freunden und auch immer mehr in Unternehmen. Küchen werden zu Meeting-Plätzen und

in frühere Kantinen ziehen Kulturen wie das skandinavische „FIKA“ ein, in denen frisch (auch gemeinsam) und grün gekocht wird. Meine Themen sind Leadership und New Work, vor allem in Verwaltungs- und Dienstleistungsunternehmen. Die alte Idee vom „Büro“ – als Aufbewahrungsanstalt für Mitarbeiter, um zu kontrollieren, ob sie arbeiten – steht für starres Arbeitszeitregime und, stark überzeichnet, Kantinen mit Currywurst und Pommes. Ich glaube, die Stellung der Erwerbsarbeit im Leben sollte zur Disposition stehen: Für viele Menschen bedeutet „New Work“, dass sie weniger Zeit mit Arbeit verbringen könnten. Ich wünsche mir und arbeite für mehr Sinn-Arbeit und eine Work-Life-Blending anstelle der Work-Life-Balance, übrigens ein Modell aus der Boomer-Generation der 60er- und 70er-Jahre. Für Unternehmen, die ihre Mitarbeiter für die Resultate ihrer Arbeit bezahlen, in schönen Umgebungen, CoWorking-Spaces, im Park, im Café oder im Homeoffice, und nicht für abgesessene 40 Stunden pro Woche im Großraumbüro.

Energie vor Aktion – was bedeutet das ganz konkret für dich im Alltag?
Das war ein Gamechanger! Ich „checke“ morgens erst bei mir und danach erst in der Welt ein. Meditation, Yoga, eine kalte Dusche und guten Espresso und dann der Alltag mit Handy, Mails etc. Auch das Prüfen von Aktionen und Reaktionen in Arbeits- und privaten Situationen sollte in guter Energie passieren. Einfach tief atmen. Es ist irre, was atmen (aus)lösen kann.

Hast du einen Tipp für alle, die das Gefühl haben, sich für so was keine Zeit nehmen zu dürfen oder zu können?
Hier laufen meist die eigenen „Waschprogramme“, bestehend aus „Das darf ich nicht“ und Angst & Co, von denen du in deinem ersten Buch geschrieben hast. Warum sollte man sich keine Zeit nehmen dürfen? Oder vor etwas Angst haben, das man selbst gestalten kann? Man sollte viel aus der Intuition handeln, sich neu (er)finden. Mein Tipp: Wenn die Zukunft uns nicht überraschen soll, überraschen wir eben die Zukunft.

Ein weiteres Motto von dir ist „Weniger tun, mehr erreichen“ – auch das ist ein energetisches Prinzip. Erzähl mal, was es damit für dich auf sich hat.
Ja! Hier knüpfen universelle, energetische Gesetzmäßigkeiten an, die ich lernen und erfahren durfte. Heute beobachte ich erstmal, checke bei mir und der Welt jeden Morgen neu ein und vertraue. Ich gestalte die Architektur des Tages mit der Energie der Wertschätzung für mich und meine täglichen Begegnungen mit Menschen. Ich versuche, den Moment bewusst zu leben.

Jörg ist mit seiner Agentur js.agentur I lab.3 in ganz Deutschland unterwegs. Wer Lust auf Inspiration hat, findet ihn auf Instagram unter **@js.agentur** und **js_agentur.**

ÜBUNG 24: VERGEBUNG PRAKTIZIEREN

Um der Energie von unbewusster und bewusster Schuld auf die Schliche zu kommen, frag dich:

- Wo im Leben denke ich, hätte ich anders sein/reagieren/handeln müssen?

- Wo im Leben denke ich, jemand anders hätte anders sein/reagieren/handeln müssen?

- Womit hadere ich noch heute?

- Wem gebe ich Schuld für etwas in meinem Leben/bei mir?

- Wie wäre ich stattdessen?

- Wie wäre mein Leben stattdessen?

Lies dir deine Antworten durch und schau dir die Logik an, die dein Kopf fabriziert hat. Atme tief durch. Sieh die beteiligten Personen und dich selbst vor deinem inneren Auge. Sage laut:

„Ich weiß, wir konnten nicht anders. Wir wussten es nicht besser. Ich vergebe dir und mir für alles, was geschehen ist. Ich löse heute alle noch geknüpften Bande zu dieser Situation. Alle alte Energie verlässt mich. Alles, was zu mir gehört, rufe ich zurück. Ich lasse all das hinter mir. Ich bin frei." Dann atme tief. Wenn du magst, kannst du deine Energie reinigen. Ein paar Vorschläge folgen auf den nächsten Seiten.

nem Konstrukt von Schuld belegt. Um sie loslassen zu können, brauchen wir Vergebung. Vergebung bedeutet, die Vergangenheit so zu akzeptieren, wie sie war. Was nicht heißt, dass wir selbst oder andere alles richtig gemacht haben. Jedoch ändert sich nichts an unserer Vergangenheit, wenn wir unser Leben lang mit ihr hadern. Für uns ist es wichtig, den Opferzustand loszulassen und zu erkennen, dass alle Menschen um uns und auch wir selbst immer ihr Bestes versuchen. Jeder, der andere verletzt, wurde selbst einmal verletzt. Das macht es nicht richtig, doch es hilft uns weiterzugehen.
Vergebung bedeutet nicht, dass der Schmerz nicht real war oder der Fehler nicht Folgen hatte. Es bedeutet, dass wir erkennen, dass dies alles heute irrelevant ist. Loslassen befreit uns. Das Universum macht keine Fehler und alles dient einem größeren Plan. Auch wenn uns nicht klar ist, was oder wie dieser aussieht. Vergeben ist wichtig, um den eigenen Weg zu gehen.

Energie reinigen

Du kannst einfache Dinge tun, um diesen Energieraum zu reinigen, solltest du die Energie anderer aufgenommen haben oder dich selbst durch Gedanken oder Handlungen aus der besten Energie geholt haben. Ich will die einfachsten und mir liebsten Techniken mit dir teilen:

Reinigung mit Wasser Das Ritual des Händewaschens ist eine gute Energiereinigung. Wenn du mehr tun willst, nimm ein Bad in Basensalz (die Temperatur sollte um die 38 Grad liegen). Basensalze reinigen unseren Körper, sorgen für eine milde Entgiftung und sind ein toller Reset für unseren Energiekörper.

Klangreinigung Du kannst deine Energie mit Klang reinigen. Schrei die Anspannung heraus, spiel eine Bowl oder summe. All das wirkt ausgleichend und harmonisierend auf körperlicher, emotionaler, geistiger und spiritueller Ebene. Setz dich einfach hin und summe für einige Minuten oder spiele eine oder mehrere Bowls. Schließ dabei die Augen.

Reinigung mit Ölen Ätherische Öle helfen uns, unser Feld von unerwünschten Einflüssen zu reinigen. Ich nutze gern Öle wie Schwarzfichte, Zitronengras, Wacholderbeere oder Teebaumöl, um mich zu reinigen. Du kannst einfach einen Tropfen eines der Öle in deine Handflächen geben und verreiben und den Duft für 1–2 Minuten einatmen. Ich kann dabei förmlich spüren, wie alles Mögliche von mir abfällt. So wirkungsvoll! Wedele danach das Öl in dein Energiefeld.

Reinigung mit Bewegung Ein Spaziergang in der Natur, Gartenarbeit, ein Tanz durch die Wohnung, einige Minuten auf dem Trampolin, eine Minute kräftiges Schütteln – es gibt eine Menge Möglichkeiten, die eigene Energie durch Bewegung zu verändern und zu reinigen. Wichtig ist: Habe die Intention, dich zu reinigen, und sorge dafür, dass du wirklich in der Bewegung aufgehst. Denke nicht weiter nach, was auch immer gerade los ist in deinem Leben, sondern konzentriere dich auf das Tun deines Körpers. Wirf die Couchkissen, weine die Tränen. Als ich noch angestellt war, habe ich mich in manchen Meetings kurz entschuldigt, nur um auf der Toilette meinen Körper zu schütteln und die Anspannung loszulassen. Es hat mir immens geholfen, in wichtigen Diskussionen entspannt und zuversichtlich zu bleiben und ohne aufgestaute Anspannung und Ärger nach Hause zu kommen

Reinigung mit Rauch Salbei ist ein wunderbares Kraut, das getrocknet gut für das Räuchern von negativen störenden Energien verwendet werden kann. Du kannst Büschel davon handlich zusammengebunden für diesen Zweck kaufen und anzünden. Achte darauf, dass das Büschel nur ein wenig brennt und du dann die Flamme auspustest und den Rauch um dich herum oder in einem Zimmer, das Reinigung braucht, verteilst. Ich gehe mehrmals im Jahr durch unsere ganze Wohnung, räuchere und lüfte danach gut durch. Sehr befreiend!

Tapping Wenn ich merke, dass mein Kopf längst eingebunden in negative Energien ist, hilft mir das in Kapitel 4 erklärte Tapping sehr. Du kannst es jederzeit nutzen, um dich schnell auf andere Gedanken zu bringen oder dich zu reinigen. Beides wirkt! Für ein Tapping zur Reinigung setze die Intention, dass dieses Tapping dich von den dazugehörenden Energien der jeweiligen Wahrnehmungen und Glaubenssätze befreit, und dann leg los.

Abgrenzung lernen

Wir tauschen ständig Energien aus. Wir atmen ein, atmen aus, gehen an Menschen vorbei. Vieles nehmen wir unbewusst auf und wundern uns, wenn wir plötzlich anders gelaunt sind. Dass wir einen energetischen Abdruck von Orten, Menschen oder Ereignissen in unserem Körper haben, kam zumindest mir lange nicht in den Sinn. Wann immer du dich anders fühlst als sonst oder das Gefühl hast, etwas „mitgeschleppt" zu haben, reinige deine Energie mit den oben genannten Methoden. Um präventiv besser abgegrenzt zu sein, probiere dies:

Lichtschutz: Bevor du unter Leute gehst, visualisiere einen Moment deinen Lichtkörper. Stell dir vor, dass dein Licht dich schützt und eine kleine

Energie zu reinigen ist einfach. Die Herausforderung ist, im Alltag daran zu denken.

Membran bildet. Alles, was von außen kommt, kann nicht eindringen, sondern wird von deinem Licht zurückreflektiert.
Schützende Öle: Nelke oder eine schützende, Nelke enthaltende Mischung zu nutzen, hilft. Nelke ist das Öl der Abgrenzung. Du kannst einen Tropfen mit etwas Trägeröl unter die Fußsohlen, auf den Herzraum und auf die Kopfeskrone geben. Atme danach noch 1–2 Minuten lang das Öl ein und übe die Lichtkörperübung.
Wenn du unterwegs bist, tauche immer mal wieder in dein Energiefeld ein. Visualisiere es, atme in deine Mitte, halte zarten Kontakt mit deinem Innersten, um gut abgegrenzt zu sein.

DER SCHNELLSTE WEG, DEINE ENERGIE ZU ZERSTÖREN

Es gibt ein paar Dinge, die wir einfach vermeiden sollten, und das bedeutet, noch bewusster zu werden und ans Steuer zu gehen. Wir haben Angewohnheiten, die unserer Energie überhaupt nicht guttun. Du kannst noch so viel räuchern, Öle auftragen und summen, wenn du dir diese drei Energiediebe nicht abgewöhnst, wird es schwer mit der höchsten Frequenz.

Hör auf zu rennen

Hektik und Eile sind die Top-Energiekiller, und dennoch scheint es bisweilen schick, wenn wir betonen, wie wenig Zeit wir haben. Welche Auswirkungen Hektik jedoch wirklich auf uns hat, erklären Philip Zimbardo und John Boyd (43). Sie zitieren die Studie von John Darley und Dan Batson, in der die Auswirkungen von Zeitknappheit auf unser Verhalten untersucht wurde. In der Studie sollten angehende Theologen einen Vortrag über das Leben eines barmherzigen Samariters halten. Wie in wissenschaftlichen Studien üblich, wurden die Teilnehmer per Zufallsprinzip zwei Gruppen zugeteilt, die sich nur durch Zeitknappheit unterschied. Während eine Gruppe noch ausreichend Zeit hatte, sagte man der anderen Gruppe, sie sei zu spät dran und man warte schon auf ihren Vortrag. Alle Studenten trafen auf dem Weg zum Seminarraum eine offensichtlich hilfebedürftige Person und waren mit der Frage konfrontiert: Helfe ich oder spreche ich pünktlich darüber, wie wichtig Hilfe ist? Die Ergebnisse waren eindeutig. Während die Gruppe, die davon ausging, pünktlich erscheinen zu können, mehrheitlich der Person half und so ihren Werten gemäß handelte, gingen 90 % der Gruppe mit Zeitknappheit an dem hilfebedürftigen Menschen vorbei, um noch rechtzeitig zum Vortrag zu kommen. Sie gaben im Abschlussgespräch an, die Person gesehen zu haben, dennoch handelten sie entgegen ihren Werten und ihrer Ausrichtung. Deshalb gilt: Hektik macht asozial. Beobachte es selbst! Ich muss nur daran zurückdenken, wie oft ich meine Kinder morgens angemault habe, nur um pünktlich irgendwo auftauchen zu können. Au weia.

Gib Multitasking auf

Achtsamkeit ist in, dennoch versuchen wir zu telefonieren und räumen gleichzeitig die Spülmaschine ein, oder wir sprechen mit jemandem und schauen währenddessen auf unser Handy. Mal abgesehen davon, dass es grob unhöflich ist, unsere Aufmerksamkeit nicht voll unserem Gesprächspartner zu widmen, funktioniert es nicht. Unser Gehirn filtert die auf uns zuströmenden Eindrücke zu verarbeitbaren Häppchen. Je mehr Eindrücke, umso mehr Verluste, könnte man sagen. Zu den negativen Auswirkungen von Multitasking gehören Stress, erhöhte Fehlerwahrscheinlichkeit und längere Bearbeitungszeiten von Aufgaben. Die Folgen sind außerdem langfristig: Je mehr Multitasking wir in unserem Leben haben, umso mehr verändert sich unser

Mein Lieblingstipp: Wann immer du jammern oder schimpfen willst, zieh dich zurück und schüttel dich.

Gehirn. Statt der verstreuten Aufmerksamkeit brauchen wir konzentrierten Fokus. Das ist deutlich erfolgversprechender und natürlicher. Da wir uns jedoch an den Lärm in unserem Leben gewöhnt haben, müssen wir auch das üben.

Hör auf zu jammern

Jammern, meckern, uns beschweren bringt uns nichts und dennoch tun wir es. Es stellt eine Angewohnheit mit anderen her, quasi als der kleinste gemeinsame Nenner. Leider ist die Frequenz unserer Energie, wenn wir jammern und uns beschweren, nicht sehr hoch. Die Angewohnheit klaut uns Freude. Dabei ist es so simpel: Wenn uns etwas nicht gefällt, können wir etwas daran ändern – oder uns damit abfinden lernen. Ich liebe hierzu das Modell des Interessen- und Einflussbereichs von Stephen R. Covey (44), um aus dem Jammertal herauszukommen und wieder Gestalterin im Leben zu werden.

Die Energie, mit der du durch deine Tage gehst, ist die natürliche Folge von deinem Vertrauen oder deiner Angst, deiner Bewusstheit oder deiner Automatismen. Wachstum und den richtigen Weg können wir erfühlen. Natürlich fordert uns Neues heraus, jedoch fühlt sich selbst das Verlassen unserer Komfortzone aus den richtigen Gründen tief in uns nach Expansion an. Also frag dich immer wieder: Kreiere ich gute Energie? Wachse ich? Solltest du nach diesem Kapitel das Gefühl haben, immer empfindlicher zu werden, entspann dich. Das ist nicht der Fall. Du wirst feiner und fühlst mehr, das bedeutet, du findest mehr und mehr zum Einklang mit deinem wahren Selbst. Damit du für all das genügend Raum hast und deiner Mission auch folgen kannst, kümmern wir uns nun um klare Planung und Priorisierung. Deine Zeit und Aufmerksamkeit sind wertvoll, du willst weise abwägen, wo du sie investierst.

ÜBUNG 25: RAUS AUS DEM JAMMERTAL

Schreibe für diese Übung alles, was dir in deinem Leben gerade nicht gefällt, auf. Kleinigkeiten und große Ärgernisse, das, worüber du gern jammerst. Liste auf.

Meine Jammerliste

____

____

____

____

Für den nächsten Schritt wirst du deine Punkte zwei Spalten zuordnen: dem Einflussbereich und dem Interessenbereich. Unter die Überschrift Interessenbereich notiere alles, worauf du keinen Einfluss hast. Welche Rahmenfaktoren gibt es, die du nicht verändern kannst? Das Wetter gehört beispielsweise zum Interessenbereich. Unter die Überschrift Einflussbereich notiere alles, auf das du selbst Einfluss nehmen kannst. Bei schlechtem Wetter kannst du beispielsweise dafür sorgen, angemessen gekleidet zu sein.

Interessenbereich	**Einflussbereich**
____________________	____________________
____________________	____________________
____________________	____________________

Atme durch. Stephen R. Corvey rät, sich auf den Einflussbereich zu konzentrieren und diesen zu erweitern. Wenn uns beispielsweise das Wetter jeden Tag unglücklich macht, sollten wir über einen Umzug nachdenken, statt unser Leben mit Jammern zu verbringen.

Die beste Architektur für deine Tage

Ein Garten gedeiht, wenn er gepflegt wird, und das braucht Zeit. Jemand muss Unkraut auszupfen und so Platz für das schaffen, was blühen soll. Ob unser persönlicher Garten erblüht, hängt davon ab, ob wir es schaffen, Zeit für das Wesentliche zu finden. Pflanzen oder ätherische Öle für Fokus und Klarheit sind: Zitrone (Fokus), Rosmarin (Weisheit), Vetiver (Erdung), Pfefferminz (Leichtigkeit), Kurkuma (Regeneration).

DEINE ZEIT IST WERTVOLL

Spiritual Leadership bedeutet zu erkennen, dass Stress eine Angewohnheit ist, die uns vom besten Leben abhält. Beginnen wir jeden Tag als Kunstwerk zu sehen, das wir selbst gestalten, verändert sich alles. Wir können Planung und Freiraum leben. Es sind keine Gegensätze, das eine ermöglicht vielmehr das andere. Es bedeutet, mit freundlicher Disziplin für eine wunderschöne, tragkräftige Tagesarchitektur zu sorgen, die zulässt, dass wir in bester Energie unserer Mission folgen.

Ich habe schon sehr oft meine Mission im Alltag wieder verloren. Die Angst, nicht gut genug sein zu können, führte immer wieder zu unbewussten Versagensängsten. Um die aufkeimende Unruhe in Schach zu halten, begann ich jedes Mal, mehr zu tun. Ich versuchte, schneller zu arbeiten, weniger Pausen zu machen, und verlor meine Energie völlig aus den Augen. Das war in meinem Studium so und in meinen ersten Jobs ebenfalls. Erst als ich etwas über Zeitmanagement lernte, begann ich nüchtern zu analysieren, wie ich arbeitete und wo meine Zeit verschwand. Ich bemerkte, dass ich auf Kleinigkeiten versuchte, sofort zu reagieren, oder mich selbst in meinem Tagesverlauf sabotierte. Ich erkannte, wie ich mich unter Druck setzte, indem ich versuchte, besonders gut zu sein. Im Stress begann ich mich jedes Mal über vermeintliche „Störungen" von Kundinnen oder Kollegen zu ärgern, dabei wollte ich doch gerade für diese Menschen da sein. Es war verrückt. Meine vollen Tage ließen mich rennen und ich leistete nie wirklich entspannte Arbeit. Vor allem jedoch war ich nicht glücklich. Klassische Planungs- und Organisationstechniken halfen mir schließlich, eine Tagesstruktur zu finden, die genug Raum für Freude und Spaß lässt. Auf den nächsten Seiten werde ich dir meine Lieblingstechniken vorstellen. Du kannst sie überall anwenden. Egal ob du wie ich selbstständig arbeitest, angestellt bist oder deine Familie managst – gute Techniken helfen dir, den Überblick zu behalten, und lassen dich agieren statt reagieren.

Sicher hast du schon einiges über Stress gelesen. Doch um die Programme besser zu verstehen, müssen wir noch einmal kurz detailliert hinschauen. Es ist wichtig zu verstehen, dass Stress ein automatisches Programm in uns ist, das unser Leben erhalten soll. „Wir stammen von Vorfahren ab, die weggelaufen sind, als der Tiger kam", wird der Gehirnforscher Manfred Spitzer in dem Buch Work-Health-Balance (45) zitiert. „Jene, die mutig stehengeblieben sind, haben sich dann nicht vermehrt!" Wir sind also hier, weil unsere Vorfahren nicht gedacht haben, sondern schnell gerannt sind. Der Automatismus hat früher Leben gerettet. Leider rennen wir auch heute viel zu oft. Wir laufen nicht mehr vor

ÜBUNG 26: WAS MACHT MIR STRESS?

Halte einmal kurz inne und schaue auf den Stress, den Druck, die Anspannung in deinem Leben. Nimm dir hierfür einen Augenblick der Ruhe, atme tief. Selbst wenn Stress gerade gar nicht dein Thema ist, lass diese Übung nicht aus. Die Anspannung im Leben kann immer weiter sinken, egal wie relaxt du schon bist.

Auf einer Skala von 0 (= total entspannt, super relaxt) bis 10 (= ständige Anspannung, sehr gestresst), wo findest du dich wieder?

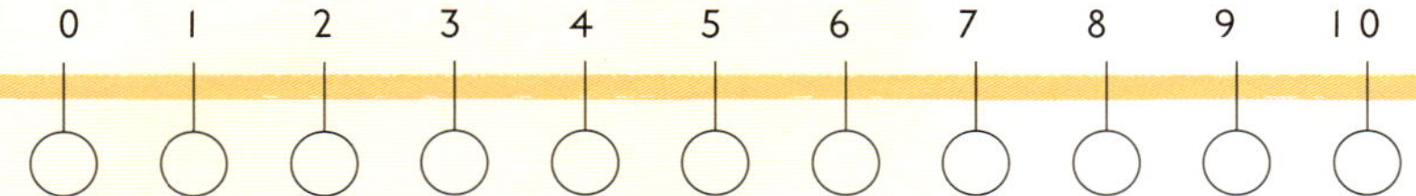

Was müsste sich ändern, um auf der Skala noch einen Schritt weiter Richtung 0 zu rutschen?

___

Alle außer 10: Was ist schon gut, so dass die Zahl nicht noch höher ausgefallen ist?

___

Beende die kommenden Sätze intuitiv. Um dich ein wenig einzustimmen, denke vorher an ein paar Szenen aus den letzten Tagen oder Wochen, in denen du dich gestresst und gehetzt gefühlt hast. Stell dir diese Momente bildlich vor, dann erst beginn zu antworten.

- Ich bin im Stress, wenn ...

___

- So verstärke ich meinen Stress innerlich/so mache ich mir selbst Druck:

___

- So fühle ich mich, wenn ich gestresst bin:

___

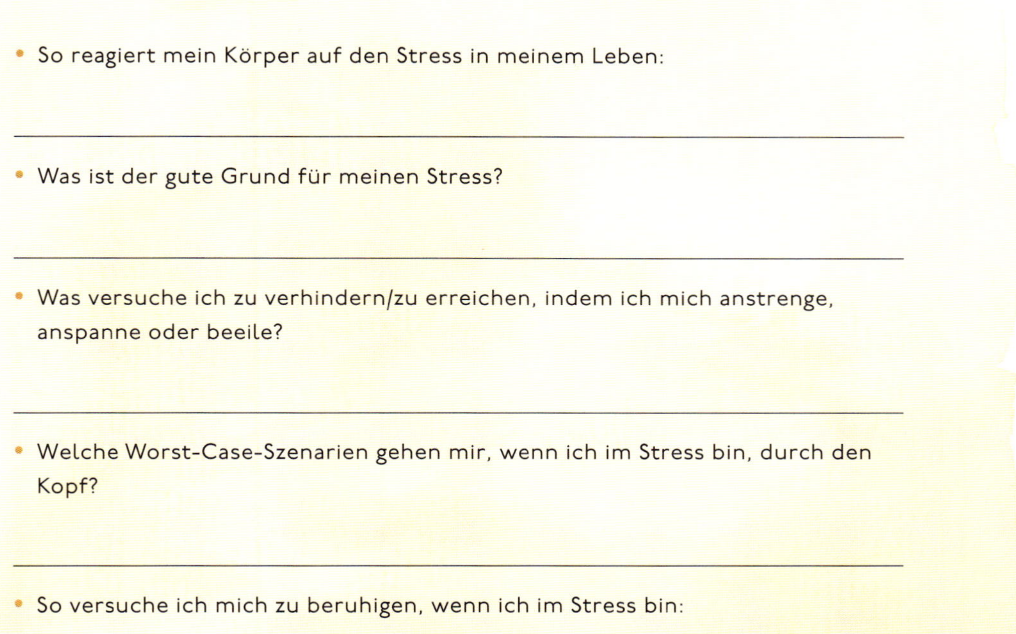

Säbelzahntigern oder Bären weg, sondern vor dem, was unser Unterbewusstsein als Gefahr wahrnimmt.

Deinen Stress hast du dir gerade in Übung 26 angeschaut. Deine Tiger und Bären sind nun sichtbar. Es ist schwer zu glauben, aber dein Unterbewusstsein entdeckt potenzielle Gefahren in den Situationen deines Alltags, in denen du Stress fühlst. Gleichzeitig hast du aufgeschrieben, wie du innerlich den Druck erhöhst. Wir alle haben neben unserer Gefahrendatenbank noch jede Menge innere Antreiber, die uns zu Höchstleistungen, Selbstausbeutung und mehr anfeuern. Was auch immer es ist: Gut, dass es nun dort steht. Sobald uns etwas bewusst wird, beginnt schon die Veränderung. Auch die Folgen von Stress auf dein Wohlbefinden kennst du schon. Vielleicht fühlst du, wie deine Schultern sich verspannen oder dein Magen krampft? Die eigenen körperlichen Stresssymptome gut zu kennen ist wichtig, um den Teufelskreis aus Triggern, inneren Verstärkern und körperlichen Beschwerden zu verstehen und zu durchbrechen.

Die Dosis macht das Gift

Das System in unserem Körper, das so blitzschnell auf Gefahren mit einer Stressreaktion reagiert, ist unser limbisches System. Der Ablauf ist bei uns allen gleich, nur die Spätfolgen von Stress zeigen sich unterschiedlich. Es läuft so: Sobald unsere unbewusste Gefahrendatenbank eine Bedrohung erkennt, reagiert es reflexartig. Dies passiert, lange bevor unser Verstand die Situation erfassen kann. In unserem vegetativen Nervensystem gibt es zwei Gegenspieler: Sympathikus und Parasympathikus. Der Sympathikus ist für die rasante Umstellung unseres Körpers auf Kampf oder Flucht zuständig. Unsere Pupillen weiten sich, die Nebennieren produzieren Stresshormone wie Adrenalin oder Kortisol, die Gefäße im Oberkörper ziehen sich zusammen. Muskeln und Atmung werden so schnell leistungsfähiger und unsere Atmung wird flacher, so dass wir im Zweifel wegrennen könnten. Das Herz pumpt mehr Blut, was die Muskeln besser versorgt, die sich nun bewegen wollen. Außerdem zieht sich das Blut von der Hautoberfläche in die Mitte des Körpers zurück, so dass unser Körper vor drohenden Verletzungen besser geschützt ist. Verdauung und Gedankenstrom werden eingeschränkt. Körperlich wird uns warm, wir schwitzen, während die Füße oder Hände kalt bleiben. Damit unsere Muskeln gut versorgt sind, setzt die Leber Zuckerreserven frei. Der ganze Spuk dauert ca. eine halbe Stunde, dann reagiert der Parasympathikus, der unseren Körper in die nun verdiente Regeneration führt. Dieses System funktioniert einwandfrei, es sei denn, wir geraten unter Dauerstress. Dann feuert der Sympathikus weiter, wir lechzen nach Regeneration und können so erschöpft, unglücklich und krank werden.

Meinen ersten persönlichen Weckruf hörte ich mit Mitte dreißig. Damals versuchte ich, ein Präsenzstudium, meine Teilzeit-Führungsaufgabe und meine zwei kleinen Söhne unter einen Hut zu bekommen. Ich rannte zu Meetings und zum Kindergarten, zu Spielplatzdates und zur Uni. Irgendwann, ich schrieb gerade meine Bachelorarbeit, hatte ich nicht nur eine Beißschiene gegen das nächtliche Zähneknirschen und chronische Nackenschmerzen, sondern auch ein lautes Piepen in meinen Ohren. Als mir in der Bahn zur Uni schlecht wurde und ich zusammensackte, wusste ich, dass ich etwas ändern musste. Jedoch ist Veränderung nicht immer einfach. Stress ist nicht nur etwas, was unser Körper unbewusst startet. Gleichzeitig gewöhnen wir uns an unseren Stresslevel und daran, so viel zu schaffen und dafür gelobt zu werden. Wir reden uns ein, das sei normal oder, dass ein Ende absehbar sei. Stress fühlt sich für manche von uns an wie lebendig sein, und so rennen wir weiter, auch wenn der Körper lange schon „Nein" ruft.

Etwas verlernen

Veränderungen funktionieren auf verschiedene Arten. Manchmal haben wir so etwas wie eine tiefe Einsicht. In diesem Fall begreifen wir etwas, sehen einen neuen Zusammenhang, haben eine Eingebung – und alles, wirklich alles, sieht plötzlich anders aus. Etwas in uns hat die Brille, mit der wir auf unsere Welt schauen, abgelegt und gegen eine andere ersetzt. Solche Veränderungen fühlen sich nie schwer an, sie sind einfach logisch. Meist jedoch brauchen wir eine Art steten Tropfen: Wir müssen die alten Angewohnheiten, Routinen, Regeln verlernen und gegen neue, wohltuendere ersetzen. Diese Art der Veränderung fühlt sich etwas anstrengender an, da sie uns Achtsamkeit abverlangt. Es ist, wie meine Klavierlehrerin Frau Heinrich so schön sagt, als müssten wir eine Falte wieder rausbügeln. Es ist mühsamer, denn es geht nicht nur darum, etwas irgendwie zu machen, sondern gleichzeitig den Automatismus zu umgehen, es wie sonst zu tun.

TAGE WIE KUNSTWERKE

Jeder Tag liegt vor uns wie ein unbeschriebenes Blatt, bereit, gefüllt zu werden. Ob wir hektisch darauf herumkritzeln, es zerknüllen oder liebevoll Herzchen malen – es bleibt uns überlassen. Eine der Hauptursachen für Stress ist Hektik, und Hektik entsteht aus einem gefühlten Mangel an Zeit. Mich erinnert meine damalige Rennerei immer an das wunderbare Buch Momo von Michael Ende (46). Falls du das Buch nicht kennst, dann besorg es dir. Es ist ein fabelhaftes Buch auch für Erwachsene. Das kleine Mädchen Momo beobachtet in dem Buch besorgt die Veränderung der Menschen in ihrer Umgebung, als die grauen Herren die Idee vom Zeitsparen einführen: „Zwar waren die Zeit-Sparer besser gekleidet als die Leute, die in der Nähe des Amphitheaters wohnten. Sie verdienten mehr Geld und konnten auch mehr ausgeben. Aber sie hatten missmutige, müde oder verbitterte Gesichter und unfreundliche Augen." Das macht Hektik und Eile mit uns. Wir alle haben eine Sehnsucht nach Zeit. Wir wollen in ihr baden, und es wird Zeit, die eigenen Tage so aufzuräumen, dass das auch möglich wird.

Zeit für das Wesentliche

In Seminaren erzähle ich gern die bekannte Geschichte von dem Professor und seiner Vorlesung über die Zeit. Ein Professor sollte einen Vortrag über den Umgang mit der Zeit halten und stellte einen großen Glaskrug auf den Tisch vor sich. Er begann, in diesen Krug Steine zu legen, und bald war der Krug voll. Er wendete sich an sein Publikum und fragte: „Ist der Krug voll?", und alle nickten ihm zu. Er schüttelte den Kopf und holte lächelnd eine Schüssel mit kleineren Steinen hervor und schüttete diese zu den großen Steinen. Da die kleineren Steine in die Zwischenräume rutschten, passten noch einige hinein. Wieder fragte er: „Ist der Krug voll?", doch das Publikum hatte gelernt und schüttelte den Kopf. Zufrieden nickte der Professor und füllte erst ein großes Glas Sand und dann ein großes Glas Wasser in den Krug. Nun war der Krug wirklich voll. Er sah in sein Publikum und fragte: „Was lernen wir hieraus?", und jemand meldete sich und sagte emsig: „Dass wir, auch wenn wir denken, wir hätten keine Zeit, immer noch etwas hineinquetschen können." Doch der Professor schüttelte den Kopf. Er zeigte auf den Krug und sagte: „Wir lernen, dass wir erst die großen Steine in unseren Krug füllen müssen. Sonst werden sie nicht hineinpassen. Wir müssen überlegen, was unsere großen Steine sind, bevor wir unseren Tag mit lauter Kleinkram zuschütten."

Ist das nicht eine schöne Geschichte? Die großen Steine finden und sie einplanen, damit sie stattfinden können und nicht auf morgen vertagt werden. Wenn ich gefragt werde, ob ich etwas bereue in meinem Leben, dann ist das diese Zeit der großen Hektik zwischen Studium, Beruf und meinen Söhnen. Natürlich bin ich stolz, dass ich das Studium beendet habe, und auch, dass ich meinen Job gut gemacht habe. Traurig bin ich, weil ich in diesen drei Jahren weniger Zeit für meine Kinder hatte. Sie waren in wunderbarer Betreuung, alle haben sich engagiert und mir Freiräume geschaffen. Im Nachhinein hätte ich jedoch gern öfter ihre Hand gehalten, mit ihnen gelacht und gekuschelt. All das hat stattgefunden, jedoch seltener, als ich es mir gewünscht hätte.

> ***Spiritual-Leadership-Regel Nr. 15:***
> *Jeder Tag ist ein Kunstwerk. Ein gutes Leben entsteht durch lauter kleine, feine, gute Momente. Es ist deine Aufgabe, für diese Platz zu machen.*

ÜBUNG 27: WO IST DIE ZEIT GEBLIEBEN?

Für diese Übung brauchst du mehr als nur einen Augenblick Zeit, denn du willst deinen Status quo genau beobachten.

Auf einer Skala von 0 bis 10, so stark ist mein Bedürfnis nach mehr Zeit:

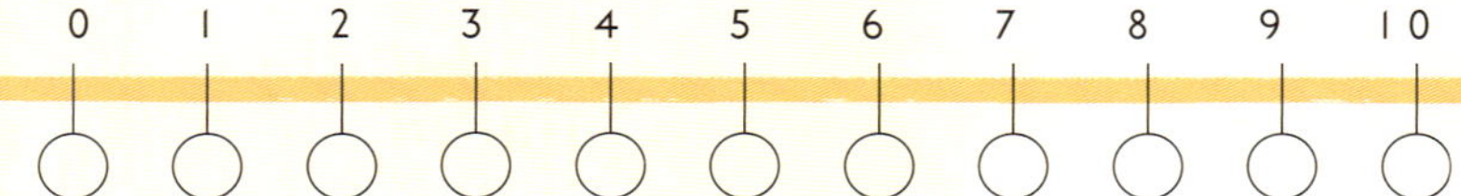

Wenn ich mehr Zeit hätte, würde ich ...

Wenn du die Bereiche deines Lebens durchgehst (Gesundheit, Wohlstand, Freunde, Partnerschaft, Familie, tägliche Aufgaben, spirituelles Wachstum) - wofür würdest du gerne mehr Zeit haben und womit würdest du gerne weniger Zeit verbringen?

Lass uns nun schauen, wo deine Zeit bleibt. In den nächsten sieben Tagen schreib bitte genau auf, was du tust und wie lange es ca. dauert. Nimm dir ein Blatt und führe den ganzen Tag darüber Buch, wo deine Zeit bleibt. Sei ehrlich! Versuche möglichst normale Tage zu erleben. Solltest du an dieser Stelle im Buch gerade im Urlaub sein: Führe die Übung unbedingt in deinem Alltag durch! Hier ein Beispiel:

Nach sieben aufeinanderfolgenden Tagen schau dir deine Blätter an. Nimm zwei verschiedenfarbige Stifte und markiere mit Farbe 1 alles, was dir beim Tun Energie schenkt. Wenn ich beispielsweise meditiere, geht es mir danach immer besser, ebenso wenn ich mich bewege, ohne Hektik koche, mit lieben Menschen spreche etc. Fühle in dich hinein: Wenn du dich entspannt, erfreut und gut fühlst, dann bekommt es Farbe 1. Wenn etwas nicht eindeutig ist, kannst du es unmarkiert belassen. Mit Farbe 2 markierst du all das farbig, was deine Energie sinken lässt. Also alle Tätigkeiten, die dich ausgelaugt, frustriert, sorgenvoll, wütend oder traurig zurücklassen.

Das ist mein größter Energiespender:

Das ist mein größter Energiedieb:

Außerdem schau dir an, ob es Dinge gibt, für die du ungeplant viel Zeit aufwendest. Schreib deine Top-3-Zeitdiebe in diese Liste:

1. ______________________________

2. ______________________________

3. ______________________________

Sieh dir als Nächstes die Energie- und Zeitdiebe an. Frage dich:

Was ist der gute Grund, warum ich das zulasse?

Dann atme durch. Dies ist das Ist. Welcher Wunsch wird in dir stärker, nachdem du deine Zeit so betrachtest?

Ich wünsche mir, dass ...

Bevor hier Gedanken, Ideen und Techniken für dich kommen, willst du das festhalten, was du heute schon weißt und angehen möchtest: Ich bin bereit, etwas zu verändern, und ich fange hiermit an:

Das Handy ist ein Gegenstand. Lass nicht zu, dass es Macht über dich bekommt.

Zeitdieb Handy

Am Anfang jeder Woche zeigt mein Handy mir ungefragt meine Bildschirmzeit, und jedes Mal erschrecke ich mich. Die Zahl scheint mir viel zu hoch und ich weiß, dass ich mich regelmäßig in die sozialen Medien flüchte. Natürlich rede ich mir ein, dass Social Media zu meinem Job gehört. Was stimmt. Was nicht stimmt, ist, dass ich nur dort bin, um zu kreieren. Mein Handy ist meine kleine Ablenkungsdroge und vielleicht ist es bei dir auch so?

Ablenkung zu suchen ist nichts, wofür wir uns schämen müssten. Hohe Bildschirmzeiten sind ein Symptom. Meist dafür, dass wir mit Stille, Ruhe und Momenten, in denen wenig passiert, nichts anfangen können. Stille ist etwas, was wir lernen müssen. Die Stanford University-Psychologin Kelly McGonigal sagt zum Thema digitale Selbstbeherrschung (47): „Die Menschen fühlen sich nicht nur abhängig, sondern gefangen", und folgert: „Wir finden es immer schwieriger, den Stecker zu ziehen und uns zu erneuern." Unsere Fähigkeit zur Selbstbeherrschung hängt auch von unserem Stresslevel ab, der wiederum sinkt, wenn wir lernen, uns mehr zu beherrschen. Wir sind also in einem Kreislauf gefangen, den nur wir verändern können.

Als ich vor einigen Jahren einen Onlinekurs der Yogalehrerin und Autorin Elena Brower (48) besuchte, hatte sie einige Tipps rund um Social Media parat, die mir sehr geholfen haben. Sie sind in diese kleine Liste von mir mit eingeflossen:

1. Beginne den Tag nicht mit deinem Handy, sondern meditiere und nimm dir etwas Zeit für dich und deine Liebsten.
2. Solltest du auf Social Media aktiv sein und dies auch beruflich nutzen: Poste erst selbst etwas, schreibe einen Text, dreh ein Video, sende deine Botschaft nach draußen, schenk der Welt dein Licht. Kreiere, bevor du konsumierst.
3. Richte dir Zeitsperren ein. Wann soll dein Handy angehen? Wann wieder aus? Ich habe

eine Startzeit für mein Handy und eine Gutenacht-Zeit. In der Pause kommen nur Notrufe durch.

4. Richte dir Zeitbegrenzungen für die Apps ein, in denen du deine Zeit vertrödelst. Egal ob Social Media oder Spiele. Wenn du das Gefühl hast, dass dir Zeit fehlt: Ich wette, hier steckt sie.
5. Erinnere dich an deine Mission, an das, was du noch erleben, lernen, hinterlassen willst. Dient dein Handy dir auf diesem Weg oder hindert es dich?
6. Mache regelmäßige Handy-Detox-Wochen. Es tut gut und ist gleichzeitig erschreckend zu bemerken, wie sehr es fehlen kann. Wir alle gewöhnen uns an den schnellen Griff zu diesem kleinen Gerät. Holen uns Ablenkung oder Beschäftigung hier. Werde dir dieser Mechanismen bewusst und lerne, sie loszulassen.

RICHTIG PRIORISIEREN LERNEN

Niemand kann für uns entscheiden, was wichtig ist und was unwichtig. Denk an die Geschichte mit den Steinen im Krug. Nur du weißt, was die wirklich dicken Steine für dich sind. Natürlich haben wir alle Verpflichtungen und können uns nicht jede Aufgabe aussuchen. Was wir jedoch tun können, ist, unsere Prioritäten klar zu setzen. Zu schauen, ob das, was wir tun, zu unserer Mission passt. Wir dürfen nicht zulassen, dass eine Menge dringender Kleinigkeiten uns von den großen wichtigen Sachen abhalten.

Lerne Wichtiges von Dringendem unterscheiden

Ich liebe das Eisenhower-Prinzip. Es hilft mir immer wieder, Wichtiges von Unwichtigem, Dringendes von weniger Dringendem zu unterscheiden, und das mit einer simplen Vier-Felder-Aufteilung (Abb).

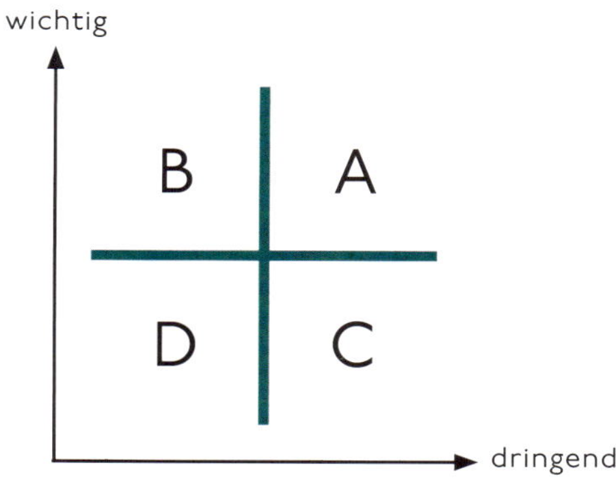

Das Eisenhower-Modell

Das Eisenhower-Prinzip verstehen

Das Eisenhower-Prinzip teilt Aufgaben in vier Felder ein, und das sehr simpel nach den Kategorien wichtig und dringend. So entstehen vier verschiedene Kategorien:

- A-Aufgaben: Wichtig und dringend. Hierhin kommen alle Aufgaben, die keinen Zeitverzug dulden und die sehr wichtig sind.
- B-Aufgaben: Diese Kategorie umfasst alle Aufgaben, die eine hohe Bedeutung haben, jedoch noch nicht dringend geworden sind.
- C-Aufgaben: Dringende Aufgaben, die nicht sehr wichtig sind. Hier finden sich häufig Routinetätigkeiten.
- D-Aufgaben: Alles, was weder zeitkritisch noch bedeutsam ist.

Wie du mit dem Modell arbeiten kannst

Das Modell hilft dabei, gut und schnell zu priorisieren. Hierzu folge einfach diesen Schritten:

- Fertige eine umfassende Liste mit all deinen To-dos an. Lasse nichts aus. Schreibe alle möglichen Aufgaben, die aus deiner Sicht in den nächsten Wochen gemacht werden müssen, auf.

- Gehe deine Sammlung durch und sortiere die Aufgaben in A, B, C, D. Erinnere dich dabei an die vorhergehenden Übungen. Denke an deine Prioritäten, deine Mission, deine „dicken Steine".
- Dann bearbeite die jeweiligen Kategorien nach der folgenden Regel.

Die Eisenhower-Vorgabe für die Bearbeitung

- A-Aufgaben genießen die höchste Priorität. Sie nehmen das größte Volumen vom Arbeitstag ein.
- B-Aufgaben werden ebenfalls bearbeitet. Dies sichert, dass die wichtigen Themen dort nicht hinten runterfallen oder plötzlich dringlich werden.
- C-Aufgaben sollten delegiert werden. Wer kann das (noch) tun? Ist eine gute Frage für diese Kategorie. Als Ausnahme gelten für mich die Routineaufgaben, die uns Freude machen. Routine kann etwas Meditatives haben. Ich beispielsweise liebe es zu kochen. Meist fallen mir dabei die besten Ideen ein. Delegiere das, was dir keine Freude macht, und gerade so viel, dass genügend Zeit für A und B und deine Pausen bleibt.
- D-Aufgaben gehören in den Papierkorb. Was weder wichtig noch dringend ist, gehört nicht auf die Liste.

Die Befreiung von D-Aufgaben

Es kann sehr befreiend sein, sich der To-dos zu erledigen, die wir doch nie angehen und die uns nur ein schlechtes Gewissen machen. Ich habe beispielsweise jahrelang (!) Fotobücher auf meiner Liste gehabt. Ganz ehrlich: Ich bewundere all die Menschen, die jährlich wunderschöne Fotobücher haben, das Leben der Kinder zauberhaft dokumentieren und sich so dem Vergessen entgegenstellen. Doch bei mir funktioniert es nicht. Über fünf Jahre waren die Bücher auf meiner To-do-Liste. Durch immer neue Erlebnisse, Geburtstage und Urlaube wuchs das Ausmaß der Aufgabe, während ich sie vor mir herschob. Bis ich einen Eisenhower-Moment hatte. Ich sah, dass Fensterputzen und Bügeln Aufgaben sind, die ich lieber delegieren wollte. Beide Routineaufgaben machten mir keine Freude. Ich stellte fest, dass ich mehr kreativen Raum für die wichtigen Projekte in der Kategorie A haben wollte, und strich die Familienfotobücher. Einen Moment fühlte ich mich wie gescheitert, doch dann spürte ich die Befreiung. Fotobücher mache ich, wenn überhaupt, irgendwann. Bis dahin ist diese Aufgabe nicht mehr auf meinen Listen. Ich warte einfach, bis ich Lust bekomme oder das Ergebnis für mich in die Kategorie „Wichtig" rutscht. Mein Learning war: Nur, weil ich etwas bei anderen bewundere, muss es nicht für mich gelten. Priorisieren ist eine höchst persönliche Angelegenheit.

Ich liebe drei der Fragen von Timothy Ferris Buch „Die 4-Stunden-Woche" (49). Er weist darauf hin, dass wir alle gern Quatschaufgaben „erfinden", die uns vom Wichtigen abhalten und unsere Zeit stehlen. Sie dienen dazu, dass wir uns Schwierigem nicht stellen und uns für produktiver halten, als wir sind. Um das zu umgehen und Wichtiges von Unwichtigem zu unterscheiden, empfiehlt er unter anderem, sich die folgenden Fragen zu stellen (meine drei Lieblingsfragen):

- Wenn Sie einen Herzinfarkt hätten und danach nur zwei Stunden am Tag arbeiten könnten, was würden Sie machen?
- Mit welchen Dingen verbringen Sie Ihre Zeit, um das Gefühl zu haben, dass Sie produktiv sind? Nennen Sie drei Beispiele.
- Wenn dies das Einzige ist, was ich heute erledige, werde ich dann zufrieden sein?

So gut, oder? Verrückterweise würde ich nie denken, ich hätte mehr im Handy scrollen sollen, wenn der Tag vorbei ist. Gerade die letzte Frage hat es also in sich.

Den besten Tagesplan mit der Pomodoro-Technik (50)

Um die wichtigen Dinge abzuarbeiten, liebe ich es, mir Konzentrationspäckchen zu schnüren und mich mit kleinen Pausen zu belohnen. Bei der Pomodoro-Technik werden Arbeitsaufgaben in 25-Minuten-Schritte aufgeteilt. Man stellt sich einen Wecker und arbeitet die absehbar kurzen 25 Minuten konzentriert durch. Nach der abgelaufenen Zeit steht eine kleine Pause an, nach einigen Arbeitspaketen sogar eine größere. Ich passe die Technik für mich an, da ich am Vormittag easy mehr als 25 Minuten konzentriert arbeiten kann. In dieser Zeit ist das Mailprogramm ausgeschaltet und die Handys liegen im Nebenraum. So kann ich sicherstellen, dass ich mich nicht selbst unterbreche, und bekomme ohne Anstrengung viel mehr geschafft.

DEN ÜBERBLICK BEHALTEN

Eine gute Tagesarchitektur ist das Ergebnis einer klaren Priorisierung und einer guten Planung. Letzteres findet meist in Kalendern und auf Listen statt, und auch hier kann man mit einfachen Tricks entspannter arbeiten.

Der Kalender

Egal ob du einen Kalender in Papierform oder elektrischer Form führst: Liebst du, was du

Es mag wild aussehen, doch mir hilft es, farblich zu markieren.

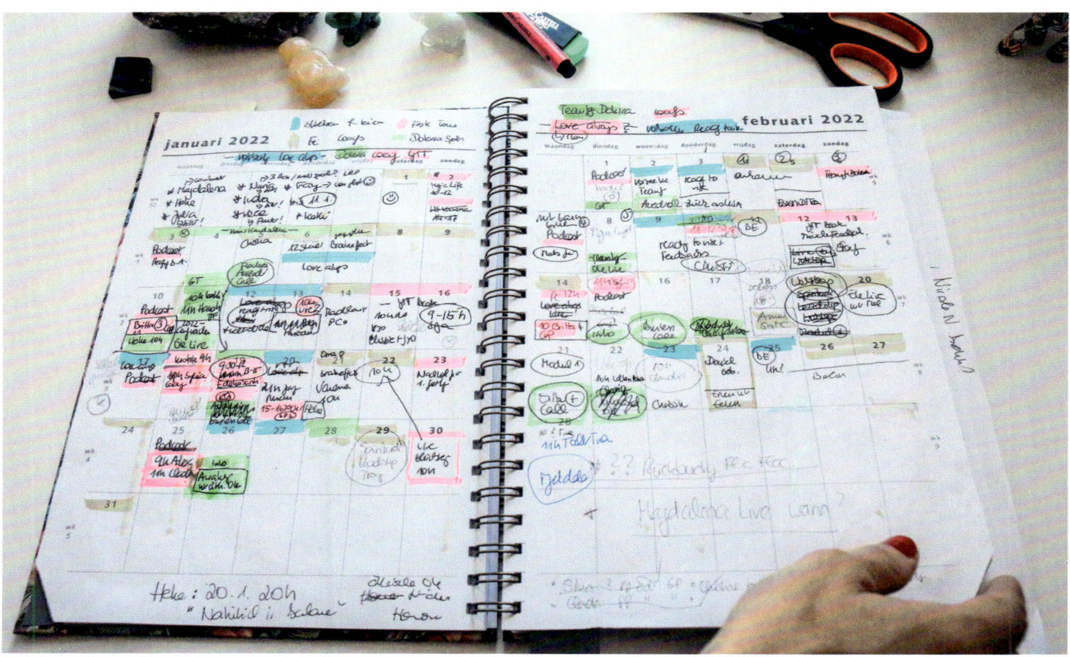

siehst? Die Einträge in deinem Kalender formen deine Tage. Dein Kalender sollte in dir Freude auf die Woche und den Tag schenken. Ist dies nicht der Fall, liegt es meiner Erfahrung nach meist daran, dass er zu voll ist. Zeit für Pausen, geblockte Zeiten, die Raum für Kreativität schaffen, und eine clevere langfristige Planung tun gut.

Regeln für eine gute Kalenderführung

Mein Kalender ist groß, aus Papier, und enthält alle To-dos, Aufgaben und Termine. Wir brauchen *einen* Ort, an dem wir alles notieren und nachschauen können. Hier ein paar Tipps, mit denen dein Kalender dir dient und nicht umgekehrt:

- Plane als Erstes Zeit für Pausen, Kreativität und Hobbys ein. Hört sich luxuriös an, aber du hast im letzten Kapitel bereits gelernt, dass Energie dein wichtigstes Gut ist, und alles, was deine Energie nach oben schraubt, muss Platz in deinem Kalender finden.
- Langfristige Termine first: In deinen Kalender gehören alle wichtigen Geburtstage, Ferien- oder Urlaubszeiten, wichtige Termine und Erinnerungen an ärztliche Routineuntersuchen, jährliche wichtige Treffen oder Feiertage.
- Dann plane feste Zeitfenster für Prio-A-Aufgaben ein. Für dieses Buch beispielsweise wurde eine Menge Zeit in meinem Kalender blockiert. Du kannst mit der Eisenhower-Methode verhindern, dass dringende Kleinigkeiten die großen wichtigen Dinge fressen.
- Nutze verschiedene Farben für verschiedene Bereiche deines Lebens oder Arbeitsalltags! Es tut gut, wenn sich die Vielfalt der Aufgabenbereiche durch vorher festgelegte Farben zeigt. So kannst du auf einen Blick sehen, welche Prioritäten deine Zeitplanung spiegelt, und kannst korrigierend eingreifen, wenn nötig.
- Blocke Zeiten vor wichtigen Events, um diese vorzubereiten, dich einzustimmen und nachzubereiten! Hektik killt deinen Flow, also willst du vor wichtigen Terminen ausreichend Zeitpolster haben und rechtzeitig mit Vorbereitungen und Konzeptionen beginnen.
- Blockiere außerdem Fahrtzeiten, Pufferzeiten, Trödelzeiten zwischen Terminen. Denk daran: Hektik macht asozial.
- Nutze den Start ins Jahr, in einen neuen Monat, in eine neue Woche und in einen neuen Tag, um dich auszurichten! Halte kurz inne, schaue in deinen Kalender und auf deine Prioritäten. Dann setze deine Intention für deinen Tag (s.u.). Halte die Intention in deinem Kalender fest. So bekommt jeder Tag eine Art Überschrift, jeder Monat eine Feinausrichtung, jedes Jahr einen Leitstern. Ich fertige für ein neues Jahr und jeden frischen Monat ein kleines Vision Board und eine Mindmap an, um mich auszurichten und klar zu sehen, wie ich mich fühlen will und was ich angehen möchte.
- Lerne dazu! Deine Kalenderplanung mag andere Vorgaben brauchen als meine. Trau dich, deine eigenen Regeln zu finden, und lerne, sie einzuhalten.

Ein Kalender ist ein bisschen wie ein Wunschzettel für den Tag. Sollte dein Kalender heute stark fremdbestimmt sein, blockiere Zeiten für deine Pausen, Kreativität und Vorbereitungen. Es ist nicht deine Aufgabe, jederzeit zur Verfügung zu stehen. Solltest du Mitarbeiter- oder Kundenverantwortung haben, lege wenn möglich verbindliche Zeitfenster fest, in denen du offene Sprechstunden oder Ähnliches durchführst. Wir verlieren sehr viel Energie und Schwung, wenn wir uns immer wieder aus Aufgaben herausreißen lassen. Daher in aller Deutlichkeit: Verfügbarkeit ist keine Tugend. Setz klare Grenzen.

Dein Leben sollte sich gut anfühlen.

Verschiedene Themen unter einen Hut bekommen

Egal, wie wunderschön gepflegt unser Kalender aussieht, sobald wir mehrere Themen in unserem Leben jonglieren, brauchen wir meist noch ein weiteres Organisationstool, um den Überblick zu behalten. Alle Themenfelder unseres Lebens im Kopf behalten zu wollen ist anstrengend. Wobei unsere Sorge, etwas vergessen zu können, real ist. Meine Kinder haben vor Musikschulen warten müssen, zig Geburtstage lieber Freunde habe ich schon vergessen, und die Adventszeit, Hochburg der „Jeder bringt was mit"-Events, war lange mein Horror. Was also tun?

Schreib es auf

Wer kreativ arbeitet, weiß, wie wichtig es ist, gute Ideen sofort festzuhalten. Weshalb neben meiner Yogamatte, meinem Bett und auf dem Schreibtisch immer Stift und Papier liegen. Ich verreise nie ohne ein Notizbuch. Notizen erleichtern unsere mentale Last. Was auf dem Papier ist, muss nicht krampfhaft im Kopf behalten werden. Solltest dir nachts viele Dinge durch den Kopf gehen und du nicht schlafen können – probiere es aus. Schreibe alles auf. Ich schlafe meist nach kurzer Zeit ein. Für meine verschiedenen Themen habe ich Mappen. Die Zettel kommen in die passende Mappe, und wenn ich wieder am Thema arbeite, habe ich alles im Blick. Die zu erledigenden Dinge kommen auf eine To-do-Liste, die Stress reduzieren kann, allerdings nur, wenn man es richtig macht.

Entspannte To-do-Listen schreiben

To-do-Listen sind häufig eher ein Grund für Stress als für Zufriedenheit. Was daran liegt, dass die meisten von uns die Listen viel zu voll packen. Sie enthalten eher eine utopische Vorstellung als eine realistische Einschätzung von dem, was zu schaffen ist. Eine gute To-do-Liste beinhaltet das, was wir locker schaffen können. Hierzu müssen wir typische Störungen, Zeiten zur Regeneration etc. von unserer Produktivitätszeit abziehen und dann die Liste realistisch schreiben. Mit etwas Abstand darf eine Bonusaufgabe auf die Liste, allerdings nur bei stressresilienten Menschen. Alle anderen, die sich schon gehetzt und geschafft fühlen, schreiben nur auf, was sie auf jeden Fall schaffen. Um dennoch keine To-dos aus dem Auge zu verlieren, mag ich eine Zwei-Listentechnik:

- Liste eins ist eine Generalliste. Alle Aufgaben und Tätigkeiten gehören auf diese Liste. Den Kopf freimachen ist das Motto. Hier können A-, B- und C-Aufgaben gleichermaßen landen.
- Liste zwei ist die konkrete Planungsliste. Sie wird tagesaktuell geführt und enthält nur Aufgaben, die wir für den Tag priorisiert haben.

Das Schöne an der täglichen To-do-Liste ist, dass wir sie so führen können, dass sie das Leben spiegelt, das wir leben wollen. Sind uns Sport, Natur oder Freunde besonders wichtig, dann schreiben wir sie mit auf die Liste. Unsere To-do-Listen sollten uns Schwung geben und Vorfreude auf den Tag aufkommen lassen. Natürlich enthält auch meine Liste nicht nur Konfetti werfen und Torte essen. Ich habe mir darum angewöhnt, schwierige To-dos und sehr langfristige Aufgaben nach dem Motto „Das Schlimmste zuerst" zu erledigen. Hintergrund ist auch hier unser Energiemanagement: Der Gedanke an eine vor uns liegende unangenehme Aufgabe lässt unsere innere Energie sinken. Während wir uns freuen, wenn wir etwas erledigt haben. Also nichts vor dir herschieben, wenn du kannst.

> ***Spiritual-Leadership-Regel Nr. 16:***
> *Organisation und Priorisierung richten dein Handeln auf das Wesentliche aus. Deine Zeit ist begrenzt, und es ist deine Aufgabe, Tage zu kreieren, auf die du dich freust und in denen du in der Welt wirken kannst.*

Prokrastination besiegen

Prokrastination, auch Aufschieberitis genannt, ist eine wirksame Form von Selbstsabotage. Sie kommt auf, wenn uns etwas Angst macht und wir unsere Komfortzone verlassen müssen. Es ist wichtig, dies als typische „Wachstumsschmerzen" zu erkennen. Wie in Kapitel zwei erwähnt: Zweifel entstehen, wenn wir nicht mit unserer Mission und unserem Glauben verbunden sind. Wann immer uns etwas Angst macht, wir nicht wissen, ob wir es schaffen können, brauchen wir die Kraft unseres Warums. Unser Warum ist unser Motor. Aufschieben bedeutet, nicht wirksam zu sein. Wir sind dabei, für unsere Angst unsere Mission zu opfern. Was hilft, ist, sich behutsam der Aufgabe zu nähern. Ein kleiner Schritt pro Tag reduziert die innere Anspannung, wir lernen, uns zu entspannen, und so verliert das, was kommt, seinen Schrecken. Ich weiß, wovon ich spreche. Es hat ganze sechs Monate gedauert, bis ich begonnen habe, dieses Buch zu schreiben. Ich schob es vor mir her, redete mich raus und fühlte mich schlechter und schlechter. Wusstest du, dass wir besonders häufig die für uns bedeutsamsten Aufgaben aufschieben? Ich hatte so viel Angst, dass ich sogar einige Tage lang erwogen habe, vom Vertrag zurückzutreten. Dabei will ich dieses Buch schreiben! So wirkt Angst. Was sie braucht, ist Verständnis und sanfte Strenge, keine Schuldzuweisungen. Denn Selbstsabotage bedeutet auch, dass du auf dem richtigen Weg bist. Es sei denn, es trifft der zweite mögliche Grund für Prokrastination zu: Faulheit. So unelegant es klingen mag, Faulheit oder Bequemlichkeit halten uns ab, Dinge zu tun. Erinnere dich an die vier Grundbedürfnisse. Eines ist Lustgewinn und Unlustvermeidung. Was nicht bedeutet, dass wir keine Pausen machen dürfen. Ein angenehmes Leben ist eine feine Sache. Andererseits brauchen wir milde Disziplin in unserem Leben. Eine Aufgabe durchzuziehen, der wir uns verschrieben haben, lässt uns wachsen. Wir merken, dass wir uns auf uns selbst verlassen können. Unsere Selbstwirksamkeit steigt. Unsere Komfortzone will gedehnt werden, ansonsten engt sie uns ein. Wann immer wir uns in die Bequemlichkeit einkuscheln wollen, müssen wir zurück zum Warum kommen. Unser Warum ist auch hier der Gegenpol.

Falls du genauer untersuchen willst, was dich abhält, frag dich:

- Was bedeutet mir diese Aufgabe und das, wofür sie steht?
- Wie viel Bequemlichkeit brauche ich gerade?
- Wie geht es meiner Disziplin?
- Wie viel Angst habe ich vor dem, was kommt?
- Was sind meine Fluchten, wenn ich aufschiebe?
- Wohin flüchte ich, um etwas nicht zu tun?

Mir hat es geholfen zu verstehen, wo ich meine Zeit vertrödele, wenn ich nicht schreibe. Unser Ego findet tolle Ausreden, wichtige Gründe, etwas nicht zu tun. Bei mir wurde der innere Druck größer und ich habe langsam begonnen. Die ersten Tage waren nicht leicht, doch irgendwann platzte der Knoten, mein Nervensystem beruhigte sich und ich war im Flow.

LASS PARETO DEINEN HELDEN WERDEN

Vilfredo Pareto entwickelte während seiner Schaffenszeit das nach ihm benannte Pareto-Prinzip, auch als 80/20-Prinzip bezeichnet. Er fand heraus, dass nicht nur 20 % der Bevölkerung 80 % des Reichtums besaßen, sondern auch, dass 80 % der Erbsen in seinem Garten von 20 % der Pflanzen stammten. Pareto bedeutet für unsere Arbeit und unsere Projekte, dass 80 % des Ergebnisses aus 20 % des Aufwands resultieren. Timothy Ferris (51) beschreibt, wie er das Pareto-Prinzip nutzte, um zu lernen, sich auf das wirklich Wichtige zu konzentrieren – und wie enorm dies seinen Umsatz steigerte. Wer schon einmal im Businesskontext eine der, leider immer noch viel zu beliebten, Power-Point-Präsentationen für einen wichtigen Termin vorbereiten musste, weiß, wovon ich rede: Die Inhalte und Argumentationslinie und Beispiele zu finden, eine Dramaturgie zu erstellen, ist die eine Sache. Die andere ist, Formatierungen, Corporate-Design-Richtlinien, Excellisten und ein alles abdeckendes Backup einzufügen. Während die wichtige Argumentationslinie meist schnell steht, saß ich oft viel zu lange an dem Kleinkram, den eine vermeintlich perfekte Präsentation zu brauchen scheint. Was ich alles hätte machen können in dieser Zeit! 80/20 rettet alle, die etwas bewegen wollen und keine Lust mehr haben, ihre Zeit zu vertrödeln. Das Prinzip hilft, den Hebel im Wesentlichen zu erkennen und zu sehen, dass Perfektion meist aus der Angst vor Fehlern und der Sorge vor Kritik entsteht. Es ist ein Kontrollmechanismus. Mit einer Einschränkung: Ausgenommen sind natürlich Aufgaben und Berufe, in denen Perfektion und Präzision entscheidend sind.

Mach deine eigenen Regeln

Wenn wir uns von unserem Anspruch lösen, um mehr Zeit fürs Wesentliche zu haben, beginnen wir die unbewussten Regeln unseres Lebens zu brechen. Diese Regeln haben wir nicht selbst gewählt. Dennoch halten wir uns an sie, folgen ihnen. Sie passen zu unserer inneren Logik. Wenn du frei werden willst, überprüfe deine Regeln und bilde neue!

Regeln zeigen sich in unseren Handlungen und Verpflichtungen, die wir spüren. Auch in meiner

ÜBUNG 28: DAS PARETO-PRINZIP ANWENDEN

Um das Prinzip auszuprobieren, finde zuerst ein für dich gerade relevantes Beispiel. Etwas, woran du gerade arbeitest oder woran du arbeiten willst.

Mein Thema:

____

Frage dich nun:

- Wenn ich nur die Hälfte der Zeit hätte, was müsste ich unbedingt erledigen?

____

- Was könnte im größten Notfall zusätzlich noch wegfallen?

____

- Was würde ich erledigen, selbst wenn ich nur ein Viertel der Zeit hätte?

____

- Und was nicht?

____

Ist es nicht spannend, wie schnell wir priorisieren können, wenn wir müssen? Nun frag dich:

- Was hält mich davon ab, im Alltag so klar zu priorisieren?

____

- Was vermeide ich, in dem ich versuche, mehr/perfekter/genauer zu arbeiten?

____

Du kannst deine Erkenntnisse mit den Übungen im Mindset-Kapitel noch tiefer bearbeiten.

Startzeit als frische Selbstständige hatte ich ständig sehr viel zu tun. Mein Umfeld nickte mir wissend zu. „Selbst" und „Ständig" wurde geraunt, wenn meine Freizeit knapp war. Und es stimmte, ich hatte wirklich viel zu tun: Es gab Anfragen zu beantworten, Posts auf den Social-Media-Kanälen unterzubringen, Podcasts aufzunehmen und Klienten zu unterstützen. Ich habe mehrere Geschäftsfelder und alle forderten mich gleichermaßen. Also arbeitete ich. Wochenenden und Wochentage verschwammen, vieles machte mir Spaß, doch ich sehnte mich nach einem Gefühl von mehr Zeit. Ich nutzte meine Priorisierungstechniken, dennoch schien meine Zeit ständig knapp, noch viel knapper als zu meiner Zeit als Angestellte. Mein Mann bemerkte irgendwann: „Sag mal, hast du dich nicht selbstständig gemacht, um mehr Zeit zu haben? Ich habe das Gefühl, du arbeitest noch mehr." Und ich begann, die Stunden zusammenzurechnen, und erschrak. Warum arbeitete ich so viel? Welchen Regeln folgte ich? Ich beobachtete mich einige Wochen lang und bemerkte, dass ich versuchte, auf allen Kanälen innerhalb von wenigen Minuten zu reagieren. Ich spürte eine regelrechte Verpflichtung, täglich mehrmals auf Instagram aufzutauchen. Natürlich wollte ich parallel die Wünsche meiner Familie erfüllen. Es war mehr als deutlich: Ich versuchte wieder mal, es allen recht zu machen. Erneut nahm ich meine Arbeit ernster als mein eigenes Wohlergehen und konnte sehen, wie sehr ich Bestätigung von außen suchte. Vor lauter „people pleasing" vergaß ich, was wichtig war. Die Erkenntnis beschämte mich ein wenig. Immerhin war es mein Job, anderen beizubringen, sich gut um sich zu kümmern, um glücklich und gesund zu leben. Und ich rannte, während ich predigte. Ich musste unbedingt lernen, wieder zu schlendern. Durch Zufall las ich einen Post von der bekannten Yogalehrerin Tara Stiles (52), in dem sie (freie Übersetzung) fragte: „Wer macht die Regeln?" Eigentlich wusste ich sehr genau, dass, wie es so schön heißt, eine leere Kanne nichts einschenkt. Es wurde Zeit, mir andere Regeln zu bauen. Regeln, die ich aufstellen würde. Wir alle brauchen Regeln, die uns Raum lassen zu regenerieren und das Glück zu fühlen. Selbstbestimmt leben bedeutet zu verstehen, nach welchen Regeln wir heute leben, und sie sanft zu verändern. Wir erkennen unsere Regeln an festen Wenn-dann-Wahrheiten, an die wir glauben. Auch Worte wie immer, niemals, sollte, müsste lassen auf Regeln schließen. Alles, was sich nach Zwang anfühlt, nach Verpflichtung, nach Enge, ist zu hinterfragen. Ich liebe die Frage „Sagt wer?", wenn ich ein inneres „Ich muss noch ..." höre. Das ist meist sehr befreiend!

Haben wir erst einmal erkannt, dass wir selbst die Regeln in unserem Leben bestimmen können, hört unsere Freiheit erst da auf, wo sie anderen schadet. Mein Verpflichtungsgefühl gegenüber Social-Media-Followern beispielsweise ist absurd. Natürlich liebe ich meine Plattform und den Austausch. Wenn ich jedoch eine Auszeit brauche, einen Post löschen will oder etwas nicht beantworten möchte, ist das mein gutes Recht. Es ist mein Account. Ich mache die Regeln. Wann immer du dich gefangen im eigenen Leben fühlst, betrachte deine Regeln. Sie existieren zum großen Teil nur in deinem Kopf.

Spiritual-Leadership-Regel Nr. 17:
Du machst die Regeln. Im Zweifel frag dich: „Sagt wer?"

Zum Abschluss dieses Kapitels ein Satz von Elena Brower (48), von der ich irgendwo aufgeschnappt habe (frei übersetzt): „Lass dein Leben

ÜBUNG 29: ERFINDE DEINE EIGENEN REGELN

Wir erkennen unsere Regeln anhand unserer Verpflichtungen. Sie lauern da, wo wir meinen, „Anders geht es nicht". Wie auch bei den Erfolgskriterien gehen wir in zwei Schritten vor. Schau zuerst, welche Regeln heute dein Handeln bestimmen, und dann wähle neu. Für Schritt eins gilt: Sei so ehrlich wie möglich. Für Schritt zwei gilt: Mach dich so frei wie möglich.

- Meine Tage sind voll, weil ich diese Sachen tun muss:

___

- Wenn etwas auf meinen Tisch/in mein Postfach/in meinen Aufgabenbereich kommt, denke ich, ich muss …

___

- Wenn ich könnte, wie ich wollte, würde ich …

___

- Ich denke immer, ich sollte …

___

- Diesen Menschen gegenüber fühle ich mich verpflichtet:

___

- Diese Menschen will ich nicht enttäuschen:

___

- Fallen dir Redewendungen ein, an die du dich hältst? So etwas wie „Was du heute kannst besorgen, das verschiebe nicht auf morgen"? Wenn ja, dann schreibe sie auf. Diese Redewendungen empfinde ich als wahr:

___

___

Atme durch und erinnere dich nun, dass dein System sich nur an diese Regeln hält, weil es so konditioniert ist. Ersetze alle Regeln, die dich heute einengen.

- Diese Regeln sind wichtig, um meine Mission in die Welt zu bringen:

___

___

- Diese Regeln sind wichtig, um ein freies, fröhliches, gesundes, wunderbares Leben zu leben:

___

___

- Künftig will mich an diese Regeln halten 1.), 2.), 3.):

___

___

ein bewegtes Gebet sein." Was für eine schöne Idee, oder? Er bedeutet Hingabe an das, was größer ist, ein bewusstes Ausrichten und bewusste Entscheidungen. Wir lernen, weise zu differenzieren zwischen dem, was wir tun wollen, und dem, was unsere Programme der Angst und Angewohnheit uns vorgeben zu tun. Jeder Tag ist eine neue Möglichkeit, mehr so zu leben, wie es uns guttut. Dabei ist es normal, dass wir manchmal in alte Muster zurückfallen. Das Leben ist ein permanentes Jonglieren. Es gibt keine Perfektion. Der Prozess selbst ist das, was wichtig ist. Eine Harmonie entstehen zu lassen zwischen dem, was größer ist als wir, unserem wahren Selbst, unserer Aufgabe und der Art, wie wir sie erledigen. Arbeit kann zur Erfüllung werden, wenn wir das üben. Im nächsten Kapitel schauen wir uns an, was wir lernen können, um klar und aus dem Herzen zu kommunizieren.

Kommunikation aus der inneren Mitte

Ein Garten gedeiht, wenn der Gärtner genau hinschaut, zuhört und lernt, die Impulse der Pflanzen richtig zu verstehen. In unseren zwischenmenschlichen Beziehungen ist das nicht viel anders. Wir dürfen hinschauen, zuhören und verstehen lernen. Wenn du diesen Prozess mit Pflanzen/ätherischen Ölen unterstützen willst, nutze: Lavendel (authentische Kommunikation und Ruhe), Salbei (Klarheit und Vision), Koriander (Integrität), Grüne Minze (klare Sprache mit Selbstvertrauen).

KOMMUNIKATION BRAUCHT ACHTSAMKEIT

Unsere Kommunikation sagt etwas über uns aus. Wir tragen mit unseren Worten eine Energie in die Welt, mit unserem Zuhören ebenso. Wir erschaffen Harmonie oder Streit, können beleidigen oder loben. Kommunikation aus dem Herzen bedeutet, authentisch auf die andere Person zuzugehen. Bereit zu sein, mit ihr einen gemeinsamen Moment zu kreieren. Sie ist ein Tanz, eine Annäherung und eine Achtsamkeitsübung. Das Schönste ist: Gute Kommunikation kann man lernen, und das ist gut so. Im Alltag kommt es schnell zu Missverständnissen. Ich bin mir sicher, wir alle kennen das. Mein Mann fragt mich beispielsweise etwas und ich fühle mich angegriffen. Ich bemerke etwas und jemand anders missversteht mich völlig. Früher dachte ich in solchen Augenblicken: Warum passiert mir das? Heute weiß ich: Eigentlich ist es verrückt, dass wir uns trotz allem so gut verstehen. Erinnern wir uns: Wir alle tragen eine eigene innere Interpretation der Welt mit uns herum. Sie filtert das, was wir wahrnehmen, was wir hören, sehen, fühlen. Treffen wir auf andere, treffen somit völlig unterschiedliche innere Welten aufeinander. Die Interpretation und die Rückschlüsse aus dem, was wir erleben, können daher nur verschieden sein. Was wiederum Einfluss auf unser Verstehen und Missverstehen hat.

In der Psychologie sind verschiedene Phänomene bekannt. Wir neigen beispielsweise dazu, zu denken, andere wären unserer Meinung. Falscher Konsensus nennt man das im Fachjargon. Die Folge ist, dass wir feine Unterschiedlichkeiten unbewusst überhören. Ebenso fragen wir eher Fragen, die unsere eigene Wahrheit bestätigen. Zudem tragen unsere Worte eine eigene Energie. „Spritze" hört sich für fast jeden unangenehmer an als „Spaghetti". Neben den Worten wirken auch wir. Ca. 80 % unserer Wirkung werden nonverbalen Faktoren zugeschrieben. Diese für uns meist unbewussten Faktoren, wie Mimik oder Körperhaltung, sagen mehr aus als jeder gut gewählte Satz. Verrückt, oder? Aus all diesen Gründen ist Kommunikation ein Riesenhebel für das eigene Bewusstwerden. In ihr zeigen sich all unsere Annahmen, Interpretationen, unsere Geschichte und so auch unsere Limitierungen.
Ich liebe die Arbeit des renommierten Kommunikationspsychologen Friedemann Schulz von Thun. In seinen Büchern (53) hat er verschiedene Modelle entwickelt, die das „Miteinander reden" deutlich vereinfachen. Kommunikation wird einfacher und effektiver, wenn wir beginnen, achtsamer zu werden. Es ist Übungssache, klarer zu sprechen und besser zuzuhören. Lass uns einen Moment in meine Interpretation des Modells „Vier Seiten einer Nachricht" eintauchen. In meinen Führungs- und Kommunikationstrai-

nings habe ich häufig mit dem Modell gearbeitet und auch für mich persönlich hat es viel verändert.

Die vier Seiten einer Nachricht

Schauen wir auf Kommunikation, gibt es immer einen Sender und einen Empfänger einer Nachricht. Der Sender sendet die Nachricht aus und der Empfänger hört und verarbeitet sie. Missverständnisse entstehen, wenn die gesendete und die empfangene Nachricht nicht die gleichen sind. Wenn mein Mann mich beispielsweise fragt: „Haben wir kein Brot mehr?", höre ich eine Kritik, sonst würde ich mich nicht angegriffen fühlen. Meine Antwort ist in so einem Fall etwas wie: „Sorry. Ich hatte heute keine Zeit einzukaufen." Wie kann das passieren? Schulz von Thun schlüsselt hierzu die Nachricht in vier Seiten auf:

1. Die Sachseite: Diese Seite enthält den reinen Sachinhalt. Die Information über das, was ist. In meinem Beispiel zeigt die Frage, dass es Unklarheit über Brot in unseren Vorräten gibt.
2. Die Selbstkundgabeseite: Hier finden sich Informationen über den Sender selbst. Mein Mann beispielsweise könnte mit seiner Frage seinen Appetit auf Brot anzeigen. Die Selbstkundgabeseite enthält sogenannte Ich-Botschaften des Senders. Hier also ein: „Ich habe Appetit auf Brot".
3. Die Beziehungsseite: Jede Nachricht offenbart etwas über die Beziehung zwischen Sender und Empfänger und enthält gern auch Du-Botschaften. Nicht überraschend, dass hier häufig der Zündstoff steckt. Wir erfahren an Tonlage, Thema, Wortwahl, wie es um das Wir dieser Beziehung gestellt ist und welche Du-Botschaften gesendet werden. Im Beispiel scheint mein Mann mich als Expertin zum Thema Vorräte zu sehen.

Die Idee der vier Seiten

4. Die Appellseite: „Fast alle Nachrichten haben die Funktion, auf den Empfänger Einfluss zu nehmen", schreibt Schulz von Thun (54). Es gibt einen Appell, einen Wunsch, eine Bitte. Bezogen auf unser Beispiel könnte in der freundlichen Frage die Bitte nach einem Abendessen versteckt sein.

Jede Nachricht lässt sich in vier Seiten auffächern. Sehen wir eine Person, während sie spricht, und können wir den Ton hören, dann geben uns Tonlage und Körperhaltung, Gesten und Gesichtszüge weitere Informationen, die wir interpretieren können. Interpretation ist hier das Stichwort: Der Empfänger entscheidet, welche Seite er heraushört, weshalb Schulz von Thun gerne von vier Ohren spricht. Erinnere dich an die Schnelligkeit unserer inneren Bewertungen. Dem Modell zufolge haben wir alle ein Sachohr, ein Selbstkundgabeohr, ein Beziehungsohr und ein Appellohr. Meiner Erfahrung nach ist es absolut kontext- und personenabhängig, mit welchem Ohr wir gesprochene Worte verstehen. Die Wahl passiert unbewusst. Sind meine erwachsenen Söhne beispielsweise zu Hause und besuchen uns, ist mein Appellohr weit offen. Ein freundliches, in meine Richtung geworfenes „Haben wir Salz?“ ließ mich früher aufspringen und zum Küchenschrank rennen. Heute atme ich durch und weise auf das Regal. Wenn wir das Modell anwenden, bringt es uns eine wunderbare Klarheit über die Struktur unserer Kommunikation. Ich kann jeden nur ermutigen, die großartigen Bücher vom Meister (54) selbst zu lesen, da ich hier nur meine Interpretation wiedergeben kann.

> ***Spiritual-Leadership-Regel Nr.18:***
> *Gute Kommunikation ist eine Kunst. Du brauchst Achtsamkeit, um deutlich zu sprechen und nicht nur zu hören, was du schon meinst zu wissen.*

SPRECHEN, UM VERSTANDEN ZU WERDEN

Die vier Seiten einer Nachricht sind ein wunderbares System für Selbstklärung und für das Senden bewusster Botschaften. Bis heute bereite ich wichtige Gespräche mit den vier Seiten vor. Ich formuliere sie aus und denke über sie nach. Es ist eine Achtsamkeitsübung, die mir hilft, meine ehrliche Botschaft zu finden. Es tut gut, wenn wir uns vor einem Gespräch mit allen Seiten auseinandersetzen. Innere Ungereimtheiten werden mit dieser Vorbereitung sofort deutlich. Wenn wir beispielsweise einen Wunsch haben und gleichzeitig die Sorge in uns fühlen, dass dieser Wunsch die Beziehung belasten könnte. Ohne Vorbereitung kann die simple Frage durch den inneren Zwiespalt zum Eiertanz werden. Unsere Anspannung steigt und das kann dazu führen, dass wir merkwürdige Dinge sagen. So erfüllt sich meist unsere eigene Prophezeiung, und tatsächlich scheint die Beziehung nach der Frage belastet. Allerdings nicht wegen unserer Frage, sondern wegen der Art und Weise, wie wir gefragt haben. Setzen wir uns vor einem wichtigen Gespräch hin und atmen tief, verbinden uns mit unserem Herzen und fragen uns ehrlich: Worum geht es hier? Wie geht es mir? Wie stehe ich zu der anderen Person? Was ist mein Wunsch? Können wir fühlen, wo wir aus Angst und mit unserem Ego handeln wollen und wo wir aus echter Anteilnahme, aus Verantwortungsgefühl oder Liebe sprechen? Für mich hat das alles verändert! Wir wählen jeden Moment, ob wir unserer Mission dienen und mit unserem Glauben und Vertrauen verbunden bleiben – oder nicht. Stell dir vor, alle würden sich mit ihrem Herzen verbinden, bevor sie sprechen. Wir alle würden uns Zeit nehmen, die innere Welt zu erkunden, bevor wir uns nach außen wenden. Ich glaube, einiges wäre anders. Wenn du kannst, dann versuche in den nächsten Wochen und Monaten möglichst viele Gespräche mit den vier Seiten vorzubereiten. Formuliere sie aus! Fühl in deine Sätze hinein. Sprich erst, wenn du wirklich klar bist, was du sagen willst und warum. Du wirst verwundert sein, wie deutlich du kommunizierst und was sich dadurch in deinem Leben transformiert.

Authentizität macht stark

In Trainings und Coachings werde ich häufig gefragt, ob die ehrliche Selbstkundgabe in diesem Modell nicht für ungewollte Angreifbarkeit sorgen könnte. Das Gegenteil ist wahr: Selbstkundgabe macht stark. Sie ist die Zutat, die so vielen Gesprächen fehlt. Sie lässt Konflikte schrumpfen, denn wir sagen ja einfach nur, wie wir uns fühlen. Nicht mehr – nicht weniger. Wir geben einen Blick frei auf unsere innere Logik und Emotionen. Da wir alle unbewusst unsere Denkmuster auf andere übertragen, interpretieren

ÜBUNG 30: GESPRÄCHE MIT VIER SEITEN VORBEREITEN UND FÜHREN

Teste die Magie des Modells an deinem Umfeld. Nutze eine reale Situation, die für dich eine Bedeutung hat. Je mehr du dich innerlich windest, etwas anzusprechen, umso besser für den Effekt. Für den Start würde ich einen mittleren Schwierigkeitsgrad auswählen. Denke einen Moment nach: Mit wem würdest du gern einmal ein klärendes Gespräch führen? Welcher Wunsch ist unausgesprochen, aber wichtig für dich? Wenn du dein Thema und dein Gegenüber innerlich gewählt hast, beginn mit **Schritt eins**:

Die Vorbereitung: Bitte formuliere möglichst ganze Sätze oder zumindest Satzteile.

- Mein Thema ist:

____

- Darum geht es – Sachinhalt:

____

- So geht es mir mit diesem Thema – Selbstkundgabe:

____

- So stehen wir zueinander/so stehe ich zu der anderen Person – Beziehung:

____

- Das wünsche ich mir von der anderen Person – Appell:

____

Prüfe einen Augenblick lang, ob alles Geschriebene der Wahrheit entspricht. Ansonsten ändere die Aussagen, bis sie 100 % deine innere Wahrheit spiegeln.

Schritt zwei: Das Gespräch führen: Nun nimm dir ein Herz und sprich mit der anderen Person. Sorge für einen ungestörten Rahmen und trau dich, all deine vier Seiten offen anzusprechen. Du musst nichts ablesen, solltest aber innerlich prüfen, ob wirklich alle vier Seiten vollständig angesprochen wurden.

Authentizität macht Spaß.

wir so Verhalten und Worte. Sagen wir ehrlich, wie es uns geht sagen, geben wir damit den Impuls: Ich bin nicht du. Ich bin ich. Diese Offenheit ist essenziell, damit die andere Person uns versteht und mit uns fühlen kann. Für das Mitgefühl sind die sogenannten Spiegelneuronen in unserem Gehirn verantwortlich. Sie spiegeln unsere Emotionen in die innere Welt unseres Gegenübers. Es fühlt es sich dann so an, als würde unser Gegenüber unsere Gefühle auch erleben. So versetzen wir uns in die andere Person hinein. Die Selbstkundgabe hat mir in schwierigen Gesprächen schon oft geholfen. Als ich noch Führungskraft war, musste ich beispielsweise einem Mitarbeiter sagen, dass er nicht so gut riecht. Ich hatte Angst, seine Gefühle zu verletzen, und habe begonnen mit: „Was ich dir heute sagen will, fällt mir sehr schwer. Ich schätze dich und will deine Gefühle nicht verletzen. Gleichzeitig würde ich es wissen wollen, wenn ich das Thema hätte." Meine Offenheit gab dem anderen die Möglichkeit zu verstehen, dass es gerade für uns beide nicht einfach ist, und auch, dass ich nur Gutes will. Selbstkundgabe schafft Verbundenheit. Zudem wird unsere Logik flexibler, denn wir erkennen die Unterschiedlichkeiten zwischen uns. Mitgefühl holt uns in unser Herz zurück, es vertreibt das Ego.

Zudem trainiert die Selbstkundgabe unser Bewusstsein über das, was in uns vorgeht: Wie geht es mir damit, ist die entscheidende Frage. Solange wir unsere Gefühle ignorieren, laufen wir Gefahr, dass die Impulse unseres Unterbewusstseins unsere Gespräche unterwandern. Unser Unterbewusstsein verhindert unsere Authentizität, denn anders zu sein könnte bedeuten, ausgeschlossen zu werden. So kann es sein, dass wir beispielsweise Standpunkte abmildern oder unsere Wortwahl anpassen. Gegen beides ist nichts zu sagen, doch es verfälscht den Blick auf uns und unsere wahren Gefühle. Da jeder diese Impulse hat, sind wir in einem Kreislauf gefangen. Innerlich fühlen wir, dass wir uns nicht ganz zeigen. Unterschwellig verstärkt sich so ein Gefühl des Andersseins, des Nichtverstandenwerdens oder Nichtdazugehörens.

„Wenn die anderen nur wüssten“, denken wir vielleicht. Dabei geht es fast allen so! Alle wünschen sich, sich ganz zu zeigen, und kaum einer traut sich. Jeder hält sich an irgendwelche Regeln und hat einen ganzen Kopf voller Annahmen und Hypothesen mitgebracht. Weshalb es guttut durchzuatmen, innezuhalten und sich vor wichtigen Gesprächen oder Aussagen zu fragen: Wie geht es mir damit? Selbstbewusstsein besteht nicht umsonst aus den Worten Selbst und Bewusstsein. Echtes Selbstbewusstsein hat nichts mit aufgeblähtem Brustkorb zu tun. Es ist vielmehr die Fähigkeit, sich über sich selbst bewusst zu sein und den Mut zu haben, sich auch genauso zu zeigen. Je mehr wir erkennen, was uns guttut und wie es uns geht, und je mehr wir uns trauen, genau das nach außen zu zeigen, umso klarer wird unsere Kontur. Wir werden im besten Sinne einschätzbarer für unser Umfeld. Das ist für alle Seiten befreiend.

Das offene Aussprechen aller vier Seiten dient der klareren Kommunikation. Es wird automatisch schwerer, uns auf unsere Aussage zu reduzieren, die Kommunikation wird komplexer, denn Zusammenhänge werden deutlich. Sind wir klar auf allen vier Seiten, sprechen wir auch unsere Wünsche und Bedürfnisse offen aus. Statt Wünsche verklausuliert zu verstecken, ermutigt uns das Ausformulieren der Appellseite dazu, unsere Wünsche vor uns selbst und der anderen Person anzuerkennen. Wünsche, Appelle und Bedürfnisse sind wichtig. Im Beziehungscoaching erlebe ich immer wieder, dass eine unbewusste Erwartung da ist, die andere Person würde die Wünsche von den Augen ablesen können. Da will ich eigentlich immer rufen: Aber wie denn? Jeder von uns schließt mehr oder weniger von sich auf andere. Es tut gut zu verstehen, dass unser Gegenüber anders tickt, und es tut gut, die eigenen Wünsche auszusprechen.

Eine Vorbereitung mit vier Seiten ist für mich immer Selbsterkenntnis. Jedes Mal macht sie mich sicherer. Ich fühle mich nicht verletzlich, sondern stark.

ZUHÖREN LERNEN

Auch als Empfänger einer Nachricht ist das Modell fabelhaft. Es hilft uns, die eigenen Muster und Programme zu identifizieren. Wenn jede Botschaft vier Botschaften enthält, ist es spannend zu schauen, welche wir heraushören. Genau hier kommen unsere unterbewussten Programme zum Vorschein. Das, wovor wir Angst haben, versucht unser Unterbewusstsein zu vermeiden. Unsere Ohren zeigen unsere Prägung, die Regeln, nach denen wir leben, unsere Geschichte. Manchmal zeigen sie uns, wo wir noch mehr ins Vertrauen kommen können und welche alten Ängste uns noch im Weg stehen. Es ist spannend zu schauen: Mit welchem Ohr höre ich? Und warum? Was vermeide ich dadurch? Wovor schütze ich mich? Manchmal ist ein Ohr ausgeprägter als die anderen, manchmal variiert es je nach Ort, Rolle oder Person. Das, was wir hören, spiegelt immer unsere innere Logik. Es ist ein weiterer Beweis für die selbstgemachte Verzerrung zwischen dem, was ist, und dem, was wir daraus machen.

Das eigene Zuhörmuster verstehen

Zuhören ist, wie strenggenommen alles im Leben, eine Achtsamkeitsübung. Sie beginnt mit unserer Intention. Wollen wir die andere Person hören? Als Empfänger einer Nachricht können wir versuchen, mit offenem Herzen in ein Gespräch zu gehen. Dafür brauchen wir das Bewusstsein, dass wir Menschen begegnen statt Geschlechtern, Hautfarben, Altersgruppen oder Funktionen. Unser Verstand teilt die Menschen in Gruppen ein, packt sie in Schuhkartons. Unse-

ÜBUNG 31: VIER OHREN UND WAS SIE MIR SAGEN

Denke für diese Übung an eine Situation aus den letzten Tagen oder Wochen. Vielleicht gab es ein Gespräch, worüber du länger nachgedacht hast oder in dem es Missverständnisse oder Spannungen gab? Versuche, dich an die Worte deines Gegenübers möglichst genau zu erinnern:

- Mein Gegenüber sagte so etwas wie:

- Wenn ich diese Botschaft auf die vier Seiten übersetze, dann interpretiere ich …

- Das ist die reine Sachbotschaft:

- Das sagte mein Gegenüber über sich:

- Das sagte mein Gegenüber über uns und über mich:

- Das war der Appell:

Nun atme noch einmal tief und markiere farblich, welches Ohr du am lautesten herausgehört hast. Meist erkennst du dein Ohr daran, wie du geantwortet beziehungsweise reagiert hast. Schreibe hier möglichst wörtlich deine Reaktion auf:

- Auf welche der vier Ohren hast du reagiert?

Auf der nächsten Seite geht es weiter ⟶

Wie hättest du reagiert, wenn du mit einem der anderen Ohren gehört hättest? Schreibe deine Reaktionen hier auf: Auf die reine Sachinformation hätte ich geantwortet:

___

- Auf die reine Selbstkundgabe meines Gegenübers hätte ich geantwortet:

___

- Auf die reine Beziehungsbotschaft/die Botschaft über mich hätte ich geantwortet:

___

Auf den reinen Appell hätte ich geantwortet:

___

re Filter sorgen dann dafür, dass wir hören, was wir mit dieser Gruppe/diesem Schlag Mensch verbinden. Wir sehen, was wir glauben, und wir hören, was wir glauben – weshalb Vorurteile so toxisch sind. Veränderung beginnt mit dem Bewusstsein darüber, dass das passiert. Es ist menschlich. Wir können unsere Tendenzen finden, wenn wir auch hier den Unterschied zwischen dem, was gesagt wurde, und dem, was wir gehört haben, unter die Lupe nehmen. Wenn wir wissen, welche „Ohren" überaktiv sind, können wir sanft gegensteuern. Hierzu können wir einfach unsere Reaktionen betrachten. Nehmen wir ein Beispiel:

- „Schatz, die Schokolade ist alle!" ist die Aussage.

Die hörende Person, also Schatz, könnte nun verschiedene Aussagen heraushören. Hier ein paar mögliche Beispiele:

- Sachebene: „Die Schokolade ist leer. Es gibt keine Schokolade mehr."
- Selbstkundgabe: „Ich habe Appetit auf Schokolade und bin enttäuscht, dass sie leer ist."
- Beziehung: „Du isst immer alles auf! Das ist egoistisch!"
- Appell: „Kauf mehr Schokolade!"

Je nachdem, mit welchem Ohr Schatz zuhört, wird die Antwort von Schatz unterschiedlich ausfallen. Das könnte sich zum Beispiel so anhören:

- Das Sachohr würde „Stimmt!" antworten.
- Das Selbstkundgabeohr würde vielleicht: „Sei nicht traurig. Wir haben noch Kuchen" sagen.
- Das Beziehungsohr antwortet: „Es war nur noch ein Stück da. Es tut mir leid."
- Das Appellohr antwortet mit: „Du bist dran mit Einkaufen!"

Gute Gespräche brauchen Achtsamkeit.

Unsere Antworten und emotionalen Reaktionen zeigen uns, was wir hören. Fühlen wir uns angegriffen oder haben wir Mitgefühl? Wir können Achtsamkeit üben, innehalten und nachfragen lernen. Ein einfaches „Wie meinst du das?“ oder „Was hast du gesagt?“ kann Wunder wirken. Es ist zudem herrlich befreiend, zu erkennen, welche Regeln und Stereotype in uns gespeichert sind. Konditionierungen sind uns selten bewusst, doch wenn sie es werden, können wir sie loslassen.
Als kleine Alltagsübung kannst du nun beginnen, deine Kommunikation zu betrachten. Was wird gesendet und was gehört? Es ist so spannend! Bedenke dabei, dass Tonlage und Gestik ca. 80–90 % der Botschaften ausmachen. Es kann sein, dass ein an sich neutral klingender Satz wie ein Appell gesagt wird. Ob wir jedoch den Ton unseres Gegenübers richtig entschlüsseln oder ob unsere Wahrnehmungsfilter uns einen Streich spielen, wissen wir erst, wenn wir genauer nachfragen.

Das Bonbon des Zuhörens

Zuhören zu lernen ist ein Schlüssel zu mehr Menschlichkeit. Lass uns zu der Idee zurück-

Gutes Zuhören ist das schönste Geschenk.

kommen, wir würden in Unternehmen nicht Vorstände, Betriebsrätinnen und Mitarbeitende treffen, sondern in erster Linie Menschen. Oder auf dem Sportplatz nicht Vereinszugehörigkeiten, sondern Menschen. Mit der Funktion und Rolle werden automatisch Erwartungen und Glaubenssätze aktiviert. Unsere Erfahrungen tragen wir oftmals in den aktuellen Moment. Denk nur an das Kapitel zum Thema Mindset. Frag dich einmal: „Was denke ich über Führungskräfte?“, oder: „Was denke ich über Menschen aus xy?“. Unsere innere Logik ist voller Schuhkartons, in die wir unbewusst Menschen zusammensortieren wollen. Was aber, wenn wir lernen, Menschen zu begegnen? Wenn wir neugierig bleiben auf den anderen, egal welche Rolle oder Funktion dieser Mensch bekleidet? Wenn wir verstehen, dass da jemand genauso Kind war wie wir, eigene Verletzungen hat, Unsicherheiten, und gerade jetzt sein Bestes gibt. Wie wir alle. Keiner steht auf, um ein Idiot zu sein.

Wie befreiend wäre es, wenn unser Herz zuhören könnte und nicht unser Ego. Da wir so nicht programmiert sind, brauchen wir unser Bewusstsein. Sobald uns klar ist, dass unsere innere Welt unsere äußere Welt verzerrt, können wir atmen und innerlich einen Schritt zurücktreten. Wir können lernen, genauer zuzuhören, und unsere eigenen Schlussfolgerungen als das sehen, was sie sind: Hypothesen. Schaffen wir das, geben wir das Rechthabenwollen unseres Egos ein Stück auf und können unsere Hypothesen prüfen. Die Welt wird komplexer und spannender! Wir können beginnen, Fragen zu stellen, neugierig zu sein und so tatsächlich echten Kontakt zuzulassen. Wir öffnen so einen Raum, in dem die andere Person sich zeigen kann. Eine Neugier zu entwickeln, die uns hilft zu verstehen, was diese Person zu teilen hat.

Spiritual-Leadership-Regel Nr. 19:
Begegne dem Menschen vor dir, nicht der Idee von ihm in dir.

Neben unserer inneren Logik erschweren uns unsere Schutzmechanismen das Zuhören. Sie suchen den sichersten Weg, und so formulieren wir meist schon unseren nächsten Satz, während das Gegenüber noch spricht. Auch deshalb ist Zuhören eine Achtsamkeitsübung. Wir dürfen lernen, nicht zu denken, während jemand anders spricht. Die Pause, die dann entsteht, während wir unsere Antwort finden, tut allen gut. Sie entschleunigt die Begegnung. Sie lässt Raum zum Fühlen.

GUT FRAGEN

Unsere Haltung zeigt sich auch in unseren Fragen. Fragen sind großartig! Ich liebe sie! Beobachte einmal Interviews und Gespräche und schau dir die Fragen an. Legendär, wie Scarlett Johansson in einem Interview nach ihrer Diät gefragt wurde, während ihr männlicher Co-Star eine Frage zum gespielten Charakter und seiner Entwicklung bekam. Sinngemäß antwortete sie etwas wie: „Wie kommt's, dass immer du die spannenden Fragen bekommst?" Ich liebe auch die Interviews nach Fußballspielen. Obwohl ich keine begeisterte Fußballzuschauerin bin, sind die Fragen meist sehr gerichtet, und die Befragten brauchen ihre ganze Geduld, um ruhig zu bleiben. Zwischendurch reißt mal jemand der Faden, und ich denke dann immer: Verstehe ich. Es gibt Fragen, die wollen nur die schon vorgefasste Meinung bestätigt wissen. Das ist frustrierend. Andere Fragen wiederum fühlen sich wunderbar an. Mit ihnen schwingt eine Neugier und Freude am Entdecken des anderen, die für beide Seiten wohltuend ist. Neue Erkenntnisse und mehr Nähe sind nur möglich, wenn wir lernen, gut zu fragen. Das bedeutet:

- Wir brauchen ein Bewusstsein über den eigenen Standpunkt und die eigenen Hypothesen zu Thema und Person. Damit können wir einer möglichen Färbung unserer Fragen entgegensteuern. Eine gute Möglichkeit bei eigenen Hypothesen sind Gegenprüfungen. Statt unsere vorgefertigte Meinung bestätigen zu wollen, können wir bewusst in die andere Richtung fragen. Um die Antwort zu hören und zu glauben, brauchen wir einen halbwegs neutralen Standpunkt.
- Ist unsere Hypothese so kraftvoll, dass wir keinen neutralen Standpunkt in uns finden können, mag ich Ehrlichkeit. Ein „Ich habe das Gefühl, ... stimmt das?" ist einfach und klar.
- Ansonsten sollten wir alle lernen, Fragen zu stellen, die den Raum des Gegenübers weiter machen. Wir können nach Träumen fragen, nach Idealen, nach den schönsten Erlebnissen der letzten Tage, nach Sehnsüchten und vieles mehr. Fragen lenken Aufmerksamkeit. Besser, wir lenken sie an schöne Orte, oder?
- Das Beste aus dem anderen herausfragen ist ebenfalls eine großartige Übung. Sie basiert auf dem Satz meiner Coachinglehrerin Martina Schmidt-Tanger (26) zum Thema Beziehungen. Sie riet, jemanden zu finden, der das Beste aus einem herausliebt. Ist das nicht ein wunderbarer Rat? Er bedeutet, vom Besten auszugehen, die Schokoladenseiten zu sehen. Welche Fragen würden wir bei einer solchen Vorprägung stellen? Vielleicht würden wir nach Erfolgsrezepten fragen, nach Motivation, nach Zielen oder Ähnlichem.
- Fragen sind eine Kunst, wie alles rund um das Thema Kommunikation. Sie können abstrakte Schlüsse einleiten: „Welche Stärken hast du da bewiesen?", oder ein Detail deutlich machen: „Wie zeigt sich das zum Beispiel?". Wir können sie nutzen, um kritisches Denken zu fördern: „Wo sind die Schwachstellen hier?", oder um zum Träumen einzuladen: „Was würdest du dir wünschen?". Sie können wie eine Anklage wirken: „Warum hast du das getan?", oder wie eine Bestätigung: „Woher wusstest du das?". Gut, wenn wir sie bewusst einsetzen.

WIE DANIEL NEUGIERIG BLEIBT

Daniel Mahlow ist mein Supermann und gleichzeitig ist er einer meiner wichtigsten Mentoren rund um das Thema Kommunikation, Training und Leadership. Bevor wir ein Paar wurden, begann ich in einem Service-Center einer großen Bank zu arbeiten, und Daniel war mein Trainer. Er und seine Kollegen und Kolleginnen brachten mir die vier Seiten einer Nachricht näher. In den Trainings lernte ich, was es heißt, anderen offen gegenüberzutreten und menschlich zu bleiben. Darum habe ich ihn überredet, in diesem Buch aufzutauchen. Bis heute ist Daniel eines meiner großen Vorbilder. Er ist der neugierigste, freundlichste Mensch, den ich kenne. Wenn er mit anderen spricht, will er immer ihren Blick verstehen, ihre Seite erkunden. Ich bin also eine sehr glückliche Frau, ihn an meiner Seite zu haben. Daniel arbeitet als Manager in einer großen Bank. Er ist ein echter Spiritual Leader, weil er immer den Menschen sieht, erst danach die Rolle und Funktion.

Seit ich dich kenne, gehst du offen und ohne Vorbehalte auf andere Menschen zu. Du bist – egal ob wir im Urlaub oder beim Shoppen sind oder du arbeiten bist – immer neugierig auf die anderen. Hast du eine Idee, wo das herkommt? Was ist dein Motor und was ist seine Geschichte?
Ich glaube, das habe ich von meinem Vater. Er hat mir immer viele Angebote gemacht und mir zum Beispiel naturwissenschaftliche Zusammenhänge mit einfachen „Weißt du eigentlich"-Fragen nahegebracht. Das hat eine Lust in mir geweckt, die Welt verstehen zu wollen. Es ist ein bisschen, wie wenn wir U-Bahn fahren. Wir steigen irgendwo ein und an einem Wahrzeichen wie dem Fernsehturm wieder aus. Dann fahren wir eine weitere Station und landen bei einem Rathaus. Irgendwann laufen wir den Weg zu Fuß, und plötzlich vernetzen sich die unterschiedlichen Eindrücke zu einem Ganzen und die Wege werden klar. So ist das auch mit Menschen. Es ist spannend, ihren Geschichten zuzuhören und zu sehen, wie was zusammenhängt. Was sind die Treiber des Einzelnen? Der Mensch ist spannend und unberechenbar. Jede Situation ist anders, weil jeder anders handelt.

Du bist in deinem Beruf sehr eingebunden und hast jeden Tag viele Meetings, in denen du dich mit anderen austauschen und einigen musst. Was hilft dir, in diesem straffen Arbeitsalltag die Lust auf Menschen nicht zu verlieren?
Zuerst einmal: Es gibt durchaus Situationen, in denen ich runterfahre und meine Ruhe brauche. Ich brauche Pausen wie beispielsweise am Wochenende, wo ich wenig tue und mich entspanne. Unter der Woche ist der Fokus entscheidend. Um Entscheidungen treffen zu können, muss ich mir eine Meinung bilden. Das passiert meist sehr schnell. Mit anderen zu reden, hilft mir zu sehen, ob es andere Sichtweisen auf ein Thema gibt. Ich mag es zu entdecken, wie mein Gegenüber auf die Welt schaut und was für Rückschlüsse daraus entstehen. Als Führungskraft versuche ich zu erkennen, was meinem Gegenüber

helfen kann zu wachsen. Eine Prämisse von mir ist, dass jeder aus dem Kontakt mit mir in einem besseren Zustand herauskommen sollte, als er reingekommen ist. Das gelingt mir natürlich auch nicht immer. Wenn ich andere inspirieren will, muss ich selbst in einem guten Zustand sein.

Wenn du an Kommunikation denkst, welche Technik oder welcher Gedanke ist dir selbst ein innerer Kompass?
Der Satz „Jeder handelt aus einer positiven Absicht heraus" hat mich geprägt. Sobald ich denke: „Das stimmt doch nicht", habe ich zwei Dinge nicht verstanden: Die Perspektive oder das Ziel des Gegenübers. Das bedeutet immer, dass ich nachfragen muss.

Nicht jedes Gespräch, nicht jede Diskussion läuft rund, egal wie gut geschult man in Kommunikationstechniken ist. Was hilft dir, in den nächsten Termin wieder frei und offen zu gehen?
Was hilft, ist irgendeine Art von Separator. Es tut gut, an etwas anderes zu denken. Das kann ein Telefonat mit einem netten Kollegen sein, das einen meist in einen besseren Zustand bringt. Oder einmal kurz vor die Tür gehen, einen Kaffee besorgen. Idealerweise versuche ich, etwas früher aus einem Meeting zu gehen, um etwas Zeit vor dem Start des nächsten Termins zu haben und mich resetten zu können. In der Realität ist das allerdings eine echte Challenge. Bewusstes Atmen hilft mir ebenfalls sehr.

Gibt es etwas, was du uns raten kannst, wenn wir viel mit anderen Menschen zu tun haben?
Wer viel mit Menschen zu tun hat, sollte Lust auf Leute haben. Es ist wichtig, sich zu erinnern, was die eigene Intention ist. Es gibt einen Grund, warum soviel Kontakt da ist. Macht mir das, was ich tue, Freude? Dahin zu horchen ist wichtig. Idealerweise sind wir auf der Welt, um glücklich zu sein, und wenn es richtig gut läuft, setzen wir bei anderen Impulse, so dass sie auch glücklich werden.

Positivity
is a
superpower.

TEIL 3

DIE SANFTE REVOLUTION

Wir selbst sind die,
auf die wir gewartet haben.
Wir dürfen, müssen, können
die Veränderung sein,
die wir brauchen.

Unser innerer Friede,
unser Glaube und unsere Verbundenheit
mögen leicht zu finden sein,
auf der Yogamatte oder bei einem Tee.
Doch wie ist es mitten im Leben?
Können wir unser Herz weiter spüren,
wenn wir für das Gute kämpfen wollen?
Können wir friedlich sein,
auch wenn es so viel zu tun gibt?

Die Revolution aus dem Herzen
hat eine sanfte Kraft,
eine unerschütterliche Zuversicht,
und immer wieder
zwischendurch
fangen wir unser Ego ein,
das einfach nur recht haben
oder gewinnen will.

Wie du die Welt verändern kannst

Der Garten meiner Großmutter wurde mit den Jahren schöner und schöner. Stetige Arbeit im Einklang mit dem Fluss der Jahreszeiten hat für eine stetige Veränderung gesorgt. Wir alle verändern mit unserem täglichen Handeln die Welt. Warum dies also nicht zum Besten tun? Pflanzen bzw. ätherische Öle, die uns dabei Rückenwind schenken können, sind z. B.: Melisse (Licht), Neroli (gemeinsame Ziele und Partnerschaft), Schwarzer Pfeffer (Demaskierung), Majoran (Vertrauen und Verbundenheit), Nelke (Grenzen), Zedernholz (Gemeinschaft), Sandelholz (Ausrichtung auf das Größere), Aborvitae (unerschütterliches Vertrauen in die höhere Macht).

DAS BESTE IST IN ALLEN

In unserer Welt beeinflussen uns die Begegnungen. Wir lernen voneinander, schauen uns bewusst und unbewusst Dinge ab. Warum also nicht losgehen und größer denken? Die eigene Mission in jede Ecke unserer Welt leuchten lassen? Dieses Kapitel dient der Veränderung. Wie können wir Menschen vom Guten überzeugen? Wie können wir uns auseinandersetzen? Was lernen wir im Kontakt mit anderen? All unsere bisherigen Einsichten finden nun zusammen. Wir sind hier, um eine Revolution anzuzetteln, friedlich und mit besten Absichten. Je mehr Licht in die Welt strahlt, je mehr wir alle uns trauen – umso besser für uns alle.

Die Grundlage für ein gutes Miteinander, eine Revolution aus dem Herzen, ist der Glaubenssatz: Jeder handelt in einer positiven Absicht. Ich glaube fest daran, dass niemand morgens mit der Idee aufsteht, ein Idiot zu sein. Dennoch sehen wir Menschen Grausames tun. Wir sehen Elend in der Welt, Ignoranz, Kampf. Wir sehen die Folgen unserer Egos, die Konditionierungen und die Stressprogramme von uns allen. Wie wir kämpfen auch alle anderen mit ihren Wunden, Einschränkungen, ihrem Karma. Alle sind auf dem Weg zu sich selbst. Wir nutzen nur unterschiedliche Pfade. In jedem von uns ist der gleiche wunderbare Kern, die gleiche Energie des Universums. Keiner von uns ist besser oder schlechter. Die Folgen unseres Handelns sind nur verschieden. Lass uns also die Welt heller machen, indem wir lernen, andere besser zu verstehen, indem wir uns auseinandersetzen, miteinander, liebevoll, sanft, klar.

Spiritual-Leadership-Regel Nr. 20:
Jeder handelt in einer positiven Absicht.

Den anderen sehen

Bevor Yoga, Meditation und mehr in mein Leben gekommen sind, habe ich schon mal schnell die Nerven verloren. Von außen war das nicht immer sichtbar. Hat mich etwas getriggert, habe ich mich angegriffen oder ins Unrecht gesetzt gefühlt und bin in mein Stressprogramm gesprungen. Dann habe ich mich automatisch aufgeplustert, aufrechter hingesetzt, mein Kinn leicht gehoben. Meine Stimme wurde schärfer, ich war angriffslustig, bereit zu streiten. Meine Worte kamen schnell, begleitet von Gesten und einem Blick direkt in die Augen meines Gegenübers. Ich

Stressmuster zeigen sich immer körperlich. Sieh alles mit Mitgefühl.

bin nicht stolz darauf, doch häufig habe ich mich so durchgesetzt. Ich galt entweder als schwierig oder als Führungspersönlichkeit. Ich selbst jedoch fühlte mich nach solchen Momenten, wenn die Gefühlswelle abgeklungen war, nicht mehr gut. Ich hatte das Bedürfnis, mich zu entschuldigen. Mein Verhalten fühlte sich falsch an, im Nachhinein. Verrückterweise kam das in den häufig eher männerdominierten Umfeldern, in denen ich mich bewegte, meist gut an. Heute weiß ich, dass in den Momenten, wenn ich aufspringen wollte und für meine Sache gekämpft habe, mein limbisches System angesprungen ist. Mein Körper war bereit, mich in Sicherheit zu bringen. Wenn evolutionäre Stressmuster übernehmen, läuft ein automatisches Programm ab. Wann immer unser System sich in Gefahr wähnt, schalten sich diese Muster ein. Die Merkmale, an denen du die unterschiedlichen Stressmuster erkennst, sind diese:

Stressmuster Kampf

Gerade im Jobkontext bin ich, wie eben beschrieben, unbewusst in dieses Muster gesprungen. Du erkennst Menschen im Kampfmodus an diesen Merkmalen:

- Der gesamte Körper wird größer gemacht. Es findet eine innere Aufrichtung statt.
- Die Brust wird nach vorne gedrückt, manchmal werden die Hände in die Taille gestemmt.
- Das Kinn wird leicht gehoben. Hiermit werden Hals und Herz, die empfindlichen Stellen des Körpers, nicht geschützt.
- Fester Stand auf dem Boden, beide Beine symmetrisch, hohe Körperspannung.
- Die unbewusste Botschaft dieses Programms ist: Du kannst mir gar nichts. Ich habe keine Angst. Komm doch!

Stressmuster Flucht

Wenn ich einen spannenden Film schaue, kann ich nicht gut still sitzen bleiben. Wird es zu schlimm, renne ich aus dem Raum, um mir etwas zu trinken zu holen. Kommt dir bekannt vor? Das ist das Stressmuster „Flucht“. Du erkennst es an diesen Merkmalen:

- Der Körper wird kleiner gemacht. Die Arme werden an den Oberkörper gedrückt.

- Die Körpermitte wird geschützt. Dafür werden das Kinn gesenkt und die Arme gern vor den Bauch gelegt.
- Unruhe und Bewegung kommen auf. Die Fußspitzen werden gegen Ausgang gedreht, der Kopf weggedreht. Wackeln, tippen oder andere Bewegungen werden unbewusst ausgeführt.
- Die Person versucht der Situation zu entkommen. Es werden Ausreden gefunden, um die Situation verlassen zu können.
- Die unbewusste Botschaft dieses Programms ist: Ich muss hier weg. Mich bekommst du nicht.

Stressmuster Starre

Manchmal frieren wir ein, wenn Gefahr da ist. Dieses Muster kann unter anderem auftauchen, wenn unser System erkennt, dass Kampf oder Flucht keine Optionen sind. Du erkennst dieses Muster an diesen Merkmalen:

- Der ganze Körper zeigt keine Bewegung. Es herrscht völlige Starre.
- Der Blick wird starr auf einen Punkt geheftet.
- Die Person hält die Luft an.
- Die Arme hängen herunter.
- Die unbewusste Botschaft dieses Programms: Nichts von außen lasse ich an mich heran. Ich bin nicht hier.

Wenn wir die Welt verändern wollen, müssen wir lernen, andere zu überzeugen. Gewaltfreiheit, Ahimsa, ist eine der ersten Haltungen, die ein Yogi auf dem achtgliedrigen Pfad (55) lernt. Gewaltfreiheit kann bedeuten, dass wir unsere Muster des Kampfes erkennen lernen und neu wählen üben. Wir können auch lernen, die Muster bei anderen zu erkennen. Jede(r) von uns hat Trigger, die ein Stressprogramm automatisch anspringen lassen. Wenn jemand anders in einem der oben genannten drei Programme ist, dann ist die Person gerade nicht sie selbst. Das Stressprogramm sorgt für einen Überlebensmodus, der die Kraft des Verstandes mindert. Es ergibt keinen Sinn, in so einem Moment zu diskutieren und jemanden überzeugen zu wollen. Die Person kann es nicht so verarbeiten wie sonst. Wir müssen daher lernen, Stress zu erkennen. Bei uns und bei anderen. Die Frage ist nicht: Warum ist jemand gerade so blöd/uneinsichtig/merkwürdig? Sondern: Wie kann ich dieser Person helfen? Es kann sein, dass Abstand guttut. Eine Vertagung der Diskussion auf einen späteren Moment. Manchmal tut eine liebevolle Geste gut. Wenn eines meiner Beziehungsstressprogramme anspringt, umarmt mich mein Mann. Das hilft fast immer.

Stressprogramme sind ein Zeichen für eine benötigte Auszeit – wie man sie beispielsweise in vielen Sportarten nehmen kann. Für Austausch und auch Auseinandersetzung braucht unser Nervensystem ein Gefühl von Sicherheit. Bis das wiederhergestellt ist, geht wenig. Wir alle sind am besten, wenn unsere Anspannung nicht zu hoch ist. Es ist schön, ein wenig aufregendes Kribbeln zu fühlen oder hellwach zu sein, um nichts zu verpassen. Doch wie immer macht die Dosis das Gift. Stressprogramme bringen uns in Sicherheit, komme, was wolle. Wir müssen also atmen und Zeit gewinnen, bis wir das Beste im anderen wieder sehen können.

Die beste Haltung im Umgang mit Menschen

Unser wahres Selbst unterscheidet nicht zwischen wertvollen und nicht so wertvollen Menschen. Es kennt kein besser und schlechter, kein angenehm oder unangenehm – wir jedoch schon. Wir haben Menschen, die uns liegen, und welche, die uns nicht so sehr liegen. Eine wunderbare Haltung im Umgang mit anderen ist, zu lernen, die anderen zu ermächtigen. Wie kann das gehen? Ermächtigung bedeutet, das Potenzial im anderen zu sehen. Zu sehen, wozu jemand fähig ist, die beste Version zu erkennen. Unser ganzes System ist darauf trainiert, Fehler zu finden. Bei uns selbst natürlich, aber auch bei allen anderen. Schon in der Schule wurden unsere Fehler korrigiert, nicht das Richtige herausgestellt. Die Natur unseres Egos ist, alles zu bewerten. Genauso, wie wir jedoch in unserem Alltag den Fokus von Problemen und Leid zu Dankbarkeit und Wertschätzung legen können, können wir es auch im Umgang mit anderen. Jemandem zu begegnen und die beste Version dieses Menschen durchscheinen zu sehen, ist wunderbar. Unsere Energie von Zutrauen, Vertrauen und Freundlichkeit hilft unserem Gegenüber, an sich selbst zu glauben. Diese Selbstwirksamkeit ist ein entscheidender Faktor, der Menschen dazu bewegt, ins Handeln zu kommen. Wenn jemand an uns glaubt oder wir an jemanden glauben, wird das Vertrauen gestärkt, das Ego schrumpft. Es kann nicht anders. Da, wo weniger Ego ist, ist weniger Trennung, weniger Kampf und mehr Liebe. So ändert sich die Welt, Schritt für Schritt. Du kannst bewusst üben, das Licht der anderen zu sehen. Frag dich einfach immer wieder: Was ist die positive Absicht dieser Person? Mir hilft es manchmal, mir das innere Licht dieses Menschen bildlich vorzustellen oder jemanden als unschuldiges Kind vor mir zu sehen. Etwas wird weiter in uns, wenn wir uns bemühen, das Licht des anderen zu sehen. Probiere es aus!

Was sehen wir, wenn wir andere betrachten? Wir selbst haben die Wahl.

UMZINGELT VON IDIOTEN

Nicht, dass jetzt irgendjemand glaubt, nur durch Yoga und Meditation würde ich ständig mit Konfetti werfen und mich nie ärgern. Es gibt noch immer Menschen, Sätze, Situationen, die mich aus meiner inneren Ruhe holen und meine Stressprogramme auf den Plan rufen. Was menschlich ist, uns allen geht es so. Wann immer uns jemand so richtig nervt, ärgert, wütend macht, bedeutet das, es gibt etwas in uns zu heilen. Wir reagieren nur dann auf andere, wenn etwas in uns getriggert werden kann. Geheilte Wunden können nicht getriggert werden. Somit ist jeder Moment, in dem wir aus dem Konzept geworfen werden, nichts anderes als ein Moment, in dem wir wieder etwas in uns heilen können.

> ***Spiritual-Leadership-Regel Nr. 21:***
> *Wenn dich etwas oder jemand auf die Palme bringt, heißt das, du hast eine neue Chance, etwas zu heilen. Heilung bedeutet immer mehr Freiheit.*

Was hat das mit mir zu tun?

Der wunderbare Friedemann Schulz von Thun, Psychologe und Philosoph, (56) hat ein fabelhaftes Modell entwickelt, das sogenannte Werte- und Entwicklungsquadrat. Mit dem Quadrat kann man hervorragend herausbekommen, warum manche Menschen uns auf die Palme bringen, während andere zwar anders sind, aber keinerlei Gefühlsregung in uns auslösen. Gelassenheit ist eine Tugend, heißt es. Ich sage: Gelassenheit ist eine Übung. Sie ist die Folge des festen Glaubens, dass alles, was uns aufregt, uns etwas über uns selbst verrät.

Jeder Moment, in dem unser innerer Frieden gestört wird, ist eine neue Lernaufgabe. Unsere Einzigartigkeit ist unser Geschenk. Gleichzeitig sorgt unsere Programmierung dafür, dass wir mögen, was uns bekannt vorkommt. Menschen, die ganz anders ticken als wir, lehnen wir erst einmal ab. Wir verstehen sie einfach nicht. Dies ist die Folge unserer eigenen Positioniertheit. Wir sehen die Trennung vom anderen statt die Gemeinsamkeit. Sehen die Kluft statt die Chance. Eine Revolution aus dem Herzen braucht eine Einheit, ein Miteinander, ein Voneinanderlernen. Das funktioniert nur, wenn wir die positive Absicht im anderen erkennen und sehen, dass wir immer voneinander lernen können.

Grenzen setzen

An dieser Stelle will ich einen kurzen Ausflug ins Grenzensetzen machen. Denn natürlich bedeutet all das nicht, dass wir uns alles gefallen lassen müssen. Wenn jemand unsere Grenzen missachtet und überschreitet, müssen wir handeln. Klare Grenzen zu haben bedeutet, für sich selbst einzutreten. Nein zu sagen, wenn sich etwas nicht richtig anfühlt, oder Konsequenzen zu ziehen, wenn die Handlungen anderer Personen uns gegen den Strich gehen. Ein Ja zu dem, was ist, bedeutet nicht, dass wir aushalten, ertragen, dulden müssen. Im Gegenteil, Grenzen zu setzen, zeigt unser Ja zum Co-Kreieren unseres Lebens. Das Universum schickt uns allerhand Lernaufgaben: Sie sind da, damit wir heraus aus unserer Komfortzone kommen und uns selbst befreien. Wir üben, die Konformität abzulegen und dem Drang, gefallen zu wollen, nicht mehr nachzugeben. Wir lernen, unsere Angst vor Streit oder Alleingelassenwerden zu bewältigen. Wir lernen, über uns hinauszuwachsen, wieder und wieder. Wenn Menschen meine Grenzen

ÜBUNG 32: AUFREGER ERKENNEN LERNEN

Um herauszufinden, warum dich jemand nervt, probiere diese Übung. Finde eine Person, die dich gerade richtig aufregt. Vielleicht hast du dich über jemanden geärgert oder es gibt einen Menschen, der dir einfach nicht liegt. Denke nun an diese Person und eure Begegnungen. Spiele sie vor deinem inneren Auge ab. Schreibe das auf, was in dir Gefühle auslöst. Achte darauf, dass du nicht die Handlungen aufschreibst, sondern die Eigenschaften. Mal angenommen, jemand fällt dir immer wieder ins Wort, dann wäre die Handlung das Unterbrechen deines Redeflusses. Die Eigenschaft könnte Unhöflichkeit oder Unfreundlichkeit, Unachtsamkeit oder Egoismus sein. Du wählst aus den möglichen Eigenschaften die aus, die das Verhalten aus deiner Sicht am besten begründen.

1. Was ist die Eigenschaft, die mich an dieser Person am meisten nervt? Trage diese Eigenschaft in das Feld unten rechts in der Grafik ein.
2. Stell dir nun vor, du wärst eine wichtige Beraterin/ein wichtiger Berater, die/der von der betreffenden Person engagiert wird, um sich weiterzuentwickeln. Du sollst ihr einen Rat geben: Welche Eigenschaften sollte die betreffende Person trainieren und üben, um (z.B. mit dir) besser klarzukommen? Trage die für dich wichtigste Eigenschaft in das Feld oben links ein.
3. Nun vergessen wir für einen Augenblick die Ausgangsperson. Stell dir vor, du triffst einen neuen Menschen. Dieser Mensch hat einfach viel zu viel von der Eigenschaft oben links, viel zu viel. Welche Eigenschaft fällt dir dazu ein? Trage diesen Begriff unten links ein.

4. Schlüpf für den letzten Schritt erneut in die Rolle der wichtigen Beraterin/des wichtigen Beraters. Du berätst nun die Person, deren Eigenschaft unten links steht. Auch ihr darfst du etwas raten, damit es besser wird. Was muss diese Person mehr beachten, lernen und üben? Trage diese Eigenschaft nun oben rechts ein.

5. Betrachte zum Abschluss erneut die Begriffe in der Grafik. Fühlen sich alle Begriffe richtig an? Passt ein Schritt zum anderen? Ansonsten suche noch die für dich stimmigen Eigenschaften, bevor du weitermachst.

Die Auflösung dieser Übung:

1. Oben links findest du eine deiner Stärken. Du achtest mit hoher Wahrscheinlichkeit sehr darauf, dass der Wert, für den diese Eigenschaft steht, auch eingehalten wird. Es ist wahrscheinlich, dass du dich mit ihr identifizierst.
2. Unten rechts findest du deine sogenannte Allergie. Wir reagieren allergisch auf Verhaltensweisen, die völlig konträr zu unseren Werten und Ansprüchen stehen.
3. Oben rechts findest du den guten Grund, den die andere Person haben könnte. Gleichzeitig findest du hier etwas, auf das du achten musst. Wenn dir oben links sehr wichtig ist, könnte oben rechts dein Lernfeld sein.
4. Unten links findest du die Gefahr. Solltest du kein gutes Gleichgewicht zwischen oben rechts und oben links hinbekommen, könntest du bisweilen so wie unten links wirken.

Sollte das Modell gar nicht aufgehen, probiere es erneut. Meiner Erfahrung nach liegt das meist daran, dass die Eigenschaftsbegriffe nicht ganz zueinander passen. Spiel damit! Mir hat das Modell schon oft geholfen zu verstehen, warum ich mich aufrege.

übertreten oder ich für mich verstärkt eintreten will, habe ich zwei Lieblingstechniken:

Freundlich und bestimmt Feedback geben

Feedback geben ist etwas, was alle meinen zu kennen und dennoch selten jemand ernsthaft tut. Gerade wenn wir Menschen mögen und „etwas zu verlieren haben“, scheuen wir häufig ein kritisches Feedback. Wir haben schlicht Angst, dass es die Beziehung zur anderen Person belasten könnte. Wobei Feedback durchaus auch positiv sein kann. Wir können den anderen quasi in

Feedback ist ein Geschenk. Nimm es oder lass es liegen.

guten Worten baden, was wunderschön ist, wenn es ehrlich gemeint ist und authentisch vorgebracht wird. Haben wir kritische Beobachtungspunkte bemerkt, ist eine gute Frage: Hilft es der anderen Person, das zu wissen?, versus: Will ich recht haben oder einfach nur beweisen, dass ich besser bin? Dann sollte ich es lassen. Gilt jedoch Ersteres, ist Feedback etwas, woran alle wachsen können. Die Idee von Feedback und der Chance, die in ihm liegt, lässt sich wunderbar mit dem sogenannten Johari-Fenster (57) von Joseph Luft und Harry Ingham erklären. Das Modell teilt Haltungen, äußere Merkmale, Eigenschaften in zwei verschiedene Kategorien ein (Abb.). Die eine Kategorie ist die der Öffentlichkeit. Fragen wie: Was geben wir von uns preis? und: Welche Dinge werden versteckt? werden hier zugeordnet. Zur anderen Kategorie, die der Bewusstheit, gehören Fragen wie: Was wissen wir über uns? Was ist uns noch nicht bewusst? Das Johari-Fenster unterscheidet zwischen:

- der öffentlichen Person: Alles, was wir hier präsentieren, ist uns bewusst und wir zeigen es offen nach außen;
- dem blinden Fleck: Hier ist all das, was andere wahrnehmen, aber uns nicht bewusst ist;
- dem Geheimnis: Wenn wir etwas verstecken, nicht preisgeben, überspielen, dann ist es uns bewusst, aber andere können es nicht wahrnehmen;
- dem Unbekannten: Alles, was weder uns bewusst ist noch andere wahrnehmen. Unterbewusstes, Potenziale und Möglichkeiten.

Das Ziel des Modells ist es, das Feld der öffentlichen Person zu vergrößern. Wenn wir nichts verstecken müssen, keine Enthüllung befürchten müssen, sind wir freier und damit entspannter. Wir zeigen uns der Welt. Wir üben, mehr preiszugeben, und lernen so, dass es ungefährlich ist, wir selbst zu sein. Um den blinden Fleck zu verringern, hilft Feedback. Wir wissen häufig nicht, wie wir wirken oder welchen Einfluss unser Handeln auf andere Menschen hat. Feedback hilft uns, diese Lücke zu schließen, doch dazu brauchen wir Menschen, die sich trauen, uns ehrlich eine Rückmeldung zu geben. Eine Kultur, in der wir voneinander lernen können, setzt Vertrauen voraus. Da Vertrauen eine Übung ist, wächst auch die Feedbackempfänglichkeit mit der Übung.

Wenn du jemandem Feedback geben willst, achte darauf:

- Bereite dein Feedback mit den Vier Seiten vor, um dir über deine Botschaft, deinen Appell und deine Gefühlslage klar zu werden.

- Nimm dir vor, aus dem Herzen zu sprechen. Begegne einem Menschen, der auf seinem eigenen Weg unterwegs ist. Du weißt nur einen Bruchteil von dem, was dieser Mensch erlebt hat oder was ihn bewegt.
- Sprich die Person direkt an und sorge dafür, dass ihr ungestört und unter vier Augen sprecht. Feedback vor anderen wird häufig als Demütigung oder Bloßstellen empfunden.
- Achte auf konkrete Beispiele, vermeide jede Art von Verallgemeinerung. Worte wie „immer" oder „nie" gehören nicht ins Feedback.
- Sprich über die Wirkung auf dich, sprich nie für andere.
- Rahme deine Worte ein, indem du auch Bezug auf eure Beziehung nimmst, um Missverständnisse zu vermeiden.

Wenn du Feedback erhältst:

- Wenn die Person spontan zum Feedback ansetzt, sorge du für eine geeignete Umgebung und im Zweifel auch für vier Augen. Sorge für einen angenehmen Rahmen, in dem du dich wohlfühlst.
- Halte dein Herz offen, hier sprechen zwei Menschen miteinander. Dein Schutzsystem will bei Feedback im Zweifel nur die Kritik hören und fährt deine Selbstschutzmechanismen hoch. Atme tief. Denk an deine Mission und dein Wachstum.
- Versuch zuzuhören und eigene Gedanken, Verteidigung aller Art etc. erst einmal sein zu lassen.
- Frage nach, wenn etwas unklar ist.
- Bitte um konkrete Beispiele.
- Wenn die andere Person emotional ist, bitte darum, das Gespräch zu verschieben. Das Feedbackgespräch und sein Inhalt werden an Qualität gewinnen, wenn die andere Person ihr Stressprogramm verlassen hat. Nenne das nicht als Grund, sondern formuliere die Bitte neutral. Emotionalität wird leider noch nicht als menschlich, sondern häufig als Schwäche wahrgenommen. Es könnte die andere Person unnötig stressen, wenn du ihre Emotionalität ansprichst, egal wie positiv deine Intention auch sein mag.
- Wenn es dir nicht klar ist, erfrage die Ebenen der Selbstkundgabe: „Wie ging es dir damit?", und der Beziehung: „Wie stehst du zu mir?". Je mehr du verstehst, wie die Welt der anderen Person aussieht, umso weniger eigene Hypothesen kann dein Verstand produzieren.
- Rechtfertige dich nicht. Ein Feedback ist ein Blickwinkel. Wenn du denkst, es klärt ein Missverständnis auf, kannst du die andere Person fragen, ob sie deine guten Gründe kennenlernen will. Sei auf ein Ja als Antwort genauso gefasst wie auf ein Nein.
- Bedanke dich für das Feedback.
- Nach dem Feedback denke darüber nach, ob du blinde Flecken hast oder etwas aus der Situation lernen möchtest. Wenn nicht, lass das Feedback ziehen. Es ist nicht deine Aufgabe, allen Menschen zu gefallen.

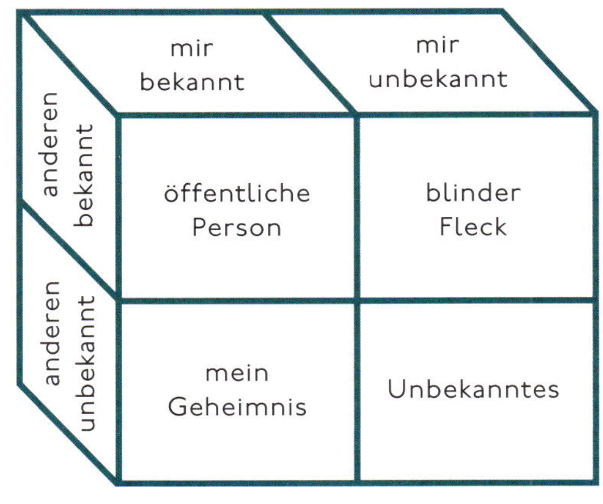

Das Johari-Fenster

Feedback zu geben, ist eine feine Möglichkeit, Menschen, die sich mit unserem Blick auf die Welt schwertun, in einen Spiegel blicken zu lassen. Es obliegt jedoch immer dem Feedbacknehmer, ob er sich etwas annehmen will oder nicht. Jede und Jeder hat seinen eigenen Weg, sein eigenes Tempo. Es ist nicht unsere Aufgabe, darüber zu urteilen. Wir können nur liebevolle Hinweise geben und schauen, was passiert. Als Feedbacknehmer ist es ebenso. Wir können versuchen, mit dem Herzen zuzuhören, und schauen, ob Informationen für uns drinstecken, die uns wachsen lassen. Wenn nicht, ist es nicht schlimm. Wir dürfen Feedback einfach ziehen lassen. Es ist nicht unsere Aufgabe, alles umzusetzen, was sich andere Menschen von uns wünschen.

> ***Spiritual-Leadership-Regel Nr. 22:***
> *Wenn deine Grenze überschritten wird, tritt für dich ein. Es ist deine Aufgabe, für deinen Raum zu sorgen.*

Wenn wir mit einem Feedback klar und bestimmt auf den Grenzübertritt hinweisen, hilft dies der anderen Person, etwas im Umgang mit uns zu lernen. Es ist wichtig, dass wir uns gegenseitig im Miteinander helfen. Wir schließen immer von uns auf andere. Je mehr wir erfahren, dass jeder Mensch anders ist, andere Grenzen hat, etwas anderes braucht, umso differenzierter wird unser Blick.

Emotional quittieren

Manchmal übertreten Menschen unsere Grenzen deutlich. Absprachen werden nicht eingehalten, wir können hintergangen werden oder gar verletzt. Wann immer jemand anderes etwas tut, das uns schadet und schmerzt, wird eine Grenze überschritten. Es ist wichtig, dass wir uns trauen, für uns selbst in solchen Momenten einzutreten. Der Mut, den wir hier beweisen müssen, stärkt uns. Das emotionale Quittieren zeigt der anderen Person sachlich und deutlich, dass eine Grenze überschritten wurde. Indem wir die Selbstkundgabe ausdrücklich formulieren und die Wirkung des Verhaltens der anderen Person auf unsere Welt und Emotionen erläutern, wächst Verständnis. Die andere Person bekommt so die Chance, sich auf unseren Stuhl zu setzen. Sie kann sich in uns hineinfühlen. Hier die Schritte des emotionalen Quittierens:

1. Zum Start definiere für dich klar, welches konkrete Verhalten dich aufregt und für Emotionen sorgt.
2. Beginne, das kommende Gespräch in Ruhe vorzubereiten. Die Vorbereitung dient deiner Souveränität und Klarheit und sorgt dafür, dass deine Emotionen abkühlen können.
3. Nutze die Vier Seiten zur Vorbereitung. Lege besonderen Fokus auf die Selbstkundgabe.
4. Sorge für einen guten Rahmen für das Gespräch. Ihr solltet nicht gestört werden können und du solltest in guter Verfassung sein.
   - Das Gespräch läuft in mehreren Schritten:
   - Begrüße die Person und komme schnell, freundlich und nüchtern zur Sache: „Hallo XY, schön dass du Zeit für mich hast. Mir geht es heute um yz."
   - Beschreibe sachlich, ohne Ausschmückungen und vor allem ohne Anklage die auslösende Situation: „Erinnerst du dich an xxx neulich? Du hattest xx gemacht/gesagt/getan."
   - Lass die Person nicken. Sollte dein Gegenüber nun sprechen wollen, kannst du freundlich und bestimmt darum bitten, ausreden zu dürfen.
   - Dann quittiere emotional mit Hilfe der Vier Seiten: „In dem Moment hast du xxx (Ver-

halten/Worte/...). Das hat mich sehr xxx (Emotionen einsetzen)." Die Worte zu den Emotionen können mehrere Sätze einnehmen und sollten der Wahrheit entsprechen. Bausche nicht auf, spiele nicht runter. Etwas wie beispielsweise: „Das hat mich sehr verletzt. Ich war geschockt und enttäuscht und habe das noch Tage mit mir herumgeschleppt." Nun fehlen noch Beziehungsebene und Appell: „Wir beide sind xx (realistische Beschreibung der Beziehung, z.B. „langjährige Kolleginnen") und xxx (ehrliche Beschreibung eurer Beziehung). Für mich ist es wichtig, dass du/wir künftig xxx (Wunsch für künftiges Verhalten). Ich würde mich freuen, wenn du darüber nachdenkst und wir dann noch einmal sprechen."

- Warte nun ab, was die andere Person sagt, und halte die Pause aus. Wenn wir unsere Emotionen ehrlich mit anderen teilen, kann diese Person sich besser in uns hineinversetzen. Diese Informationen müssen erst einmal verdaut werden. Spricht man sofort weiter, läuft man Gefahr, dass ein automatisches Programm (Schutz irgendeiner Art) übernimmt. Das kann gut gehen, muss aber nicht.
- Bestenfalls gibt es eine größere Pause, um zu verdauen. Gib im nächsten Gespräch deinem Gegenüber Zeit, sein Verhalten zu erläutern und seine Sicht darzulegen. Versuche nun auch, dich auf den Stuhl des anderen zu setzen.
- Wenn ihr so weit seid, trefft eine Vereinbarung, die beiden Seiten guttut und deine Grenzen respektiert.

Das Pausenaushalten ist etwas, was den meisten Menschen am schwersten fällt, doch es ist so wichtig, auch in weniger brisanten Gesprächen. Die Pause ist eine Möglichkeit, Gesagtes und Gehörtes zu verdauen. Es ist ein Innehalten und macht die Veränderung möglich. Meiner Erfahrung nach machen Pausen Gespräche besser, nicht schlechter.

Je mehr wir lernen, klare Grenzen zu ziehen und unseren Standpunkt deutlich zu machen, umso besser können wir verstanden werden. Wenn wir fein unterscheiden zwischen Feedback und Quittieren, können wir beide Techniken passend anwenden. Feedback dient der anderen Person. Quittieren dient unseren Grenzen.

Gut streiten

Manchmal kommen wir mit unserem Gegenüber gefühlt auf „keinen grünen Zweig". Es scheint keine Hoffnung zu geben, einen Konsens oder wenigstens Kompromiss zu erreichen. Unsere Haltung im Streit ändert sich, wenn wir uns an den Grundsatz: Jeder handelt aus einer positiven Absicht, erinnern und daran, dass wir im Würgegriff unserer Stressprogramme nie ganz wir selbst sind. Mir hilft zudem, mich zu erinnern, dass die Person, mit der ich streite, mit ihren Worten mehr über sich selbst sagt als über mich. Unser Blickwinkel ist immer persönlich, entstanden aus unseren Erfahrungen und dem Erlernten. Wenn wir uns im Rechthabenwollen verirren, dann nur, weil wir der festen Überzeugung sind, dass unsere Gedanken wahr sind. Ich bin mir sicher, wir alle vergessen immer mal wieder, dass jeder von uns eigene Blickwinkel hat und alle aus der jeweiligen Perspektive und dem Erleben wahr erscheinen. Wie also streiten wir, ohne unser Herz zu verschließen?

Die Pause finden

Ein guter Streit ist eine fruchtbare, vielleicht energiegeladene Auseinandersetzung. Das funktioniert nur, wenn unser Gehirn volle Power hat, also wenn unsere Stressprogramme und Abwehrsysteme noch nicht hochgefahren sind. Da wir eine gegenläufige Meinung im Streit meist als Angriff auf uns und nicht als einen anderen Standpunkt wahrnehmen können, brauchen wir eine Pause, wenn unsere Energie nicht stimmt. Denk daran: Energie vor Aktion. Ich habe, wie schon erwähnt, bei erhöhtem Puls im Job gern den Raum verlassen und mich unbeobachtet irgendwo geschüttelt. Die Pause zu finden, statt dem Impuls des Egos nachzugeben, den anderen schnell überzeugen zu wollen, ist die große Kunst. Irgendein weiser Mensch (ich erinnere mich leider nicht mehr, wer) hat sinngemäß einmal gesagt: „Wir alle tun mehr von dem, was schon nicht funktioniert. Wir rütteln an der verschlossenen Tür, anstatt den Schlüssel zu suchen.“ Wie wahr. Wir brauchen eine Pause, das System muss wieder runterfahren, damit eine fruchtbare Auseinandersetzung möglich wird.

Auf der Suche nach dem kleinsten gemeinsamen Nenner

Ich führe Streitgespräche, wenn sich mein System beruhigt hat, gern mit Hilfe der Vier Seiten, um meine Sichtweise und Gefühlslage deutlich zu machen. Außerdem nutze ich die Konkret-Abstrakt-Konkret-Technik aus dem Mindsetkapitel (S. 49). Es gibt immer einen gemeinsamen Nenner, wir sehen ihn nur nicht. Um ihn zu finden, müssen wir gemeinsam vom konkreten Zankapfel aus auf die Suche gehen nach der abstrakten Regel dahinter. Haben wir diese, können wir überlegen: Was ist die jeweils positive Absicht? Wie sind unsere Geschichten? Es tut gut zu verstehen, warum jemand wie tickt und auch, sich selbst erklären zu können. Die guten Absichten sind meist gar nicht so weit voneinander entfernt. Haben wir sie gefunden, können wir überlegen, ob es für diese Ziele einen Weg gibt, der beiden Parteien zusagt.

Ein gutes Beispiel ist hierzu die beliebte Verhandlungsübung mit den Orangen. Für diese Übung werden zwei Personen ausgewählt, die eine Instruktion erhalten. Die Instruktion zeigt die jeweils eigene gute Absicht (irgendwas mit Welt retten) und das Ziel (die Orangen). Der Kontrahent wird in düsteren Farben gemalt, ihm werden dunkle Absichten unterstellt. In den meisten Fällen gehen die Übungsteilnehmer aufeinander los und die Anspannung steigt. Am Ende erhält meist keiner, was er sich wünscht. In manchen Fällen jedoch fragt einer der beiden nach dem Ziel und danach, was genau gebraucht wird. Dann erst kommt heraus: Die eine Partei braucht die Orangenschalen, die andere das Fruchtfleisch. Beide haben gute Absichten. Gut streiten setzt voraus, dass wir trotz einer Meinungsverschiedenheit Lust auf ein gutes Gespräch haben. Wenn eine Partei vorgeht, leise und ruhig wird, um eine Vertagung bittet, stehen die Chancen gar nicht so schlecht. Einen Versuch ist es wert.

Lösung über Seiten und Ohren

Eine weitere Möglichkeit, Konflikte zu verstehen und zu lösen, ist, die Vier Seiten einer Nachricht zu nutzen. Es fängt schon bei uns selbst an: Welche der Seiten hat mich getriggert? Was habe ich verstanden? Meiner Erfahrung nach birgt die Beziehungsseite einer Nachricht am meisten Zunder. Hier verstecken sich Du-Botschaften und die Definition einer Beziehung. Da jeder von uns seine eigene Welt hat, kann eine Beziehung durchaus unterschiedlich definiert sein, und somit können verschiedenartige gegenseitige Erwartungen im Raum stehen. Ist dies erkannt, kann man in Ruhe drüber sprechen. Ein Gespräch über Erwartungen und über das, was wir bereit sind zu geben, ist wunderbar klärend und kann eine Beziehung auf ein neues Level heben. Die zweite Möglichkeit für den Stein des Anstoßes ist die Appellseite einer Nachricht. Auch hier helfen ein Nachfragen und eine Verhandlung über das, was wir bereit sind zu tun, und das, was andere von uns verlangen. Bedingungen aushandeln ist eine gute Sache. Im Zweifel sagt alles, was jemand sagt oder verlangt, mehr über die innere Welt dieser Person aus als über uns.

> ***Spiritual-Leadership-Regel Nr. 23:***
> *Was jemand zu dir sagt, sagt mehr über die Person selbst und damit über ihre innere Logik und Erfahrungen aus als über dich.*

Eskalation

Wenn nichts geht, Menschen nicht mit sich reden lassen, müssen wir uns beruhigen und nüchtern unsere Optionen prüfen. Ich bin ein großer Fan von „Love it, leave it, change it“. Love it bedeutet, weiterhin daran zu glauben, dass alles zu einem großen Plan passt, und im Vertrauen zu bleiben. Ich bete also tatsächlich manchmal, wenn ich gar nicht durchkomme. Akzeptanz heißt nicht, aufzugeben. Sie bedeutet, die eigene Kraft einzuteilen. Widerstand reibt auf. Widerstand um des Widerstands willen ist keine gute Idee.

Leave it: Verlassen, was nicht gefällt. In den Firmen, in denen Entscheidungen gegen meine Werte getroffen wurden, habe ich aufgehört zu arbeiten. Wir haben immer eine Wahl. Wir können uns bewegen, wenn der innere Widerstand zu groß wird. Aushalten ist keine Option, wenn wir etwas nicht akzeptieren können. Es kostet einfach zu viel Energie. Außerdem glaube ich

Entspanntheit tut gut in Konflikten.

fest an einen Satz von Gabby Bernstein (11), dass Rückschläge immer Korrekturen in die richtige Richtung sind. Manchmal müssen wir aus dem Nest geschubst werden, um fliegen zu können.
Change it: In manchen Fällen wollen wir etwas verändern. Sollte etwas für uns wichtig sein und wir mit der Person nicht weiterkommen, ist Eskalation die einzige Option. Der Fairness halber wird Eskalation angekündigt. In Unternehmen eskaliert man an die nächsthöhere Führungsebene. Das hat nichts mit Petzen zu tun, es ist vielmehr der Wunsch nach Entscheidung, Priorisierung oder Ordnung. Dafür sind Führungskräfte da. In Familien ist ein Familienrat eine gute Idee. Hier werden Themen und Streitpunkte auf Augenhöhe diskutiert.
Generell hilft es bei Streitereien zu erkennen, dass wir nur getriggert werden können, wenn es etwas zu heilen in uns gibt. Der Satz: „Willst du recht haben oder glücklich sein“ ist eine gute Möglichkeit, innerlich auf Distanz zu gehen. Ich glaube, ich habe ihn bei Gabby Bernstein (11) aufgeschnappt.

ÜBERZEUGEN IST EINE KUNST

Um Veränderungen zu initiieren, brauchen wir Überzeugungskraft, gutes Selbstmarketing und ein Gespür für die Spiele, die gespielt werden. Es ist nicht schwer, in Organisationen oder Gruppen zu wirken. Eine Mission und innere Klarheit, ein positives Mindset, gute Energie und wirkungsvolle Techniken sind notwendig. Entscheidend ist, dass wir an unsere Aufgabe mit einer guten Intention herangehen. Solange etwas gespielt wird, wollen wir mitspielen, und dafür müssen wir die Regeln kennen. Wir wollen uns beteiligen, um zu verändern. Die Grundlage für unseren Erfolg ist unsere innerste Haltung:

- Vertrauen statt Misstrauen
- Liebe statt Konkurrenzkampf
- Neugier statt fester Positionen
- Menschsein statt Hierarchie, Position oder Funktion

Um in der besten Energie zu bleiben, können kleine Rituale vor wichtigen Meetings oder Entscheidungen hilfreich sein. Gabby Bernstein (11) empfiehlt, vor Meetings zu meditieren und für jeden im Raum innerlich ein kleines Gebet zu sprechen. Ich bitte vor Coachings oder Workshops um die Hilfe meines spirituellen Teams und darum, dass ich in der besten Absicht für alle handeln und sprechen möge. Dann nutze ich noch ein Öl wie Salbei und kann gut starten. Erinnere dich, aus deinem Herzen zu handeln. Sei sorgsam, wenn das Ego sich reinschleichen will und dir einredet, dass es um das „Gutdastehen“ oder Gewinnen geht. Es passiert so schnell. Auch hier ist das Bewusstsein die Brücke zur Veränderung. Atme tief durch, schüttle es ab und finde zurück zu deiner Mission.

Andere für die eigene Sache gewinnen

Ich habe lange Zeit eine große Liebe für Kommunikationstrainings zum Thema Verkaufen gehabt. Sie zu leiten war immer sehr unterhaltsam, und jedes Mal gab es spannende Diskussionen und Erkenntnisse. Bei den meisten Menschen ist das Thema Verkaufen negativ besetzt. Es hört sich an wie überreden oder aufschwatzen, dabei ist guter Verkauf eine ganz andere Sache! Guter Verkauf bedeutet, wirklich zuzuhören und so die Welt des anderen Menschen mit Freude zu erkunden. Wir alle verkaufen andauernd irgendetwas, zum Beispiel eine Meinung, einen Plan, uns selbst. Wir wollen gut dastehen oder recht haben, wollen, dass der Abend nach unseren Ideen verläuft oder dass wir Zustimmung bekommen. Verkauf hat nicht nur etwas mit Ware/Dienstleistung gegen Geld zu tun. Verkauf findet andauernd statt. Leider meist von Ego zu Ego statt von Herz zu Herz.

Bedürfnisse erkennen

Begegnen wir uns von Herz zu Herz, wollen wir der anderen Person nichts aufschwatzen. Wir wollen sie kennenlernen und prüfen, wann und unter welchen Umständen das, was uns richtig und gut erscheint, zu diesem Menschen passen könnte. Wenn wir eine Vorliebe haben, eine Idee oder ein Produkt, dann hat es bestimmte Eigenschaften. Wollen wir, dass jemand sich für uns und unsere Idee entscheidet, wäre es verrückt, sie einfach herunterzurattern. Was für uns wunderbar klingt, kann für jemand anderen belanglos sein. Erst wenn die Eigenschaften unserer Idee zu den Bedürfnissen des anderen Menschen passen, werden wir beide gewinnen. Um das herauszufinden, müssen wir Fragen stellen. Zum Beispiel:

- Was ist dir wichtig?
- Was brauchst du gerade?
- Wie sind deine Erfahrungen?
- Was sollte ich wissen, um dir helfen zu können?
- Was hältst du von meiner Idee?
- Was wäre die ideale Lösung für dich?

Wenn jemand beginnt zu sprechen, brauchen wir nur noch zuzuhören. Wann immer wir denken, dass wir etwas Entscheidendes verstanden haben, können wir – nur um sicherzugehen – nochmal nachfragen: „Habe ich richtig verstanden, dass ...?", um sicherzugehen, dass wir nicht hören, was wir schon meinen zu wissen, sondern tatsächlich den anderen verstehen.

Die Angst vor dem Nein

Guter Verkauf bedeutet zu handeln. Wenn wir jemanden verstanden haben und Bedürfnisse erkannt haben, dann ist es unsere Pflicht, das passende Produkt oder die passende Idee herauszuholen. Tun wir das nicht, haben wir einfach nur Angst vor einem Nein. Die Angst vor dem Nein ist, wie alle Ängste, eine Angst des Egos. Ihm ist wichtiger, dass wir gut dastehen. Der einzige Weg aus dieser Falle ist unser Warum. Unsere Mission kommt aus dem Herzen. Das Herz ist frei, nur das Ego hat Angst. Selbst wenn einer unserer Vorschläge ein Nein erntet, ist das nicht schlimm. Ein Nein ist nie ein Nein zu uns als Person. Ein Nein ist immer nur ein Nein zu diesem Vorschlag in diesem Moment. Es ist temporär und hat nichts mit unserem Wert zu tun. Manchmal müssen Ideen in uns reifen, bevor wir Ja sagen können. Ich beispielsweise hatte über sechs Monate ätherische Öle zur Probe hier, bevor ich bereit war, Ja zu sagen. Der Wunsch nach Bestätigung von außen ist verlockend, zeigt jedoch nur unsere Unsicherheit. Besser, wir bleiben bei unseren eigenen Erfolgskriterien.

Spiritual-Leadership-Regel Nr. 24:
Lass nicht zu, dass deine Eitelkeit deinen Schwung klaut.

Richtig in Aktion kommen

Ein guter Vorschlag setzt die richtigen Eigenschaften in Szene und zeigt der anderen Person, was sie von der vorgeschlagenen Option hat. Dies geht hervorragend, wenn wir den Wert einer Eigenschaft für unser Gegenüber bewusst herauszustellen lernen. Mal angenommen, ich wäre auf der Suche nach einer Lösung für meine kalten Füße. Den Wert herausstellen sähe dann beispielsweise so aus: „Diese Socken bestehen aus doppelt gewebter Flanellbaumwolle. Damit hast du auf jeden Fall immer warme Füße." Dop-

ÜBUNG 33: EIGENSCHAFTEN UND WERTE HERAUSSTELLEN ÜBEN

Dies ist eine klassische Verkaufskommunikationsübung, die jeder Mensch beherrschen sollte. Trage einfach verschiedene Eigenschaften von etwas ein und dann überlege dir, was ein Wert für dieses Produkt aus deinem Blickwinkel wäre.

Produkt	**Eigenschaft**	**Wert**
Stift	feine Spitze	schönes Schriftbild wird gefördert

pelte Flanellbaumwolle ist eine Eigenschaft und die immer warmen Füße sind ein relevanter Wert in meiner Welt der kalten Füße. Hätte die Verkaufsperson im Beispiel nicht zugehört, hätte sie vielleicht: „Diese Socken bestehen aus doppelt gewebter Flanellbaumwolle“ gesagt und dann ein „Diese ist besonders weich“ zugefügt. Weichheit ist auch schön, aber nicht das, was mein Problem auf jeden Fall löst. Relevanz ist entscheidend. Sie entsteht nur, wenn wir zuhören und ehrlich abgleichen: Löst meine Idee/mein Produkt das Bedürfnis dieser Person? Stell dir vor, wir alle würden bei unseren Vorschlägen und Ideen aus der Sicht unseres Gegenübers argumentieren. Sofort wäre klar, wo unser Ego am Start ist! Echtes Miteinander entsteht, wenn wir auf dem Stuhl unseres Gegenübers Platz nehmen und vorschlagen, was aus dieser Sicht eine gute Idee ist.

Einwände gehören neugierig betrachtet.

Einwände sind auch nur Gesprächsstoff

Die Angst vor einem klaren Nein geht Hand in Hand mit der Angst vor Einwänden oder Nachfragen, dabei sind beide wunderschön und spannend. Fühlen wir uns unwohl bei Einwänden, bedeutet das immer, dass das Vertrauen in uns selbst, das Produkt oder die Firma, die wir vertreten, noch wachsen darf. Trigger zeigen uns immer, was noch heilen darf. Wären wir im Vertrauen, würden wir uns gut fühlen und hätten keine Angst. Wir würden Bedenken verstehen wollen und fänden ein Gespräch darüber spannend. Nur wenn wir Bestätigung brauchen, wünschen wir uns uneingeschränkten Zuspruch. Natürlich ziehen wir gerade dann besonders viele Zweifel und Einwände an. Wir strahlen sie energetisch aus und unsere Gesprächspartner spiegeln das. Dabei haben Einwände einen eigenen Reiz. Sie sind eine Chance, Menschen besser kennenzulernen und zu verstehen. Für mich lassen sich Einwände in die folgenden drei Kategorien einteilen:

- **Unsicherheit:** Fragen wie „Bringt das wirklich etwas?“ zeigen Unglauben und mangelndes Vertrauen. Das Einzige, was meiner Erfahrung nach hilft, sind Beweise. „Willst du es mal testen?“ wäre eine feine Antwort. Unsicherheit zeigt immer eine Angst und damit irgendeine Art Vorerfahrung. Danach zu fragen kann auch eine gute Idee sein. Ich mag es, Menschen zu bitten, auf ihre Intuition zu vertrauen, und bin ein großer Freund von Tests oder Proben. Ein Auto fährt man ja auch erst, bevor man es kauft. Für Interessierte zum Thema ätherische Öle veranstalte ich regelmäßig Einführungsabende. Es tut gut, die Wirkung selbst zu erleben. Erst im Erleben können wir fühlen, ob etwas sich für uns gut anfühlt. Weitere Bedenken können mit Hilfe von glücklichen ehemaligen Kunden und positiven Bewertungen zerstreut werden. Vertrauen ist nicht selbstverständlich. Es ist okay, wenn jemand hinterfragt, was wir behaupten.

- **Bedenken:** Manchmal gibt es echte „Haare in der Suppe", wie man so schön sagt. Nicht immer passen die Umstände zu dem Wunsch des Gegenübers. „Das kostet aber viel Geld", sagt dann jemand. Es ist okay, etwas auf Herz und Nieren zu prüfen. Die Art der Bedenken sagt auch etwas über die Bedürfnisse der anderen Person aus. Sie sind ein guter Grund innezuhalten und zuzuhören. Ich mag es gar nicht, wenn Bedenken mit „Ja, aber"-Schleifen übertönt werden. Mich macht das wütend. Bedenken sind berechtigt, denn sie sagen etwas über den Blick der anderen Person aus. Sie geben Rückschluss über den Menschen, der mir gegenübersteht. Wir können Raum geben und mit einem „Das kann ich verstehen" antworten oder mit einem „Erklär mal, wieso". Sollten wir weiterhin der Auffassung sein, dass unsere Idee fabelhaft für die Person ist, können wir etwas in die andere Waagschale werfen. Am besten passend zum Bedürfnis hinter den Bedenken. Ist beispielsweise jemand preissensibel, können wir – sofern es der Wahrheit entspricht – auf Langlebigkeit oder Ergiebigkeit hinweisen. Die Entscheidung, ob das ausreichend ist, trifft das Gegenüber. Guter Verkauf ist ein Vorschlag, der eine Wahl lässt. Jede Person hat ihr eigenes Tempo und ihre eigene Intuition. Unsere Aufgabe ist zuzuhören, Raum zu geben, nachzufragen und passende Vorschläge zu machen.
- **Irrelevanz:** Manchmal haben Menschen den Kopf mit anderen Dingen voll und all unsere spannenden Ausführungen sind für sie gerade unwichtig. Das sagt jedoch kaum einer. Meist begegnen uns statt einem „Nein, danke" höfliche und dennoch abwehrende Floskeln. Das liegt daran, dass wir alle niemanden vor den Kopf stoßen wollen. Es ist okay, wenn jemand gerade etwas anderes im Kopf hat als das, was uns vorschwebt. Es ist menschlich und normal. Um herauszufinden, ob jemand einfach desinteressiert ist oder tatsächlich keine Zeit hat, können wir die jeweilige Floskel freundlich hinterfragen. Schaffen wir das, ohne uns angegriffen oder abgewiesen zu fühlen, ist das wunderbar. Neugier ist entwaffnend.

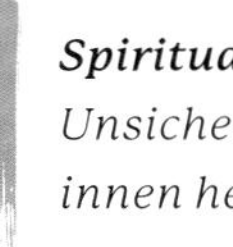

Spiritual-Leadership-Regel Nr. 25:
Unsicherheit über deinen Weg muss innen heilen. Sie ist deine Aufgabe.

Wann immer uns die Angst vor einer negativen Reaktion abhält, ist unser Ego größer als unsere Mission. Wir entscheiden in jedem Moment, was gewinnt. Ich habe beispielsweise eine Zeit gebraucht, bis ich meine Angebote wie Onlinekurse, Coachings oder ätherische Öle selbstbewusst teilen konnte. Meine Sorge war: „Die denken, ich will nur etwas verkaufen." Da wir immer von uns auf andere schließen, zeigen uns solche Sorgen, wie ein Teil von uns über unsere eigene Aufgabe denkt. Die Fragen, die helfen, sind:

- Warum tue ich das, was ich tue?
- Was bringe ich damit Gutes in die Welt der anderen Person?
- Glaube ich fest an den positiven Effekt meiner Arbeit auf andere?

Zweifel, die wir selbst über uns und unsere Arbeit haben, sind unsere Aufgabe. Wir müssen sie innen lösen, anstatt uns mit der Bestätigung von außen beruhigen zu wollen. Einwände sind also eine wunderbare Übung für uns und unser Ego.

ÜBUNG 34: MIT EINWÄNDEN UMGEHEN LERNEN

In dieser Übung erinnere dich an vergangene Einwände. Überlege dir, was du mit dem Wissen von heute fragen oder sagen würdest.

- Diese Situation fällt mir ein:

___

- Das wollte ich erreichen:

___

- Das war die Reaktion meines Gegenübers:

___

- So habe ich damals darauf reagiert:

___

- So habe ich mich damals gefühlt:

___

- Ich wollte unbedingt, dass ...

___

- Heute fällt mir diese Frage ein, um mein Gegenüber besser zu verstehen:

___

- Dies könnte die positive Absicht meines Gegenübers sein:

___

Atme durch. Kannst du fühlen, dass unser Festhalten und Etwas-unbedingt-Wollen, unsere eigene Kontrolle, häufig Gespräche eng werden lässt?
Ich lerne daraus, dass ...

___

Selbstmarketing ist ein Muskel.

Selbstmarketing

Selbstmarketing ist eine nicht sehr verbreitete Kunst, dabei ist sie wichtig. Unsere Kompetenz und Wirkungskraft werden andauernd subjektiv von außen bewertet. Wir müssen nur an das Wahrnehmen-Hypothesen bilden-Bewerten-Phänomen denken. Wieso also berichten wir nicht öfter über das, was funktioniert? Gerade wenn wir uns wünschen, beispielsweise im Job mehr gesehen zu werden. Selbstlob ist für solche Zwecke wichtig und sinnvoll. Natürlich meine ich keine übertriebene Selbstbeweihräucherung. Gutes Selbstmarketing spiegelt die Freude über die eigene Entwicklung und die eigene Leistung. Es ist der Gegenpol zum Sichkleinmachen und Verstecken. Wenn wir lernen zu sagen, was wir können, erkennen wir uns selbst an. Selbstmarketing ist gelebter Selbstrespekt. Zudem hilft es anderen zu verstehen, was unsere Fähigkeiten sind und was uns wichtig ist. Eine Menge Menschen kommen in Coachings zu mir und sind traurig, weil ihre Leistung nicht anerkannt wird und sie nicht das Lob bekommen, das sie sich wünschen. Doch auf die externe Validierung unseres Tuns zu warten ist keine gute Idee. Die wichtige Frage ist: Wie gut finde ich, was ich mache? Habe ich Spaß dabei? Mag ich meine Ergebnisse? Der Wunsch nach externer Bestätigung zeigt uns immer, wo wir unabhängiger werden können.

Als ich nach elf Jahren in einem Bankservice-Center meinen Job gewechselt habe, um als Führungskräftetrainerin in einer Sparkasse zu arbeiten, habe ich mir vorgenommen, mich neu zu erfinden. Ich wollte weg von externer Bestätigung hin zu echter Anerkennung in mir und um mich. Im neuen Job begann ich über meine Arbeit zu sprechen. Ich erzählte meinen Kollegen und Kolleginnen von Trainings und Projekten, an denen ich arbeitete. Ich berichtete meinem Chef davon, was gut lief und wie ich dazu beigetragen hatte, dass es so gut laufen konnte. Viele von uns meinen, dass wir unsere Probleme teilen sollten, und suchen in Vorgesetzten Sparringspartner für die kniffeligen Themen. Wir wünschen uns unbewusst Anerkennung für die Schwierigkeiten, mit denen wir zu kämpfen haben, und suchen Rückversicherung. Doch es vermittelt ein falsches Bild. Bekomme ich als Führungskraft immer nur mit, mit welchen Problemen jemand kämpft, muss sich mein Blick verzerren. Es gibt einen feinen Unterschied zwischen echter Kompetenz und der zugeschriebenen Kompetenz. Die zugeschriebene Kompetenz ist das, was andere in uns sehen. Sie ist nicht das, was wirklich ist. Wir alle haben eine eigene Welt im Kopf, die sich aus unseren Erlebnissen formt. Spricht jemand nur über das, was alles schwierig ist, und feiert nicht die eigenen Lösungen, so muss im Kopf der anderen Person ein Bild von eingeschränkter Kompetenz entstehen. Berichten wir jedoch stattdessen auch von den Lösungen, den Erfolgen, von dem, was gut lief – bekommen wir selbst bessere Laune und die andere Person bekommt ein viel stimmigeres Bild von uns. In den Jahren als Trainerin war ich sehr passioniert und stolz auf meine Trainings. Ich sagte Sätze wie: „Das Training lief super. Ich habe x und y eingebaut und es hat genau das gebracht, was wir uns erhofft haben." Dass meine Reputation von meinem Selbstmarketing profitiert hat, wurde mir spätestens klar, als mich ein Vorstandsmitglied auf meine „guten Trainings" ansprach. Ich fragte nach, woher er davon wusste. Seine Bewertung kam nicht etwa von meinen Teilnehmern, sondern von meinem Chef selbst. Wir selbst formen das Bild, was andere von uns haben, durch das, was wir teilen. Wenn wir ehrlich teilen, womit wir zufrieden und glücklich sind, ist das wunderbares Selbstmarketing. Wir gewinnen im besten Fall an Einfluss. Sobald wir uns jedoch für etwas loben, was wir selbst nicht ganz glauben, kippt das Bild. Dann passt unsere Energie nicht zu unserer Aussage und wir wirken unglaubwürdig. Auch hier gilt: Energie vor Aktion.

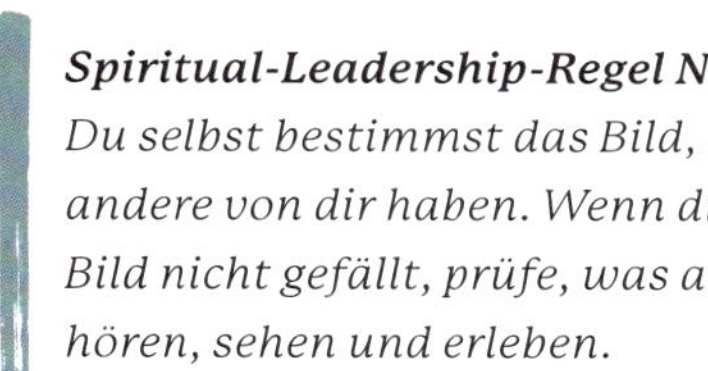

Spiritual-Leadership-Regel Nr. 26:
Du selbst bestimmst das Bild, das andere von dir haben. Wenn dir das Bild nicht gefällt, prüfe, was andere hören, sehen und erleben.

Branding

Gerade als Selbstständige oder Teilselbstständige bekommt man viele Tipps rund um das richtige „Branding" und den Auftritt im Netz. Ich bin keine Spezialistin in diesem Feld, doch kann aus eigener Erfahrung sagen: Vertrau unter allen Umständen deiner Intuition und fließ mit dem Leben. Es gibt nicht den einen richtigen Weg. Was bei anderen funktioniert hat, kann bei dir anders sein und umgekehrt. Was sich für mich bewährt hat, habe ich in Tipps für dich zusammengefasst. Lies sie dir durch und befolge die, die sich für dich stimmig anfühlen.

- Das Herz deines Business ist deine Mission. Hab deine Mission klar vor Augen und prüfe bei allem: Dient das meiner Mission?
- Finde deine Zielgruppe, indem du dich fragst: Wer braucht das gerade? Wem täte das, was ich anzubieten habe, gut? Mit wem habe ich Lust zu arbeiten? Lege dich nicht zu fest. Eine Zielgruppe ist eine Idee von Marketingfachleuten. Es ist nichts anderes als die Idee einer Schublade für Menschen. Je offener du bist für die, die dich und deine Arbeit brauchen, umso mehr kannst du wirken und umso freier bist du. Übrigens hat man auch in Unternehmen Zielgruppen. Beantworte dir die Frage: Wer

soll von deiner Arbeit profitieren? Diese Menschen sind deine Zielgruppe.
- Wenn du für Aktionen, Vorschläge oder dich selbst werben willst, frag dich: Was hätte ich hören/lesen/erleben müssen, um Lust zu bekommen? Deine jüngere Version ist dein bester Sparringspartner. Werbetexte, die dich selbst angesprochen hätten, sind viel effektiver als glatte Werbebotschaften. Fotos, auf denen du aussiehst wie du selbst und die deine Einzigartigkeit spiegeln, sind besser als perfekte Szenerien. Wirkungskraft erzielen wir, wenn wir in unserer Authentizität sind und Spaß haben.
- Finde Werbeaktivitäten, die dir Freude machen. Mein Instagramkanal @gluecksplanet und mein Podcast „Radikal glücklich" machen mir einen Riesenspaß. Auf Instagram musste ich erst lernen, mich vom Erfolgskriterium Followerzahlen zu verabschieden und meinen Selbstwert nicht von dieser Zahl abhängig zu machen. Hier gilt wieder: Wer außen etwas braucht (in diesem Fall Follower), hat intern etwas zu tun. Seit ich das losgelassen habe, fließt alles leichter. Die Frage, die mich leitet, etwas zu schreiben, ist jedes Mal aufs Neue: Was hätte ich gestern/vor einer Stunde/... lesen müssen? Ich schreibe, um das für mich festzuhalten und in der Hoffnung, dass es jemand anderem guttut. Das Gleiche gilt für den Podcast. Ich nehme das auf, woran ich mich selbst zwischendurch erinnern muss. Ebenso sind meine beiden Bücher zustande gekommen. „Welches Buch hätte ich vor zehn Jahren gebraucht?", war die Frage, die mich umgetrieben hat.

Ich kann sagen, dass die typischen Regeln für Gründungen nicht so wichtig waren wie meine Intuition. Branding bedeutet, eine Marke zu werden. Das, wofür du stehst, nach außen zu transportieren, ist das, was zählt.

Dein innerer Status ist entscheidend.

Statusspiele

Wann immer wir in Gruppen zusammenkommen, gibt es sogenannte Statusspiele. Kleine, feine Gesten und Rituale, die die sogenannte „Hackordnung" einer Gruppe festlegen. Obwohl diese Spielregeln für uns absurd scheinen mögen, tut es gut, sie zu kennen und zu nutzen. Sie sind ein Spiel, und wir gewinnen an Präsenz und unsere Aussagen an Bedeutung, wenn wir sie verstehen. Wir müssen mitspielen. Das Buch Statusspiele (58) unterscheidet zwischen vier möglichen Statuszuständen (Abb.). Diese ergeben sich aus dem inneren Status (wie fühle ich mich) und dem äußeren Status (wie zeige ich mich):

- Innerer Status hoch/äußerer Status hoch: Diese Menschen sind in ihrer Kraft und zeigen dies auch. Sie sind charismatisch, selbstbewusst, trauen sich, Raum einzunehmen, ihre Meinung zu vertreten und auf andere zuzugehen. Sie müssen nicht gewinnen, denn es gibt nichts zu beweisen. Tief innen wissen sie, wo sie stehen.
- Innerer Status niedrig/äußerer Status hoch: Diese Menschen fühlen sich unsicher und spüren eine Unterlegenheit. Ihre innere Anspannung steigt und so geht ihre Lockerheit verloren. Versuchen sie dennoch, selbstbewusst aufzutreten, bemühen sie sich angestrengt um eine Fassade. Häufig braucht das angeknackste Selbstbewusstsein Statussymbole. Die Menschen sind aufgrund ihrer inneren Unsicherheit empfindlich, fühlen sich schnell angegriffen und können nicht gut verlieren. Sie brauchen äußere Anerkennung.
- Innerer Status hoch/äußerer Status niedrig: Diese Menschen mit gutem Selbstbewusstsein und Sicherheit treten bescheiden und angenehm auf. Sie besitzen eine innere Souveränität und bleiben gern im Hintergrund. Manchmal machen sie sich bewusst ein wenig bedeutungsloser, damit andere sich wichtiger und besser fühlen können. Sie müssen nicht im Mittelpunkt stehen, können sich unterordnen, ohne dass dies auf ihr inneres Strahlen Einfluss hat.
- Innerer Status niedrig/äußerer Status niedrig: Diese Menschen fühlen eine Unsicherheit und Unterlegenheit, die sich innerlich als auch äußerlich zeigt. Diese Personen würden sich am liebsten verkriechen. Auch für andere kann das schwierig auszuhalten sein. Ich erlebe das bei mir selbst in Einkaufspassagen, wenn ich an offensichtlich in Not geratenen Menschen vorbeieile, nur um mich nicht mit meiner Ohnmacht und ihrem Leid auseinandersetzen zu müssen.

Unser innerer Status ist das, was wir im Energie-Kapitel fokussiert haben. Fühlen wir uns im Einklang mit uns selbst und befreien wir uns immer mehr von unseren Limitierungen, fühlen wir uns sicher und souverän. Werden wir unsicher, können wir uns anschauen, was uns verunsichert und unser Mindset, unsere Energie und Verhalten verändern. Im Umgang mit anderen hilft uns diese Einteilung zu verstehen, warum Menschen sich manchmal merkwürdig verhalten. Wer sich aufplustern muss, ist meist unsicher. Beobachten wir das, braucht es unser Mitgefühl, nicht unseren Ärger. Unser Herz weiß das, unser Ego nicht. Wenn du hieran arbeiten willst, dann beginne, die Unterschiede in deinem inneren Status und wie du dich dann im Außen zeigst zu beobachten. Nimm wahr, was deine Energie mit dir macht und wie unterschiedlich bestimmte Situationen auf dich wirken. Je mehr dir klar wird, umso freier wirst du! Erinnere dich: All das ist

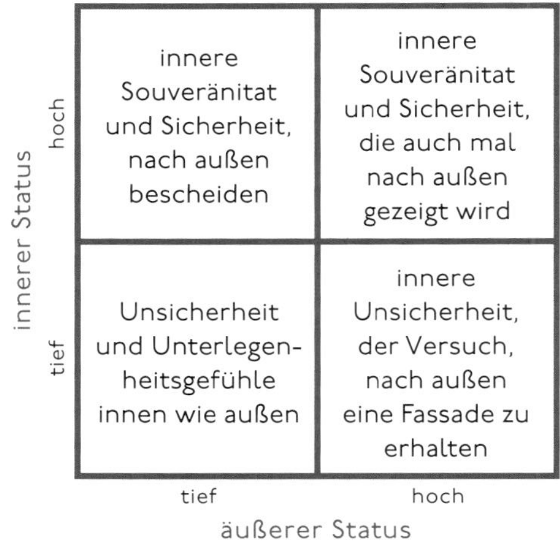

Statusspiele erkennen

nur eine Konditionierung, und das Bewusstwerden alleine bringt schon eine Veränderung.
Unsere Kraft zur Veränderung hängt nicht nur von unseren Argumenten ab, sondern auch von unserem wahrgenommenen Status. Um den unbewussten Status in der Außenwirkung zu heben, können kleine Gesten Großes bewirken. Es tut gut, diese kleinen Spiele zu durchschauen und sie mitzuspielen. Bis die Welt sich verändert hat und wir alle uns von Herz zu Herz begegnen, braucht es noch einen Moment. Bis dahin ist es gut, wenn die Menschen, die eine Herzensrevolution anzetteln wollen, auch gehört werden. Hier ein paar Tipps:

- Wenn wir lernen, unsere Energie zu managen, können wir in Meetings und Gespräche mit der besten Energie gehen. Unsere Energie strahlt aus. Mehr als 80 % der Wahrnehmung einer anderen Person sind abhängig von unserer Energie, die sich unter anderem in Mimik, Gestik und Tonlage spiegelt.
- Es gibt ein paar Merkmale, die auf einen hohen Status schließen lassen und die wir anwenden können, um unsere Position in einer Gruppe zu festigen:
  - Wer einen hohen Status hat, nimmt Platz ein. Wenn du in einen Meetingraum kommst, sorge für einen guten Platz und breite dich aus. Meine Coachinglehrerin Martina Schmidt-Tanger (24) empfiehlt, eine schöne, große Handtasche auf den Tisch zu stellen. Ausgebreitete Unterlagen, eine Kaffeetasse etc. wirken auch.
  - Platz einnehmen gilt auch für den Redeanteil. Lerne, in Ruhe zu sprechen, nutze ausladende, symmetrische Gesten und lass dir Zeit beim Reden. Wenn du einen hohen Status hast, musst du dich nicht beeilen.
  - Geh in Meetings an den Flipchart. Wer am Flipchart steht, ist automatisch größer und hat, durch die Aufgabe des Schreibens, eine Leitung über die Diskussion und Themenfolge. Am Flip kann man gut in die Führung der Gruppe gehen.
  - Freundlichkeit, innere Ruhe, tiefer Atem, fester Stand – die Zeichen von freundlicher, aufgeweckter Entspanntheit zeigen hohen Status.
  - Klarheit und Grenzen signalisieren ebenfalls Status. Protokollführen und Plätze abseits der Runde sind, wenn möglich, abzulehnen. Falls das nicht geht, versuch das Beste daraus zu machen. Nutze den Job des Protokollierens, um die Führung zu übernehmen, nachzufragen und bei Bedarf eigene Punkte zu setzen.

Auf Betriebsversammlungen und anderen exponierten Treffen von Menschen lassen sich Statusspiele gut beobachten. Kleine Gesten wie eine Hand auf einer Schulter (statusabwertend) oder eine beschwichtigende Geste sind großes Kino. Beginne zu beobachten, wie sich die Statusspiele in deinem Umfeld darstellen. Viele dieser Signale werden unbewusst gesendet. Statussignale erkennen zu lernen ist hilfreich. Sie selbst bewusst einsetzen zu können auch. Wobei kein „Fake it til you make it" (Täusch es vor, bis du es geschafft hast) gemeint ist. Statussignale setzen wir bewusst, wenn unsere Energie gut ist. Sie helfen uns, Durchsetzungsfreude in Gruppen zu gewinnen. Wenn unsere Energie schlecht ist, hilft kein Vortäuschen. Fassaden kosten Authentizität. Sie lohnen sich nicht. Sollten wir bemerken, dass wir in bestimmten Konstellationen unsicher sind, wird es Zeit, das Mindset für diese Situationen unter die Lupe zu nehmen, nicht irgendwas vorzuspielen. Wir können jede Anspannung in uns auflösen. Sie zeigt uns nur, was noch heilen darf.

DIE REVOLUTION ANZETTELN

Wenn wir Institutionen oder gleich die ganze Welt verändern wollen, brauchen wir alles, was wir bisher zusammengetragen haben plus eine gute Portion Furchtlosigkeit. Organisationen, Unternehmen oder andere große Gruppen von Menschen sind meist träge Massen, innerhalb derer es eine eigene Kultur und eigene Regeln gibt. Haben wir Lust, die Welt zu verändern und wirklich zu wirken, müssen wir Geduld und Ausdauer an den Tag legen. Was vor allem bedeutet: Wir brauchen unsere eigene Praxis und unser starkes „Warum". Veränderung findet permanent statt, in uns und in allem um uns herum. Ändern wir uns, ändert sich auch das System, in dem wir uns bewegen. Es kann gar nicht anders. Um effektiv zu sein, können wir die Möglichkeit der Einflussnahme auf Gruppen und Entscheider erlernen.

Das Mindset der sanften Revolution

Was unterscheidet die Menschen, die wirklich etwas verändern, von denen, die davon träumen, es jedoch nicht durchziehen?

Als ich noch für die Dresdner Bank gearbeitet habe, landete ein internes Blatt mit „10 Regeln für den Intrapreneur" auf meinen Schreibtisch. Leider kenne ich den Urheber dieser Regeln nicht, doch sie haben mich nachhaltig beeindruckt und beeinflusst. Die folgenden Punkte sind unter anderem von diesen Regeln inspiriert:

Sei du die Revolution, auf die du gewartet hast.

Die Revolution darf sanft sein. Bleib bei deinem Herzen.

Revolutionärinnen sind unabhängig

Wir alle sind in irgendeiner Form abhängig von jemandem. Angestellte in Unternehmen können Angst haben, gekündigt zu werden. Menschen mit Kundinnen oder Kunden können Sorgen bekommen, jemanden zu vergraulen oder in Ungnade zu fallen. Abhängigkeiten erschaffen Unfreiheiten. Sie laden dazu ein, uns anzupassen oder es anderen recht machen zu wollen. Doch unsere Mission muss wichtiger sein als unsere Angst. Sobald wir Veränderungen anstoßen, wird es Widerstand geben. Wir brauchen einen langen Atem und das feste Vertrauen in das Leben und das Gute unserer Sache. Das bedeutet strenggenommen, dass wir zur Arbeit kommen müssen mit der Bereitschaft, uns feuern zu lassen. Es heißt, zu unseren Werten zu stehen, auch wenn das bedeuten kann, Kunden zu verlieren. Hier ist der Kern unserer Integrität. Es geht nicht um Kampfbereitschaft, sondern um Prioritäten. Wollen wir es gemütlich haben oder die Welt verändern? Freigeister lassen sich nicht zähmen.

Revolutionäre agieren im Verborgenen

Eine Revolution des Herzens findet sanft statt. Wer auf einer Mission ist und Großes verändern will, weiß im Verborgenen zu agieren. Die Bühnen sind etwas für unser Ego. Wenn wir sie betreten, dann nur, weil es zum Besten für alle ist, zum Beispiel, um andere für unsere Sache zu gewinnen. Der Hauptteil der Arbeit findet jedoch in lauter kleinen Gesprächen und Aktionen statt.

> ***Spiritual-Leadership-Regel Nr. 27:***
> *Deine Mission und Integrität sind dein größter Schatz. Lass sie wichtiger sein als jede Bequemlichkeit oder Belohnung. Lass nie zu, dass du käuflich bist.*

Erinnere dich: Veränderung funktioniert entweder über eine tiefe Einsicht, über eine steigende innere Anspannung, auch Dissonanz genannt, oder über den sogenannten „steten Tropfen". Als sanfte Revolutionärinnen sind wir der stete Tropfen. Überall können wir kleine, feine Nuggets unseres Wissens und unserer Pläne fallen lassen. Wir können in jedem Gespräch auf etwas hinweisen. Erste Schritte in die richtige Richtung von Herzen loben, wir können sanft gegensteuern, und das über Monate oder Jahre. Wir mögen, was wir kennen. Um die Selbstschutzmechanismen von Menschen oder Organisationen (Veränderung = Gefahr) zu umgehen, brauchen wir die steten Tropfen. Ich hatte einmal die Idee für eine Führungskräftetagung, in ein besonderes Gebäude zu fahren. Es war klar, dass der Vorschlag aus Kostengründen erstmal abgelehnt werden würde. Um kein schnelles Nein zu kassieren, begann ich, die Idee überall einzuweben. Als Beispiel, das ich schnell wieder verwarf („Man könnte zum Beispiel ... – aber das ist wahrscheinlich Quatsch") oder als nicht umsetzbaren Traum („Weißt du, was richtig toll wäre, wenn wir... – doch das ist utopisch"). Ich setzte überall Samen und wartete quasi auf den Frühling. Ist die Idee gut und zum Besten für alle, erkennen dies immer mehr und übernehmen die Idee. So entsteht ein weit verzweigtes Einverständnis. Am schönsten ist, wenn schließlich irgendjemand anders mit der Idee aufwartet. Das Ego will sich hier ärgern, die Revolutionärin feiert. Es gibt keinen größeren Beweis für Zustimmung.

Revolutionäre wählen ihre Partner bewusst

Kommt eine Idee in die Umsetzung, werden häufig offizielle Projekte oder Arbeitsgruppen gebildet. Zusätzlich gibt es in jeder Organisation eine Menge inoffizieller Bündnisse. Für beides gilt: Revolutionärinnen wählen ihre Partnerinnen bewusst. Gute Fragen sind:

- Wessen Zustimmung ist wichtig für meine Sache?
- Wer sind meine Unterstützer?
- Wer hat etwas (Fähigkeiten, Verbindungen etc.), das die Sache brauchen kann?
- Welche Personen sind meiner Sache innerlich nah, ohne dass ihnen das bewusst ist?

Diverse Teams sind leistungsfähiger. Die große Gefahr ist, dass wir uns nur mit Gleichgesinnten oder Bekannten umgeben. Die bewusste Wahl von Menschen, die über eine Vielfalt an Fähigkeiten und Verbindungen verfügen, ist wichtig für den Erfolg. Wen können wir für unsere Mission begeistern? Wer will auch das Beste für alle?

Zudem sollten wir unsere Förderer kennen und ehren. Es ist wunderbar, wenn Menschen unser Potenzial sehen und uns fördern. Wer ermächtigt uns und glaubt schon an eine größere Version von uns, bevor wir es selbst tun? Diese Menschen nicht aus den Augen zu verlieren, ist die Aufgabe.

Revolutionärinnen reiten nicht auf jeder Welle

Je mehr Einfluss wir offiziell oder inoffiziell gewinnen, umso mehr Menschen werden versuchen, uns sprichwörtlich „vor ihren Karren zu spannen“. Achtung, das kann schmeicheln und sich gut anfühlen. Es tut dennoch gut, innezuhalten und sich zu fragen:

- Wer profitiert hiervon?
- Was weiß ich noch nicht?
- Dient dies meiner Mission?

Wir überblicken immer nur einen Teil und diesen durch unsere eigene Brille. Die Gefahr von Verzerrungen ist real und damit auch die Gefahr von falschen Rückschlüssen. Es tut gut hinzuschauen, wer von einem Erfolg profitiert, um die Einflüsse erkennen zu können. Dient dies meiner Mission, ist dann die Frage, die uns hilft zu entscheiden. Bei fremden Wellen gibt es immer ein nicht gut kalkulierbares Risiko. Wir sollten auf den Wellen reiten, die wir einschätzen können, und selbst welche initiieren. Wie heißt es so schön: „Setze auf kein Rennen, an dem du nicht beteiligt bist.“

Revolutionäre wissen, wann sie aufhören sollten

Wenn wir sanft aus dem Herzen unsere Revolution anzetteln, co-kreieren wir mit dem Universum. Wir geben unser Bestes für das Beste für alle, dennoch kennen wir nicht den großen Plan. Manchmal hat das Universum andere Pläne für uns. Das heißt, wir selbst dürfen nicht zu sehr an unserer Revolution festhalten. Definiert ihr Erfolg unseren Erfolg, oder definiert ihre Macht unsere Macht, dann hat unser Ego längst übernommen. Das Herz lässt los, wenn es nichts mehr zu tun gibt. Es hängt an nichts und ist doch maximal dem Guten verpflichtet. Diese Mischung erschafft den Flow, die Welle, die Bewegung. Alles andere wäre nur Wasserschippen.

Revolutionärinnen wissen, wie sie ein JA wahrscheinlicher machen

Es gibt ein paar einfache Vorgehensweisen, die dabei helfen, Vorschläge erfolgversprechender vorzutragen und damit die eigene Einflussnahme für gute Sachen zu erhöhen.

- Yogabasics für gute Auftritte. Sich vor anderen authentisch zu zeigen oder sogar vor großen Gruppen zu sprechen, jagt vielen Menschen Angst ein. Das Stressprogramm will übernehmen und kann in diesem Fall den Hals enger werden, den Mund trockener und das Herz klopfen lassen. Es tut gut, sich hier das Mindset anzuschauen und alte Erlebnisse loszulassen. Um souverän auftreten zu können, helfen ein paar Yogabasics:
  - Stehe fest mit beiden Beinen auf der Erde. Fühl den Boden unter dir, richte deinen Körper und deine Wirbelsäule auf, dann fließt die Energie besser.
  - Atme einige Male tief ein. Das stimuliert deinen Vagusnerv, der ein Entspannungssignal an dein limbisches System schicken kann.
  - Im Zweifel kannst du das tiefe Atmen sogar in deinen Auftritt einbauen. Denke dir im Vorfeld eine fürs Thema relevante Frage für die Teilnehmenden aus und bitte sie, die Augen zu schließen, eine Hand aufs Herz zu legen und diese Frage im Inneren für sich zu beantworten. Tut allen gut und beruhigt dich.
  - Erinnere dich, dass es nicht darum geht, wie gut du das machst, sondern nur um deine Mission. Trenn dein Ego von der Sache, und es wird leichter.
- Deine Argumentation richtet sich nach deinem Ziel und deinem Gegenüber.

  - Erinnere dich für deine Argumentation an das, was unter Überzeugen besprochen wurde. Jeder Mensch hat seine eigene Welt im Kopf. Wichtig, um zu überzeugen, ist nicht, warum du etwas fabelhaft findest. Spannend ist, aus der Perspektive deines Gegenübers zu argumentieren. Hierfür frage dich im Vorfeld:
    - Was braucht mein Gegenüber gerade?
    - Wie macht mein Vorschlag die Welt meines Gegenübers besser?
    - Wie erleichtert das, was ich will, die Ziele meines Gegenübers?
    - Welchen Wert haben künftige Veränderungen für mein Gegenüber?
    - Gibt es mögliche Nachteile?
    - Wenn ja, welche Vorteile überwiegen dennoch?
    - Gibt es Loyalitäten oder Regeln meines Gesprächspartners, die ich beachten sollte?
  - Je besser wir es schaffen, unsere Argumente auf den Blickwinkel unseres Gesprächspartners abzustimmen, umso einfacher wird es, zu überzeugen. Lies dir im Zweifel auch nochmal den Abschnitt über Einwände durch. Erinnere dich, dass du bei Bedenken nicht reden, sondern fragen willst.
- Alternativfragen und Vergleichsgrößen nutzen
  - Für Entscheidungen nutze Alternativfragen. Dieser Ablauf beispielsweise eignet sich hervorragend für Vorschläge:
    - Skizziere das Problem mit einer sachlichen, deutlichen Ist-Analyse.
    - Skizziere den Sollzustand, die Sehnsucht, den Wunsch, zu dem es bestenfalls bereits einen Konsens gibt.
    - Präsentiere eine Lösung. Unterfüttere deine Lösung mit Umfragen, Studien oder Ähnlichem, wenn das möglich ist.
    - Präsentiere dann zwei mögliche Umsetzungen der Lösung.
    - Vorschlag A ist etwas übertrieben, ggf. kostspieliger, mutiger. Wenn hierzu Ja gesagt wird, freust du dich. Es ist jedoch unwahrscheinlich.
    - Die zweite Umsetzungsidee ist das, was du willst. Gegenüber Vorschlag A wirkt sie wie die kleine, harmlose Schwester.
    - Bitte um die Entscheidung zwischen A und B.
  - Vergleichsgrößen setzen das, was man vorschlägt, in Bezug zu etwas anderem. Kaviar ist im Vergleich zu Forelle kostspielig, im Vergleich zu einer Designhandtasche günstig. Wie wir etwas empfinden, hängt davon ab, womit wir es vergleichen. Unser Vorschlag im Ablauf oben scheint deshalb harmlos, weil der vorhergegangene so kühn war.

Revolutionäre können in den Spiegel schauen

Die Revolution ist nie so wichtig wie das eigene Wachstum. Unser Ego will überall mitmischen. Plötzlich geht es ums Gewinnen, um Macht, um Anerkennung. Als Revolutionärinnen des Herzens bleiben wir bei unserem Herzen und beobachten uns selbst genau. Wir agieren für etwas, das größer ist als wir selbst. Hingabe, nicht Kampf ist entscheidend. Wir dürfen nicht vergessen, dass wir alle auf dem Weg sind und dass es Gegnerinnen oder Konkurrenten im Herzen nicht gibt. Wir folgen weiterhin der Freude, nie der Enge. Wir erinnern uns, was unsere Mission ist und dass wir ständig lernen und wachsen. Entscheidend ist, dass wir uns weiterhin im Spiegel anschauen können. Dass weder unsere Ideale noch unser Glaube verraten werden.

Spiritual Being – Leadership des Herzens

Was, wenn der entscheidende Garten der unseres Herzens ist? Wenn wir in uns dafür sorgen, dass wir Dinge kultivieren, die Licht in unser Leben und das der anderen bringen? Was in unserem Herzen wächst, bestimmt unseren Blick aufs Leben, unsere Handlungen, unseren Umgang mit uns und anderen. Pflanzen oder ätherische Öle, die uns mit unserem Herzen verbinden, sind: Melisse (Licht), Rose (göttliche Liebe), Palmarosa (Integrität und Liebe), Jasmin (heilige Vereinigung), Ylang Ylang (freie Liebe), Vanille (sinnliche Freude).

DIE EIGENTLICHE AUFGABE

Beginnen wir, unserem Herzen die Führung zu übertragen, bedeutet das nicht etwa, plötzlich Spielball der eigenen Gefühle zu werden. Gefühle können trügerisch sein. Ein Gedanke an den letzten Urlaub – und wir fühlen uns besser. Ein Gedanken an einen vergangenen Arztbesuch – und die innere Freude trübt sich. Gefühlswellen sind das, was unsere innere Logik mit ihren Bewertungen produziert. Wir können uns langsam von ihr lösen. Die sanfte Schwingung unseres Herzens, unseres wahren Selbst, unsere Seele, unseres inneren Glücksplaneten finden wir mitten in der Stille in uns. Das Leben stößt uns sanft in ihre Richtung. Stellt uns vor Herausforderungen, so dass wir wachsen können und unsere Medizin suchen gehen.

Transformation ist nicht aufzuhalten. Wir sind nie die Gleichen. Ihr Motor ist in unserer Mitte. Unser spirituelles Erwachen mag sich manchmal einsam anfühlen. Die meisten von uns sind Pionierinnen. Es ist nicht unsere Aufgabe, andere zu belehren. Es ist unsere Aufgabe, ein Beispiel zu sein. Ein Beweis dafür, dass wahrer Erfolg von innen kommt. Er wächst wie eine Blume. Es braucht weder Kampf noch Anstrengung. Es braucht Hingabe und Inspiration. Aus Hingabe mögen wir Stunden arbeiten und manchmal mit uns ringen, doch dahinter steckt immer die Kraft der Liebe, nicht die der Angst und des Mangels. Wir sind hier, um zu belegen, dass wir nicht *mehr* tun müssen, um mehr zu bekommen. Wir sind hier, um zu beweisen, dass längst alles in uns ist. Dass wir uns gut fühlen dürfen, lernen, ausprobieren, wie Kinder sein. Aus unserer inneren Fülle wächst die äußere Fülle. Wir sind Magneten, unsere Gedanken und inneren Geschichten kreieren unser energetisches Feld. Wir ziehen an, was wir aussenden.

Schmerz entsteht, wenn wir den Flow in uns unterdrücken oder stören. Unsere innere Harmonie, unsere Verbindung zu dem, was größer ist als wir, können wir immer nur selbst zerstören. Unsere Ängste erschaffende Kontrollsucht, Perfektionsdrang, Anstrengung und den Glauben an Konkurrenz und Mangel. Sie tauchen die Welt in schwarz und weiß. Wann immer das geschieht, müssen wir zurück zu unserem Herzen finden. Es wieder ans Lenkrad lassen.

Die eigentliche Aufgabe ist daher Bewusstheit. Eine Aufmerksamkeit für das, was ist. Eine Lust, sich selbst immer besser kennenzulernen, sich einzuschwingen auf das eigene Licht. Selbstfürsorge und Verantwortung nicht als noch eine Pflicht zu sehen, sondern zu erkennen, dass hier alles beginnt. Mit uns, in uns. Das Leben unserer

Träume besteht aus tausend Schritten, nicht zu einem Ziel außerhalb von uns, sondern zu einem Ziel in uns. Wir dürfen außen gestalten, mitmachen, doch der innere Prozess hat immer Vorrang.

Der Garten unseres Herzens ist weit, bunt, üppig und rein. Er blüht immer. Alle Freiheit wohnt hier, aller Mut, alle Liebe. Unsere Aufgabe ist, hierhin zurückzukehren, von hier aus zu handeln. Jeder Moment, in dem wir innehalten, beten, segnen, tief atmen, aber auch in dem wir tanzen, das Leben feiern, aus vollem Hals singen und jemanden umarmen, ist ein Moment, in dem wir unser Herz fühlen. Von hier aus verändern wir die Welt. Mit unserer Liebe, unserer Güte, unserem Mitgefühl. Dorthin zu finden ist das, was der metaphysische Text „Ein Kurs in Wundern" (59) als Wunder bezeichnet.

Im Epilog des Übungsbuchs steht: „Du wirst ebenso sicher heimgelangen, wie der Lauf der Sonne festgelegt ist (...)".

Es liegt in unserer Natur, unseren Frieden zu finden. Wir können jeden Moment aufs Neue entscheiden, ein Licht zu sein, Freude zu fühlen, Dankbarkeit und Wertschätzung. Wir können erkennen, dass wir alle eins sind und doch jeder mit seinen eigenen Dämonen kämpft. Wir können uns entschließen, dass unsere Befreiung leicht sein kann. Wir können aufhören, andere manipulieren und kontrollieren zu wollen, und für uns selbst klare Grenzen setzen. Wir können Liebe einatmen und Freude aus. Wir können die Wunder sehen in all den kleinen Augenblicken und den Lauf des Lebens fühlen lernen.

Und all das ist eine Übung. Es gibt kein Ende, keinen Anfang. Wir sind hier, um unser Herz über unser Ego wachsen zu lassen. Zurück zu unserer wahren Natur zu finden. Gleichzeitig können wir unsere Freude am Wachsen, unsere Kreativität und unsere Liebe nutzen, um die Welt heller zu machen. Nicht, damit es uns besser geht, sondern weil es unsere Natur ist.

Voller Liebe und Dankbarkeit,

Silja

Danke

Dieses Buch hat mich anfangs so stark zweifeln lassen, bis ich endlich den Schreibflow fand. Dass es realisiert wurde, verdanke ich vor allem meiner geduldigen, liebevollen Familie. Allen voran meinem Supermann Daniel, von dem ich nicht nur viel gelernt habe, sondern der auch alle Launen ausgehalten hat und mich stets ermutigt, ablenkt, aufmuntert oder in den Arm nimmt. Meinen wunderbaren Kindern Joshua, Laurin und Mats will ich danken, die mir zuhören, Rat geben, meine Hand halten und mit mir herumalbern. Ich bin jeden Tag dankbar für all den Halt, den ich erfahren darf. Meinen lieben Eltern Christina und Hans will ich danken, die immer für mich da sind, niemals an mir zweifeln und gleichzeitig nicht alles zu ernst nehmen, was ich so mache. Danke euch allen von ganzem Herzen.

Ein riesiges Dankeschön geht an all meine Lehrer und Lehrerinnen, Coaches, Begleiter und Begleiterinnen auf meinem Weg. Ich hatte das Glück, mit so vielen inspirierenden Menschen wachsen zu dürfen. Ein besonderer Dank geht an meinen Coach Tracy Keough, die mir geholfen hat, den Flow für dieses Buch wiederzufinden, und mich ermutigt hat, auf meine Intuition zu hören, meine Energie zu priorisieren. Danken will ich meiner Coachinglehrerin Martina Schmidt-Tanger und ihrem Team von NLP Professional. Meinen ersten Trainern Daniel, Ralf Räckers und meinem Mentor und Freund Achim Reps. Viele weitere wunderbare Menschen haben mich in Seminaren, auf Tagungen, in Yogaworkshops und Ausbildungen begleitet. Auch wenn ich hier nicht alle namentlich aufführen kann, so danke ich jeder und jedem von euch von Herzen. Das Gleiche gilt für meine lieben Freundinnen und Freunde, die mir mit Rat und Freude den Weg leichter machen.

Meinen lieben Weggefährten Julia Buhr, Vanessa Stilp und Jörg Saggau will ich danken, die mir für dieses Buch Rede und Antwort gestanden haben. Außerdem meiner fabelhaften Lieblingsfotografin Miriam Dierks, die alle Ideen mit mir umgesetzt hat und mit immer guter Laune, ganzem Herzen und wunderbaren Fotokompositionen dieses Buch zu einem Kunstwerk hat werden lassen. Ein dickes Dankeschön für die Räumlichkeiten, in denen wir fotografieren konnten. Danke an Vanessa und ihr schönes Om Shanti Ratingen Yogastudio und an das wunderbare 25hours Hotel The Circle in Köln, wo wir in entspannter Atmosphäre zauberhafte Bilder machen konnten.

Danke auch an das fabelhafte Team des Nymphenburger Verlags, allen voran Programmdirektor Stefan Raps, die wunderbare Ramona Kapp und meine Lektorin Annette Meyer. Danke für euer Vertrauen, eure Hilfe und eure Hingabe, ein Buch wie dieses umzusetzen.
Der letzte Dank geht an alle Leserinnen, Podcastzuhörer, Follower auf Instagram und den anderen Kanälen. Ich danke euch für euren Support, eure Ermutigungen, euer Vertrauen. Ohne euch wäre das hier nicht möglich gewesen.

Quellenangaben

1. Mahlow, Silja: Willkommen auf dem Glücksplaneten, Nymphenburger, Stuttgart, 2021
2. Lipton, Bruce: Instagram @brucelipton (Post vom 13.10.22)
3. Lakhiani, Vishen, Youtubekanal: Life at mindvalley, Video: The 3 most important questions to ask yourself
4. Dass, Ram & East Forrest: Mind Karma feat. Trevor Hall, 2019
5. Landow, Jonathan & Bodian, Stephan: Buddhismus für Dummies, Wiley-Vch Verlag GmbH& Co. KGaA, Weinheim, 2006, S. 155
6. Ananda, Katchie: The Art of awakening, Katchie Ananda, 2016, S. 24
7. Guldler, Angelika: Finde den Job, der dich glücklich macht, Campus Verlag, Frankfurt, 2022
8. Williamson, Marianne: Das Gesetz des göttlichen Ausgleichs, Ansata Verlag, München, 2014, S. 5
9. Tolle, Eckhart: Eine neue Erde, Arkana Verlag, München, 2005
10. Landow, Jonathan & Bodian, Stephan: Buddhismus für Dummies, Wiley-Vch Verlag GmbH& Co. KGaA, Weinheim, 2006, S. 95
11. Bernstein, Gabby: https://gabbybernstein.com
12. Darling, Gala: https://galadarling.com
13. Yates, Brad: www.tapwithbrad.com
14. Robbins, Tony: https://www.tonyrobbins.com
15. Rumi, persischer Dichter. Quelle des Zitats: https://mymonk.de/rumi-zitate/
16. Lively, Jess: https://jesslively.com/livelyshow/
17. Hüther, Gerald: Lieblosigkeit macht krank, Verlag Herder GmbH, Freiburg im Breisgau, 2021, S. 39
18. Grawe, Klaus: Neuropsychotherapie, Hogrefe Verlag GmbH & Co KG, Göttingen, 2004, S. 183 ff.
19. RSAnimate.org „Drive“ Kurzfilm, Youtube: https://youtu.be/u6XAPnuFjJc
20. Dr. Myss, Carolyn: Anatomy of the spirit, Bantam Books, London, 1997, S. 110
21. Dr. Myss, Carolyn: Anatomy of the spirit, Bantam Books, London, 1997, S. 43
22. Dr. Myss, Carolyn: Anatomy of the spirit, Bantam Books, London, 1997, S. 35
23. Powers, Sarah: Inside Yoga, Shambala, Boulder, 2008, S. 9
24. Dr. Diszenza, Joe: Ein neues Ich, KOHA-Verlag GmbH, Burgrain, 2017, S. 44
25. Tolle, Eckhart: https://eckharttolle.com
26. Schmidt-Tanger, Martina und das NLP Professional Team: https://schmidt-tanger.de
27. Bernstein, Gabby: Du bist dein Guru, Scorpio Verlag München, 2014, S. 123

28. Martin, William: The Sage´s Tao Te Ching, The Experiments, New York, 2000, Nr. 71, S. 109
29. Longdon, Erica: Vibrational Sound Healing, Healing Arts Press, Vermont, 2020, S. 5
30. Longdon, Erica: Vibrational Sound Healing, Healing Arts Press, Vermont, 2020, S. 1
31. Tan, Chade-Meng: Search inside yourself, Arkana, München, 2012, S. 79
32. Huffington, Arianna: Die Neuerfindung des Erfolgs, Goldmann Verlag, München, 2016, S. 84
33. Longdon, Erica: Vibrational Sound Healing, Healing Arts Press, Vermont, 2020, S. 3 ff.
34. Hall, Judy: The Crystal Bible, Octopus Publishing Group Ltd, London, 2003
35. Essential Emotions, Essentielle Emotionen, Utah, 2020
36. Gaynor, Mitchell L.: The Healing Power of Sound, Shambala, Boulder, 2002, S. 139
37. Gaynor, Mitchell L.: The Healing Power of Sound, Shambala, Boulder, 2002, S. 49
38. Goldman, Andi & Jonathan: Heilsames Summen, Mankau Verlag GmbH, Murnau am Staffelsee, 2017
39. Gaynor, Mitchell L.: The Healing Power of Sound, Shambala, Boulder, 2002, S. 222
40. Gaynor, Mitchell L.: The Healing Power of Sound, Shambala, Boulder, 2002, S. 223
41. Stanley, Tracee: Radiant Rest, Shambala Publications, Boulder, 2021, S. 40
42. Elliott, David: https://www.davidelliott.com
43. Zimbardo, Philip & Boyd, John: Die neue Psychologie der Zeit, Spektrum Akademischer Verlag, Heidelberg, 2011, S. 17
44. Corvey, Stephen R.: Die 7 Wege zur Effektivität, GABAL Verlag, Offenbach, 2005, S. 94ff.
45. Besser-Siegmund, Cora & Lola Ananda: Work-Health-Balance, Humboldt, Hannover, 2016, S. 54
46. Ende, Michael: Momo, K.Thienemanns Verlag, Stuttgart, 1973, S. 70
47. Huffington, Arianna: Die Neuerfindung des Erfolgs, Goldmann Verlag, München, 2016, S. 143
48. Brower, Elena: https://elenabrower.com
49. Ferris, Tim: Die vier Stunden Woche, Ullstein Taschenbuch, Berlin, 2015, S. 99f.
50. Die Pomodoro Technik im Netz: https://de.wikipedia.org/wiki/Pomodoro-Technik
51. Ferris, Tim: Die vier Stunden Woche, Ullstein Taschenbuch, Berlin, 2015, S. 86ff.
52. Stiles, Tara: https://www.tarastiles.com
53. Schulz von Thun, Friedemann: Miteinander reden 1–3, Rowohlt Taschenbuch Verlag, Reinbek bei Hamburg
54. Schulz von Thun, Friedemann: Miteinander reden 1, Rowohlt Taschenbuch Verlag, Reinbek bei Hamburg, 1981, S. 29
55. Deskachar, T.K.V.: Yoga Tradition und Erfahrung, Via Nova Verlag, Petersberg, S. 125ff.
56. Schulz von Thun, Friedemann: https://www.schulz-von-thun.de/die-modelle/das-werte-und-entwicklungsquadrat
57. Luft, Joseph & Ingham, Harry: https://de.wikipedia.org/wiki/Johari-Fenster
58. Schmitt, Tom & Esser, Michael: Status-Spiele, Fischer Taschenbuch, Frankfurt/Main 2010
59. Ein Kurs in Wundern, Greuthof, Freiburg i. Breisgau, 2014, S. 488

BILDNACHWEIS

64 Farbfotos wurden von Miriam Dierks (www.liebaeugeln.com) für dieses Buch aufgenommen.

IMPRESSUM

Umschlaggestaltung von Gramisci Editorial Design, München / Claudia Geffert
unter Verwendung von 5 Fotos von Miriam Dierks.
Die Fotos zeigen Silja Mahlow.

Mit 64 Farbfotos von Miriam Dierks und 2 Farbzeichnungen von Mascha Greune.

Gedruckt auf chlorfrei gebleichtem Papier

ISBN 978-3-96860-067-3
Projektleitung und Redaktion: Ramona Kapp, Annette Meyer
Gestaltungskonzept: Gramisci Editorial Design/Claudia Geffert, München
Gestaltung und Satz: Katrin Kleinschrot, Stuttgart
Produktion: Kim Kanstinger
Druck und Bindung: FIRMENGRUPPE APPL, aprinta druck, Wemding
Printed in Germany / Imprimé en Allemagne

Silja Mahlow
WILLKOMMEN AUF DEM
GLÜCKSPLANETEN
176 Seiten · ISBN 978-3-96860-011-6

Motivation und Orientierung für ein leichteres Leben

Silja Mahlow steht mitten im urbanen Leben, und das mit Leichtigkeit, Lebensfreude und einer bejahenden Sicht auf die Dinge. Tausende Menschen haben ihre Social-Media-Kanäle abonniert und folgen ihrem sympathischen, motivierenden Vorbild. Mit diesem Buch lädt sie ein, ihr auf den Glücksplaneten zu folgen. Ihr Weg kombiniert westliche Techniken wie Psychologie und Coaching mit der uralten Philosophie des Yoga. Das Glückstraining ist in 10 Stufen aufgebaut und, wie man es von ihr kennt, immer leicht, freudig und entspannt. So geschieht es wie von selbst, dass man das Bewusstsein verändert, inneren Frieden findet, Kraft tankt und einfach glücklicher wird.

Bist du bereit, Anstrengung und Kontrolle loszulasse?

In jedem von uns existiert ein untrüglicher Richtungsgeber für kleine und große Entscheidungen - der innere Kompass. Haben wir ihn einmal entdeckt, beginnen wir mit dem Leben zu fließen. Statt Anstrengung finden wir mit seiner Hilfe Klarheit, wir setzen auf Intuition statt Gedankenkarussell, auf innere Verbindung statt Pro-und-Kontra-Liste. Silja unterstützt dich dabei, deinen inneren Kompass zu finden, dein Vertrauen zu stärken, Zeichen zu erkennen, sowie Karten zu ziehen und zu deuten.

Silja Mahlow
DEN INNEREN KOMPASS
AUSRICHTEN
1,5 Stunden · Webinaraufzeichnung:
Zugriff zwei Jahre · so häufig anschauen, wie du möchtest

kosmos.de/nymphenburger